LIBERDADE INDIVIDUAL
NOS PAÍSES DO MERCOSUL

C824L   Corrêa, Plínio de Oliveira
        Liberdade individual nos países do Mercosul / Plínio de Oliveira Corrêa. — 2.ed. rev. ampl. — Porto Alegre: Livraria do Advogado, 1998.
        243 p.; 14x21 cm.
        ISBN 85-7348-090-4

        1. Liberdade individual: Mercosul. 2. Liberdades fundamentais: Mercosul. 3. Habeas Corpus. I. Título.

                    CDU 342.721:339.923(8-13)

        Índices para catálogo sistemático
        Habeas Corpus
        Liberdade individual: Mercosul
        Liberdades fundamentais: Mercosul

        (Bibliotecária responsável: Marta Roberto, CRB 10/652)

PLÍNIO DE OLIVEIRA CORRÊA

Liberdade individual nos países do MERCOSUL

SEGUNDA EDIÇÃO
REVISTA E AMPLIADA

livraria
DO ADVOGADO
editora

Porto Alegre 1998

© Plínio de Oliveira Corrêa, 1998

Capa, projeto gráfico e diagramação
Livraria do Advogado

Revisão
Rosane Marques Borba

Direitos desta edição reservados por
Livraria do Advogado Ltda.
Rua Riachuelo, 1338
90010-273 Porto Alegre RS
fone/fax: (051) 225-3311
E-mail: livadv@vanet.com.br
Internet: www.liv-advogado.com.br

Impresso no Brasil / Printed in Brazil

*Homenagem à
Declaração Universal dos Direitos do Homem,
no ano do seu cinqüentenário*

Aos Mestres e Amigos

Prof. *Earle Diniz Macarthy Moreira*, cujo reitorado na Universidade Federal do Rio Grande do Sul foi um exemplo de dignidade, altivez, independência e seriedade.

Prof. *Geraldo Octávio Brochado da Rocha*, credor da formação intelectual de profissionais do Direito, da Política e da Comunicação nestes últimos cinqüenta anos da vida cultural rio-grandense.

Um agradecimento especial aos próximos mais próximos do meu coração - Acadêmicos *Plínio de Oliveira Corrêa Filho* (Direito), *Silvana Kessler de Oliveira Corrêa* (Psicologia) e *Gabriela Kessler Corrêa* (Jornalismo) - pela inestimável colaboração.

Os direitos autorais desta edição são destinados integralmente à *"Fundação ULNA - Uma Luz no Amanhã"*, para que se concretize o sonho dos seus instituidores, plantado nos 95,5 hectares de terra, adquiridos em Viamão/RS, onde está sendo construído um "Lar Fazenda" para ser habitado nos termos do artigo 2º dos Estatutos:

"A Fundação tem por finalidade promover e proporcionar, primordialmente, atendimento material, afetivo e espiritual a Idosos e Crianças carentes de ambos os sexos, assegurando-lhes habitação e alimentação assim como assistência moral e educacional; possibilitando um novo ambiente familiar onde impere a liberdade, o amor ao próximo, a caridade, o desprendimento e a fraternidade, a fim de garantir, com igualdade, todas as condições para o desenvolvimento integral de sua personalidade e dignificar a sua integração na comunidade, tornando úteis a si próprios, à família e à sociedade" (Escritura Pública lavrada em 16/07/91, 1º Tabelionato de Porto Alegre, Número Geral 29.901, Livro 302-B, fls. 006 - Endereço: Rua Cipriano Ferreira, 443, Porto Alegre/RS - CEP 900010-330, Fone: 225-7857).

Sumário

Introdução 11
1 - Noção de liberdade 13
2 - Síntese evolutiva da tutela da liberdade 21
3 - A liberdade individual no sistema brasileiro 35
4 - Liberdade individual: regra e exceções na ordem jurídica brasileira 45
5 - Liberdade individual na Argentina 65
6 - Liberdade individual no Uruguai 89
7 - Liberdade individual no Paraguai 103
8 - Liberdade individual nas demais constituições Sul-Americanas 109

Conclusões 117

Notas complementares 125

Apêndice - Tratado para constituição de um mercado comum . 235

Introdução

Dentre os princípios inseridos na nossa Lei Maior, está assentado que a República Federativa do Brasil buscará a integração econômica, política, social e cultural dos povos da América Latina, visando à formação de uma comunidade latino-americana de nações (art. 4º, parágrafo único, CF).

Com base neste preceito constitucional, a 26 de março de 1991, o Governo Brasileiro firmou um Tratado Internacional, constituindo o Mercosul, com os Governos da Argentina, do Paraguai e do Uruguai, sem excluir, contudo, a adesão dos demais países membros da Associação Latino-Americana de Integração, cujas solicitações poderão ser examinadas pelos Estados-Partes depois de cinco anos de vigência deste Tratado (art. 20).

Com efeito, dos temas que receberão atenção multinacional, a liberdade jurídica e, em especial, *a liberdade individual* - refletida no direito de ir, vir, estar e ficar - certamente ensejará análise aprofundada não só das nossas Instituições de Ensino Jurídico como também dos inúmeros Órgãos aplicadores do direito nos respectivos territórios.

Do mesmo modo, os institutos da prisão e do *habeas corpus*, necessariamente, despertarão interesse singular para o estudo comparativo e residual por parte dos nossos juristas e demais estudiosos da Ciência do Direito.

Por ora, aqui ficam as "primeiras linhas" da demarcação do território jurídico da liberdade individual nos

Estados que integram o "Tratado de Assunção" (Consta do apêndice, ao final.), bem como a indicação do remédio processual capaz de restabelecer o *status libertatis*, no caso de inobservância dos postulados prometidos pela Ordem Jurídica de cada País.

Eis a razão deste despretensioso trabalho, que resultou de uma palestra proferida recentemente no Curso de Especialização em Ciências Penais, da Faculdade de Direito da Universidade Federal do Rio Grande do Sul.

1 - Noção de liberdade

A liberdade - como o Homem[1], e, conjugando-se, a Liberdade do Homem - é anterior e preexistente à Sociedade, ao Direito e ao Estado, sendo imanente à natureza humana. Por isso, é direito natural, absoluto, inalienável, permanente, devendo ser respeitado por todos, para todos, em qualquer época, em qualquer lugar.

Assim, ela, a Liberdade, não é uma criação do Direito, nem da Sociedade e muito menos do Estado. Este, ao contrário, reconhecendo-a, regula e restringe o seu uso pelo homem, parecendo isto, pois, um contrasenso, caso o homem vivesse isoladamente.

Mas como o homem não apenas *vive* biologicamente só, mas *convive*, sociologicamente com os outros, surge a necessidade de se lhe organizar o *habitat* propício à sua realização individual e social.

A Sociedade, porém, é o único meio ambiente conhecido e capaz de possibilitar a realização integral do Homem enquanto homem. E para alcançar este objetivo de forma organizada e eficaz, a Sociedade só encontrou um caminho: estruturar-se politicamente em Estado. O Estado, no dizer de Cirne Lima[2], não é meramente um dado social, senão, e, antes de tudo, uma exigência lógica do ordenamento jurídico. Assim, o Estado é chamado à vida pelo Direito, a fim de aplicar e executar o Direito e, por intermédio da ordem jurídica em realização, assegurar o bem comum.

Precisamente nesta identidade axiológica é que reside a nota fundamental do Estado de Direito: o Estado só atinge o seu fim assegurando o fim do Direito e, com isto, realiza o Bem do Homem, isto é, o bem comum.[3] Com efeito, o Homem, com a sua Liberdade, é a razão do Direito, é o porquê da Sociedade, é a causa primeira e última do Estado.

No entanto, a conciliação das atividades destes entes conduz, necessariamente, a que se tenha de jurisdicizar a Liberdade para que o homem possa viver e conviver numa sociedade politicamente organizada.

E, sendo assim, ninguém melhor que Charles de Sécondat[4] para nos apresentar uma noção de Liberdade: "Não existe nenhuma palavra que haja recebido significações tão diversas, e que haja impressionado os espíritos de tão variadas maneiras, do que a palavra liberdade. Alguns tomaram-na pela facilidade de depor aquele a quem haviam dado um poder tirânico; outros, pela faculdade de eleger aquele a quem deviam obedecer; outros, pelo direito de usar armas, e o de poder exercer a violência; estes, pelo privilégio de não serem governados senão por um homem de sua nação, ou pelas suas próprias leis. Certo povo, durante muito tempo, tomou como liberdade o hábito de usar uma longa barba. Estes ligaram a esse nome uma forma de governo, e dela excluíram todos os outros. Aqueles que haviam experimentado o governo republicano, colocaram-na nesse governo; os que se haviam dado bem com o governo monárquico, colocaram-na na monarquia. E, finalmente, cada qual intitulou liberdade o governo mais conforme aos seus costumes e às suas inclinações. E, como numa república, não se têm sempre diante dos olhos, e de uma maneira tão presente, os instrumentos dos males dos quais cada qual se lamenta, e mesmo porque nela as leis parecem falar mais, e os executores das leis, parecem falar menos, colocam-na ordinariamente nas repúblicas e excluíram-na das monarquias. Enfim, como nas democracias, o povo parece, mais ou menos, fazer aquilo que quer, colocaram a liberdade nessas espécies de governo e confundiram o poder do povo com a liberdade do povo." E continua o Barão de Montesquieu, autor de *Do Espírito das Leis*, voltando-se, agora, mais para a liberdade jurídica:

"É verdade que nas democracias o povo parece fazer aquilo que quer. Mas a liberdade política não consiste em se fazer aquilo que se quer. Num Estado, isto é, numa sociedade onde existem leis, a liberdade não pode consistir senão em se poder fazer aquilo que se deve querer, e em não ser constrangido a fazer aquilo que não se deve querer. É preciso, portanto, que se tenha em mente o que é a independência, e o que é a liberdade. A liberdade é o direito de se fazer aquilo que as leis permitem; e se um cidadão pudesse fazer aquilo que as leis proíbem, ele já não teria mais liberdade, porque os outros teriam também esse mesmo poder.

A democracia e a aristocracia não são estados livres por sua natureza. A liberdade política não se encontra senão nos governos moderados. Mas ela nem sempre existe nos estados modernos; ela não existe nestes, senão quando ali não se abusa do poder; temos, porém, a experiência eterna, de que todo o homem que tem em mãos o poder, é sempre levado a abusar do mesmo; e assim irá seguindo, até que encontre algum limite. E, quem diria, até a própria virtude precisa de limites.

Para que não se possa abusar do poder, é preciso que, pela disposição das coisas, o poder refreie o poder. Uma constituição poderá ser feita de tal forma, que ninguém seja constrangido a praticar coisas a que a lei não o obrigue, e a não praticar aquelas que a lei permite." (idem, ibidem).

A idéia de liberdade também pode ser enunciada de maneira positiva ou negativa, como ensina Tornaghi[5] - positivamente, a liberdade é o poder de autodeterminação; negativamente, é a ausência de constrangimento. Livre é quem pode agir sem coação nem externa, nem interna. No primeiro caso, temos a liberdade exterior; no segundo, a liberdade interior:

"No campo do Eu, o indivíduo é soberano; no campo do Nós, soberano é o Estado. Quando o Estado quer o que o indivíduo quiser, surge o quadrante da liberdade jurídica, da liberdade dentro do Estado. Quando, ao contrário, o Estado quer alguma coisa do indivíduo sem se preocupar de saber se esse também o quer, aparece o quadrante da vinculação jurídica. Ao Estado importa que o indivíduo se mantenha dentro desses quadrantes; se o indivíduo exorbita, se sai deles, se pratica atos não permitidos ou omite atos exigidos, ele entra pelos quadrantes da ilicitude".

Depois de destacar que o direito é quem "me diz que é que eu sou livre de fazer aos outros e, *a contrario sensu*, o que não me é permitido", é, ainda, o consagrado jurista quem esclarece:

"Se faço o que não me é permitido, caio no quadrante da proibição de fazer.
Se omito o que deveria fazer, entro no quadrante da proibição de omitir.
Enquanto permaneço no meu campo, não entro em nosso campo, estou fora do direito, sou livre do direito. Quando entro em nosso campo, encontro ainda uma área de liberdade, que é a dos atos permitidos: sou livre no direito, isto é, no campo do direito".

Da mesma direção chegaram até nós os posicionamentos de Florentino (que definiu a liberdade como a "faculdade natural de fazer cada um o que lhe apraz, ressalvando o que é defeso por lei"), e de Cícero ("somos todos escravos das leis para podermos ser livres"), cujas idéias foram como que transpostas para as Declarações de Direitos do povo francês:

Art. 4º da Declaração de 1789, incorporada à Constituição de 1791:

"La liberté consiste à pouvoir faire tout ce qui nuit pas à autrui: ainsi l'exercice des droits naturels de chaque homme n'a de bornes que celles qui assurent aux autres membres de la société la jouissance de ces mêmes droits. Ces bornes ne peuvent être déterminées que par la loi".

Art. 6º da Declaração acoplada à Constituição de 1793:

"La liberté est le pouvoir qui appartient à l'homme de faire tout ce qui ne nuit pas aux droits d'autrui: elle a pour principe, la nature; pour règle, la justice; pour sauvegarde, la loi; sa limite morale est dans cette maxime: Ne fais pas à un autre ce que tu ne veux pas qu'il te soit fait".

Como se observa, enquanto a liberdade interna é ampla e abstrata, a liberdade externa é restrita e objetiva. Por isso, esta vem sempre ligada a uma limitação legal, visualizando não só o bem de um, mas de todos; não o bem do indivíduo, isoladamente, mas do indivíduo dentro de um contexto social.

E é exatamente no âmbito da liberdade externa que se situa a liberdade jurídica, isto é, a atividade permitida pelo Direito. No entanto, deve se destacar da área da liberdade jurídica uma faixa de liberdade que nos interessa particularmente, tendo em vista, de um lado, a tutela da liberdade, como regra, e, de outro, a prisão do indivíduo, como exceção, controlada jurisdicionalmente. Esta faixa compreende a liberdade pessoal, ou a liberdade individual, ou a liberdade física, ou, ainda, a liberdade de locomoção, as quais têm sido identificadas com a faculdade de ir, vir, estar e ficar dentro ou fora de casa até onde permite a lei. O direito a esta liberdade, ao lado do direito à vida e à segurança, é, sem dúvida, o mais expressivo e o mais importante da liberdade jurídica.

Como lembra Pontes de Miranda,[6] os ingleses foram os primeiros a se aperceberem dessa primazia, afirmando que os atentados à vida e à propriedade são menos perigosos e prejudiciais ao bem geral do que a menor violência ou coação à liberdade física do indivíduo. Matar um cidadão, confiscar seus bens ou destruí-lo, sem acusação e sem processo seria ato de insigne despotismo; mas, a notoriedade do delito levaria ao seio de todo o povo o grito de alarma contra a tirania iminente...

Ao passo que o encarceramento de uma pessoa é arma menos pública e notória. Ninguém percebe, ou poucos poderão dela ter notícia. Oprime às escuras, nas prisões, no interior dos edifícios, nos porões e nos recantos secretos. É violência silenciosa, invisível, ignorada, secreta e incontrolável. Portanto, mais grave e mais perigosa do que qualquer outra.

Eis por que a luta em defesa da liberdade jamais poderá considerar-se vitoriosa, definitivamente. Sempre que isso se imaginou, a história encarregou-se de provar o contrário, com amargas surpresas para o destino dos povos e da própria espécie humana. Por isso, está fadada a não ter fim nem tréguas até a consumação dos tempos, pois contra o *status libertatis*, e sob o disfarce de mil máscaras diferentes, as forças ocultas estarão conspirando para subtraí-lo tanto do indivíduo como da coletividade.

Portanto, esta peleja deverá ser constante, como constante há de ser também o zelo pela Justiça e pela Democracia, já que estes entes incorpóreos estão engajados e interligados inseparavelmente, caminhando lado a lado - pois, onde não houver Liberdade também não haverá Justiça; onde não houver Justiça, como instituição livre e independente, não haverá garantia do direito de Liberdade; e a Justiça e a Liberdade só serão sentidas como tais no sistema Democrático, uma vez que é somente deste clima que exsurge "a conformidade de uma relação interpessoal com o bem comum."[7]

2 - Síntese evolutiva da tutela da liberdade

A garantia da liberdade individual, para chegar até nós, passou por uma longa caminhada, cabendo consignar, exemplificativamente, estes eventos:

Carta do Rei Luiz VI - Sem olvidar a importância de outros acontecimentos[8], que serviram de base para despertar nos povos a consciência dos seus direitos fundamentais, é oportuno destacar a Carta do Rei Luiz VI, o Gordo (1108/1137), de França, intitulada "Estatuto da Paz"[9], donde se retira esta passagem:

"Ninguém poderá prender qualquer pessoa, livre ou serva, sem a intervenção do juiz; se este não aparecer, o indiciado réu poderá ser detido até ele chegar, ou conduzido à sua casa."

Aqui se instituiu, certamente, pela primeira vez, o controle jurisdicional da prisão, independentemente da condição pessoal, familiar ou social do preso e sem distinção de qualquer natureza.

Magna Carta - A 15 de junho de 1215, no Campo de Runnymead, nas cercanias do Tâmisa[10], foi assinada pelo rei João a Magna Carta, que representou não apenas um marco decisivo na evolução dos direitos humanos, mas teve a sorte de não cair no esquecimento, sendo um dos documentos que mais se difundiu e que mais influenciou os ordenamentos jurídicos da humanidade.

A propósito, cabe ressaltar este preceito do seu texto original:

"Ninguém poderá ser detido, preso ou despojado de seus bens, costumes e liberdades senão em virtude de julgamento de seus pares e segundo as leis do país."[11]

Como fora invalidada logo depois por uma bula do Papa Inocêncio III[12], os preceitos da Magna Carta não chegaram a ser observados. E, com a morte do rei João-sem-Terra, em 1216, sucedeu-lhe no trono da Inglaterra Henrique III, com apenas nove anos de idade, que, influenciado pela regência, não só introduziu algumas modificações no seu conteúdo, em 1216 e 1217, mas a revalidou, finalmente, em Westminster, a 11 de fevereiro de 1225[13].

Mas depois de muitas lutas entre o rei e os barões, o histórico documento, que originariamente dispunha de 67 itens, foi ratificado pelo Parlamento em 1297 e, afinal, a 5 de novembro de 1298, entrou efetivamente em vigor por Ato Confirmatório de Eduardo I, contando com 36 dispositivos, que ficaram conhecidos universalmente.

E, como resultado de tantas lutas, divergências e alterações, o item 29 da Magna Carta ficou assim redigido e difundido:

"Nenhum homem livre[14] será detido ou preso, nem exilado, nem molestado de maneira alguma. E nós não poremos nem permitiremos pôr a mão nele, a não ser em virtude de um julgamento legal de seus pares e segundo as leis do país. Não venderemos, não recusaremos nem retardaremos o direito e a justiça a ninguém."[15]

Os *Writs*, a *Petition of Rights*, a *Segunda Magna Carta*, o *Habeas Corpus Act* de 1816 - Os autores registram que, na Inglaterra, havia quatro meios de se fazer cessar uma prisão infundada: pelo *writ of mainprise*, ou pelo *writ de odio et atia*, ou pelo *writ de homine replegiando*, ou pelo *writ de habeas corpus.*

A respeito destes históricos institutos, assim se manifestou o saudoso João Mendes[16]:

I - *O writ of mainprise* era uma ordem dirigida ao *sheriff*, quer geralmente, quando uma pessoa era presa por delito afiançável e a caução fora recusada, quer especialmente, quando o delito, causa da prisão, não era de natureza tal que as autoridades inferiores pudessem convenientemente admitir uma caução; este *writ* ordenava ao *sheriff* que tomasse segurança ou responsáveis pela apresentação do preso e pusesse-o em liberdade. Estes responsáveis chamam-se - *mainpernors* e diferem das cauções ou fianças nisto: quem caucionar ou afiançar pode fazer prender o afiançado, entregá-lo ou desistir da fiança antes do dia marcado para o comparecimento, ao passo que o *mainpernor* não pode fazer nem uma nem outra coisa e responde somente pela apresentação no dia fixado.

II - *O writ de odio et atia* era dirigido ao *sheriff*, para que ele verificasse se um acusado de homicídio tinha sido preso por presunção fundada ou somente por ódio e má intenção, *propter odium et atiam*; e se, feita a verificação, não aparecia nenhum motivo legítimo de suspeita, era expedido um segundo *writ* para que este preso fosse admitido a dar caução. Este *writ de odio et atia*, semelhante às *Cartas de segurança real*, foi caindo em desuso.

III - *O writ de homine replegiando* tinha por fim a soltura de um indivíduo recolhido à prisão ou sob a guarda de um particular, dando caução ao *sheriff* que garantia o seu comparecimento. Se este indivíduo saía da jurisdição do *sheriff*, este podia fazer voltar o *writ* com a informação de que o dito indivíduo ausentou-se para longe; e logo expedia um mandado, chamado - *capias in withernam* para a prisão do próprio fiador, sem admiti-lo a dar caução nem *mainpernor*, até que a parte fosse apresentada.

Estes três *writs* foram pouco a pouco caindo em desuso, até que se substituíram pelo *writs de habeas corpus*.

IV - Os *writs de habeas corpus* eram meios de que usavam as Cortes reais de Westminster para fazerem transferir os presos de um tribunal para outro e facilitar assim a administração da justiça. Tais eram:

1º - O *habeas corpus ad respondendum*, que se expedia quando alguém tinha ação a exercer contra indivíduo preso por ordem de algum tribunal inferior; este *writ* tinha por fim fazer transferir o preso para intentar contra ele uma nova ação perante a Corte superior.

2º - O *habeas corpus ad satisfaciendum*, quando num processo era proferida sentença contra um preso, e o queixoso desejava que ele fosse transferido para uma Corte superior, perante a qual devia seguir a execução.

3º - Os *habeas corpus ad prosequendum, ad testificandum, ad deliberandum*, etc., expedidos quando era necessário transferir um preso, para assistir aos termos de uma ação, para depor como testemunha, ou para o exame do seu processo na jurisdição onde o fato teve lugar.

4º - O *habeas corpus ad faciendum et recipiendum*, também chamado *habeas corpus cum causa*, expedido por qualquer das Cortes de justiça de Westminster quando uma pessoa acionada em uma jurisdição inferior desejava levar a ação perante a Corte superior. Este *writ* ordenava aos juízes inferiores que apresentassem a pessoa do réu e declarassem ao mesmo tempo em que dia e por que causa foi ele preso e detido, para fazer e receber o que a Corte real decidir sobre este ponto.

5º - Mas, o grande *writ*, o *writ* eficaz em todos os casos de detenção ilegal, era o *writ de habeas corpus ad subjiciendum*, dirigido ao indivíduo que detinha um outro, intimando-o a que apresentasse a pessoa do preso e que declarasse, ao mesmo tempo, em que dia e por que causa foi ele preso e detido, *ad faciendum, subjiciendum et recipiendum*, isto é, para fazer consentir com submissão tudo o que o juiz ou a Corte resolvesse.

Este *writ*, como prerrogativa real, era expedido pela Corte do *King's bench*, a favor de todo o indivíduo preso sem causa legítima ou sem justa causa[17], detido ou em prisão ou retido de qualquer modo, ainda que fosse por ordem do Rei ou do Conselho Privado, ou da mais alta autoridade.

Como, na prática, se usasse de muitos subterfúgios para solapar estes *writs*, a fim de se prolongar as detenções - procurando substituir o *habeas corpus ad subjiciendum* pelo *ad deliberandum* ou por outros *writs* denominados *alies et pluries* - a velha chama da liberdade *"incendiou"* novamente o ânimo do povo inglês num movimento cívico, que levou o Parlamento a votar a *"Petition of Rights"*[18], em 1628, e, depois, em 1679, o *"Habeas Corpus Act"*[19], respectivamente, nos reinados de Carlos I e de Carlos II.

Embora a Lei de 1679 fosse considerada por Blackstone como a "Segunda Magna Carta"[20], a mesma foi criticada porque só se referia às pessoas privadas de liberdade por serem acusadas de crime; de sorte que os detidos por outras acusações ou meros pretextos não tinham direito de pedir este *writ*, e sim o da *common law*. Também não havia outro remédio com que se obtivesse das Casas uma decisão sobre a legalidade ou ilegalidade de sua encarceração.

Por isso, no reinado de Jorge III, o Parlamento votou o *"Habeas Corpus Act"* de 1816, ampliando o seu campo de aplicação e admitindo o *habeas corpus* contra a prisão de qualquer origem. Substancialmente consistia nisto:

"Toda pessoa privada de sua liberdade por motivos outros que penais, na Inglaterra e em todos os lugares submetidos ao privilégio aos quais se aplique a Lei de 1679, deverá ver-se beneficiada a seu pedido, se ocorrerem os requisitos daquela Lei, por ordem de *habeas corpus*, às quais se dará resposta imediata ante o juiz que lhes expedir ou ante outro qualquer juiz."

Depois da Lei de 1816, evidenciada a ilegalidade da prisão ou detenção, concedia-se *habeas corpus* mesmo nestes casos: à pessoa que continuava presa sem ordem legal do juiz; à criança detida fora da casa dos pais, por terceiros, ou na casa dos pais, por estes; às mulheres casadas e aos menores, em geral, sem se preocupar, a Corte, com a validade do casamento ou com o direito à tutela; à pessoa sã que havia sido internada, como louca ou doente, em hospício, casa de saúde ou hospital; à freira que queria deixar o convento, etc.

Com o advento do *"Habeas Corpus Act"* de 1816 - inobstante posteriores complementações legais adjetivas e descentralizantes, como a editada em 1862, e a ausência do *habeas corpus ex officio* - o remédio heróico dos ingleses passou a influenciar os ordenamentos jurídicos dos povos, sendo "exportado" para as cinco partes do Globo Terrestre.

Entre nós, tal influência se fez sentir tanto nas normas constitucionais quanto nos preceitos legais e, ainda, nas expedições dos avisos ministeriais.

Ordenações do Reino de Portugal - As Ordenações Portuguesas compreendem, sucessivamente, o Código Afonsino de 1446, o Código Manuelino de 1521 e o Código Filipino, promulgado em 1603, o qual regulou as relações jurídicas no Brasil até a sua independência política, em 1822. Neste diploma encontramos, pelo menos, três importantes passagens que dizem respeito com o tema deste trabalho:

- Livro Primeiro, Título LXXV, parágrafo 10: "E (o alcaide) prenderá por mandado dos julgadores, e de outra maneira não, salvo achando alguém em flagrante malefício";

- Livro Primeiro, Título LXV, parágrafo 29: "E mandamos a todos os julgadores que não mandem prender pessoa alguma, antes de sentença definitiva".

- Livro Primeiro, Título LXXV, parágrafo 11: "E o mandado do julgador, pelo qual o alcaide há de prender, será por escrito e assinado por ele".

Conclui-se daí que a prisão só seria admissível, no Direito português, em duas circunstâncias: em flagrante delito e por ordem escrita de autoridade judicial, estabelecendo, inclusive, que esta hipótese deveria resultar de sentença definitiva.

No entanto, à semelhança do que hoje denominamos de *habeas corpus* - a despeito dos textos que passaram às Ordenações Manuelinas (Livro III, Título 62, §§ 4/7) e às Ordenações Filipinas (Livro III, Título 78, §§ 5 e 6) - o Código Afonsino de 1446 já havia instituído o remédio jurídico processual da denunciação (Livro III, Título 80, §§ 5 e 8), "a qual denunciaçãm ha tam grande effeito e vigor como apelaçam". (...) "E em tal apelaçam, ou protestaçam assy feita deve ser inserta, e declarada a causa verisimil e resoada, por que assy apelou, ou protestou, como dito ho has outras apelaçoens. Pode-se poer exemplo: Eu me tomo de alguum, que me queira ofender na pessoa, ou me queira sem rezam ocupar, e tomar minhas cousas, se eu quero, posso requerer ao Juiz, que segure mim, e minhas cousas delle, a qual segurança me deve dar; e se depois della eu receber ofença do que fuy seguro, o Juiz deve hy tomar, e restituir todo o que for cometido, e atentado depois da dita segurança dada, e mais proceder contra aquele que a quebrantou e menos presou seu poderio".

Independência Norte-Americana: Emenda nº 5 da Constituição - Invocando o Supremo Juiz do Mundo como testemunha da retidão de suas intenções, os representantes do bom povo das Colônias Unidas, que constituíram os Estados Unidos da América, - declararam-se Estados Livres e Independentes no Congresso de 4 de Julho de 1776, de cujo documento, redigido por Jefferson, cabe reproduzir este trecho:

"We hold these truths to be self-evident, that all men are created equal, that they are endowed by their Creator with certain unalienable Rights, that among these are Life, Liberty, and the pursuit of Happiness.

That to secure these rights, Governments are instituted among Men, deriving their just powers from the consent of the governed.

That whenever any Form of Government becomes destructive of these ends, it is the Right of the People to alter or to abolish it, and to institute new Government, laying its foundation on such principles and organizing its powers in such form, as to them shall seem most likely to effect their Safety and Happiness. Prudence, indeed, will dictate that Governments long established should not be changed for light and transient causes; and accordingly all experience hath shewn, that mankind are more disposed to suffer, while evils are sufferable, than to right themselves by abolishing the forms to which they are accustomed.

But when a long train of abuses and usurpations, pursuing invariably the same Object evinces a design to reduce them under absolute Despotism, it is their right, it is their duty, to throw off such Government, and to provide new Guards for their future security." [21]

E, por proposição de Madison, no Congresso reunido em Nova Iorque, no ano de 1789, foi incorporada a Declaração de Direitos à Constituição dos Estados Unidos da América, de 1787, constituindo nas dez primeiras emendas à Constituição Federal.

Destas emendas cabe destacar a de nº 5:

"Em todos os processos por crimes capitais ou outros, todo indivíduo tem direito de indagar da causa e da natureza da acusação que lhe é intentada; de ser acareado com os seus acusadores e com as testemunhas; de apresentar ou requerer a apresentação de testemunhas e de tudo o que seja a seu favor; de exigir processo rápido por um júri imparcial de sua circunvizinhança, sem o consentimento unânime do qual ele não poderá ser declarado culpado. Não pode ser forçado a produzir provas contra si próprio; *e nenhum indivíduo pode ser privado de sua liberdade, a não ser por julgamento de seus pares, em virtude da lei do país*".

Esta emenda é a reprodução fiel de princípio consagrado no artigo 10 da Declaração da Virgínia, de 12 de junho de 1776[22].

Assim, entre os norte-americanos, a limitação do direito de liberdade, pela prisão ou detenção, só pode ocorrer em virtude de um "julgamento de seus pares" e por conseqüente determinação de autoridade judiciária competente.

Revolução Francesa: Declaração de Direitos - As idéias defendidas por Voltaire, Montesquieu, Diderot, D'Alembert e Rousseau foram absorvidas na interpretação da realidade social e na justificação dos caminhos que levaram à Revolução.

Deste marcante movimento resultou a Declaração dos Direitos do Homem e do Cidadão[23], aprovada a 2 de outubro de 1789 pela Assembléia Nacional Constituinte, e o seu texto retrata não apenas o pré-preâmbulo da Constituição Francesa de 1791, mas revela, claramente, os objetivos traçados pela própria Revolução, a qual repercutiu, substancialmente, nos destinos da espécie humana no curso de sua história.

Eis o que ali continha:

"Les représentantes du peuple français, constitués en Assemblée nationale, considérant que l'ignorance, l'oubli ou le mépris des droits de l'homme sont les seules causes des malheurs publics et de la corruption des gouvernements, ont résolu d'exposes, dans une déclaration solennelle, les droits naturels, inaliénables et sacrés de l'homme, afin que cette déclaration, constamment présent à tous les membres du corps social, leur rappelle sans cesse leurs droits et leurs devoirs; afin que les acts du Pouvoir législatifet ceux du Pouvoir exécutif, pouvant être à chaque moment comparés avec le but de toute institution politique en sointe plus respectés; afin que les reclamations des citoyens fondées dèsormais sur des principes simples et incontestables, tournent toujours au maintien de la constitution et au bonheur de tous."

O Ato Constitucional de 24 de junho de 1793 - inspirado em trabalho que Robespierre apresentou à Sociedade dos Jacobinos, tratando de direitos sociais - começava também por uma Declaração:

"Le peuple français, convaincu que l'oubli et le mépris des droits naturels de l'homme sont les seules cause des malheurs du monde, a résolu d'exposer dans une déclaration solennelle ces droits sacrés et inaliénables, afin que tous le citoyens, pouvant comparer sans cesse les actes du Gouvernement avec le but de toute institution sociale, ne se laissent jamais opprimer et avilir par la tyrannie, afin que le peule ait toujours devant les yeux les bases de sa liberté et de son bonheur, le magistrat règle de ses devoirs, le législateur l'objet de sa mission."

A Constituição Republicana de 22 de agosto de 1795, embora não dispondo da tradicional "Declaração de Direitos", concentrava a enumeração destes direitos no Capítulo XIV das Disposições Gerais. A mesma orientação foi seguida pela Constituição de 13 de dezembro de 1799, que catalogou tais direitos no Capítulo VII das Disposições Gerais.

Destes documentos, é oportuno ressaltar estes princípios relacionados com o tema em exposição:

Declaração de Direitos, de 1789:

"Nenhum homem pode ser acusado, sentenciado, nem preso senão nos casos determinados pela lei e segundo as formas que ela tem prescrito. Os que solicitam, expedem, executam ou fazem executar ordens arbitrárias devem ser castigados; mas todo cidadão chamado ou preso em virtude da lei, deve obedecer imediatamente; torna-se culpado pela resistência".

Declaração de Direitos, de 1793:

"A lei deve proteger a liberdade política e individual contra a opressão dos que governam".

Exemplo de Coragem Cívica

Sem desmerecer outras valiosas contribuições, três Povos tiveram participação decisiva na evolução e na consolidação das garantias individuais, nesta seqüência:

- O Inglês, preocupado em garantir os seus direitos diante de reinados despóticos, - conquistou, além de Magna Carta (1215), o *Statutum de Tallagio non Concedendo* (1297), a *Petition of Rights* (1628), o *Habeas Corpus Act* (1679), o *Bill of Rights* (1689), o *Act of Settlement* (1701); o *Habeas Corpus Act* (1816), ...;

- O Norte-Americano, desejando valorizar e especificar os direitos humanos, em especial, a liberdade individual, - os definiu na Declaração de Independência, na Declaração de Direitos da Virgínia, na Constituição Federal e nas de Connecticut, de Pensilvânia, de Marilândia e de Carolina do Norte, tudo durante o ano de 1776;

- *O Francês*, orientado pelo lema "Igualdade, Liberdade e Fraternidade", nos legou, em 1789, a Declaração dos Direitos do Homem e do Cidadão, que prefaciou a Constituição de 1791; aperfeiçoada ao ser incluída no Ato Constitucional de 1793, e mantida nas Constituições de 1795 e 1799 (figurando no Capítulo das Disposições Gerais) e nas subseqüentes.

Como se viu, a senda pela qual chegou até nós a garantia da liberdade individual foi regada por muita luta e trouxe o selo da coragem cívica destes povos: do *inglês*, quase que isoladamente, por cinco séculos; do *americano* e do *francês*, súbita e concomitante.

No entanto - à semelhança da corrida à lua pelos ianques e russos - a participação americana antecedeu à francesa, pois aquela ocorreu em 1776, e esta, em 1789. Portanto, treze anos de diferença.

Mas a polêmica quanto à precedência da declaração de direitos persiste entre os autores - da parte dos franceses, invocando a anterioridade dos escritos de Rousseau, de Voltaire, de Montesquieu e de muitos outros (iluministas, enciclopedistas); e do lado dos americanos, afirmando que teriam sido inspirados por Locke e não por Rousseau, e muito menos por Voltaire e Montesquieu. E complementam: quando estes chamaram a atenção para o problema da liberdade, o fizeram tendo em mira a Inglaterra: Voltaire, louvando o sistema nas "Cartas Inglesas", quando lá estivera exilado, em 1733; Montesquieu, porque retirou de lá grande parte das idéias expostas no "Espírito das Leis", de 1748.

Por isso é que Pontes de Miranda compilou um quadro comparativo, demonstrando a quem cabe a primazia da obra das declarações de direitos[24].

Todos, porém, parecem esquecer a insuperável contribuição francesa de seis séculos antes, contida na já citada Carta do rei Luiz VI, intitulada *Estatuto da Paz*, consagrando não só a garantia da liberdade individual, mas o controle jurisdicional da prisão, sem distinção de qualquer natureza[25].

Inobstante a constatação e o posicionamento de Pontes de Miranda, dando prioridade aos americanos, - a ideologia que influenciou americanos e franceses não se pode dizer que seja de um povo, isoladamente. Ela traduz o resultado da fusão de idéias, aspirações, sentimentos e anseios do homem todo na recuperação da sua dignidade.

Ademais, em meados do século XVIII, a humanidade vivia uma atmosfera propícia à implantação dos ideais, senão de fraternidade, pelo menos de igualdade e de liberdade. Pois foi nesta época que surgiu, entre nós, a Revolução Mineira, com Tiradentes, que representou não apenas o renascer do movimento de independência política, iniciado por Felipe dos Santos, em 1720, mas também, e especialmente, significou um grito consciente de liberdade e de rebeldia contra o despotismo e a opressão.

Agora, reconhecida esta conquista e consolidada a vitória dos direitos humanos, haveremos de apresentar um homem novo e liberto para viver e conviver no terceiro milênio e, assim, descortinar o seu próprio destino, buscando a libertação interna e identificando-se consigo mesmo.

Nesta nova caminhada, como naquela, contaremos, certamente, com a inspiração de Saint Germain, protetor e defensor da liberdade individual.

3 - A liberdade individual no sistema brasileiro

Influenciado, certamente, por estes elementos de extraneidade, referidos no capítulo anterior, e já no final do domínio português em nosso País, - Dom Pedro I houve por bem assinar, a 23 de maio de 1821, o célebre Decreto que passaria à história como a Magna Carta Brasileira[26].

Deste documento é oportuno sublinhar, além do manifesto desejo do Imperador de proporcionar ao povo brasileiro "os benefícios de uma constituição liberal", o expresso compromisso não só com a geração de sua época mas com as futuras gerações de que daquela "data em diante nenhuma pessoa livre no Brasil poderá jamais ser presa sem ordem por escrito do juiz ou magistrado criminal do território, exceto somente o caso de flagrante delito, em que qualquer do povo deve prender o delinqüente".

A partir da independência política do Brasil, a 7 de setembro de 1822, cuja proclamação ecoou sob a égide desta liberdade jurídica, o direito de ir, vir, estar e ficar, passou a integrar a nossa Ordem Jurídica Constitucional, nestes termos:

- A Constituição Política do Império do Brasil, de 25 de março de 1824, artigo 179, nº 10: "À exceção do flagrante delito, a prisão não pode ser executada senão por ordem escrita da autoridade legítima. Se esta for arbitrária, o juiz que a deu e quem a tiver requerido serão punidos, com as penas que a lei determinar".

- A Constituição da República dos Estados Unidos do Brasil, de 24 de fevereiro de 1891, artigo 72, Parágrafo 13: "À exceção de flagrante delito, a prisão não poderá executar-se, senão depois de pronúncia do indicado, salvo os casos determinados em lei, e mediante ordem escrita da autoridade competente"; Parágrafo 14: "Ninguém poderá ser conservado em prisão sem culpa formada, salvo as exceções especificadas em lei, nem levado à prisão, ou nela detido, se prestar fiança idônea, nos casos em que a lei a admitir".

- A Constituição da República dos Estados Unidos do Brasil, de 16 de julho de 1934, artigo 13, nº 21: "Ninguém será preso senão em flagrante delito, ou por ordem escrita da autoridade competente, nos casos expressos em lei. A prisão ou detenção de qualquer pessoa será imediatamente comunicada ao juiz competente, que a relaxará, se não for legal, e promoverá, sempre que de direito, a responsabilidade da autoridade coatora"; nº 22: "Ninguém ficará preso, se prestar fiança idônea, nos casos por lei estatuídos".

- A Constituição dos Estados Unidos do Brasil, de 10 de novembro de 1937, artigo 122: "À exceção do flagrante delito, a prisão não poderá efetuar-se senão depois de pronúncia do indiciado, salvo os casos determinados em lei e mediante ordem escrita da autoridade competente. Ninguém poderá ser conservado em prisão sem culpa formada, senão pela autoridade competente, em virtude de lei e na forma por ela regulada; a instrução criminal será contraditória, asseguradas, antes e depois da formação da culpa, as necessárias garantias de defesa".

- A Constituição da República dos Estados Unidos do Brasil, de 18 de setembro de 1946, artigo 141, Parágrafo 20: "Ninguém será preso senão em flagrante delito ou por ordem escrita da autoridade competente, nos casos expressos em lei."; Parágrafo 21: "Ninguém será levado à prisão ou nela detido se prestar fiança permitida por lei."; Parágrafo 22: "A prisão ou detenção de qualquer pessoa será imediatamente comunicada ao juiz competente, que a relaxará, se não for legal e, nos casos previstos em lei, promoverá a responsabilidade da autoridade coatora".

- A Constituição do Brasil, de 24 de janeiro de 1967, artigo 150, Parágrafo 12: "Ninguém será preso senão em flagrante delito ou por ordem escrita de autoridade competente. A lei disporá sobre a prestação de fiança. A prisão ou detenção de qualquer pessoa será imediatamente comunicada ao juiz competente, que a relaxará, se não for legal."

- A Constituição da República Federativa do Brasil, de 1969. Esta Carta resultou da Emenda Constitucional nº 1, de 17 de outubro de 1969, promulgada por uma Junta Militar (Ministros da Marinha, do Exército e da Aeronáutica) que governou o País, mas que, no caso, apenas modificou a ordem do artigo 150, parágrafo 12, para o artigo 153, parágrafo 12, conservando o mesmo conteúdo.

- E, finalmente, a atual Constituição da República Federativa do Brasil, promulgada a 5 de outubro de 1988. Esta Constituição, depois de consignar que "todos são iguais perante a lei, sem distinção de qualquer natureza, garantindo-se aos brasileiros e aos estrangeiros residentes no País a inviolabilidade do direito à vida, à liberdade, à igualdade, à segurança e à propriedade", declara também que os direitos e garantias nela expressos "não excluem outros decorrentes do regime e dos princípios por ela adotados, ou dos tratados internacionais em que a República Federativa do Brasil seja parte."

Coerente com a nossa tradição, a Carta Política de 1988 reconhece, entre outros, estes direitos e garantias fundamentais, enumerados nestes incisos do artigo 5º:

"XLIX - é assegurado aos presos o respeito à integridade física e moral;
LI - nenhum brasileiro será extraditado, salvo o naturalizado, em caso de crime comum, praticado antes da naturalização, ou de comprovado envolvimento em tráfico ilícito de entorpecentes e drogas afins, na forma da lei;
LII - não será concedida extradição de estrangeiro por crime político ou de opinião;
LIV - ninguém será privado da liberdade ou de seus bens sem o devido processo legal;
LVI - são inadmissíveis, no processo, as provas obtidas por meios ilícitos;
LVII - ninguém será considerado culpado até o trânsito em julgado de sentença penal condenatória;
LVIII - o civilmente identificado não será submetido a identificação criminal, salvo nas hipóteses previstas em lei;
LXI - *ninguém será preso senão em flagrante delito ou por ordem escrita e fundamentada de autoridade judiciária competente, salvo nos casos de transgressão militar ou crime propriamente militar definidos em lei;* (grifei)
LXII - *a prisão de qualquer pessoa e o local onde se encontre serão comunicados imediatamente ao juiz competente e à família do preso ou à pessoa por ele indicada;* (grifei)
LXIII - o preso será informado de seus direitos, entre os quais o de permanecer calado, sendo-lhe assegurada a assistência da família e de advogado;
LXIV - o preso tem direito à identificação dos responsáveis por sua prisão ou por seu interrogatório policial;
LXV - a prisão ilegal será imediatamente relaxada pela autoridade judiciária;
LXVI - ninguém será levado à prisão ou nela mantido, quando a lei admitir a liberdade provisória com ou sem fiança;

LXVII - não haverá prisão civil por dívida, salvo a do responsável pelo inadimplemento voluntário e inescusável de obrigação alimentícia e a do depositário infiel;"

Por outro lado, para fazer valer e respeitar os direitos e garantias individuais em todo o território nacional, o legislador constituinte instituiu quatro remédios jurídicos, que a legislação ordinária disciplinou e complementou: o *Habeas Corpus*, o *Habeas Data*, o Mandado de Segurança e o Mandado de Injunção, assim previstos nestes incisos do citado artigo 5º da nossa Lei Maior:

"LXVIII - conceder-se-á *habeas corpus* sempre que alguém sofrer ou se achar ameaçado de sofrer violência ou coação em sua liberdade de locomoção, por ilegalidade ou abuso de poder;

LXIX - conceder-se-á mandado de segurança para proteger direito líquido e certo, não amparado por *habeas corpus* ou *habeas data*, quando o responsável pela ilegalidade ou abuso de poder for autoridade pública ou agente de pessoa jurídica no exercício de atribuições do Poder Público;

LXX - o mandado de segurança coletivo pode ser impetrado por:

a) partido político com representação no Congresso Nacional;

b) organização sindical, entidade de classe ou associação legalmente constituída e em funcionamento há pelo menos um ano, em defesa dos interesses de seus membros ou associados;

LXXI - conceder-se-á mandado de injunção sempre que a falta de norma regulamentadora torne inviável o exercício dos direitos e liberdades constitucionais e das prerrogativas inerentes à nacionalidade, à soberania e à cidadania;

LXXII - conceder-se-á *habeas data*:

a) para assegurar o conhecimento de informações relativas à pessoa do impetrante, constantes de registros ou bancos de dados de entidades governamentais ou de caráter público;
b) para a retificação de dados, quando não se prefira fazê-lo por processo sigiloso, judicial ou administrativo;"

O instituto do *Habeas Corpus*[27], a par de outras disposições constitucionais[28], está regulado tanto pelo Código de Processo Penal[29], como pelo Código de Processo Penal Militar[30], e, ainda, por complementações contidas nos Regimentos Internos dos Tribunais Brasileiros[31], cuja impetração poderá ser firmada por qualquer pessoa (art. 654, CPP e art. 1º, parágrafo 1º, da Lei nº 8906/94).

Além dos acontecimentos externos, referidos no Capítulo II, que influenciaram na edição da Magna Carta Brasileira e direcionaram a linha político-democrática que haveria de se perpetuar no tempo, - outros eventos históricos moldaram o espírito do constituinte na delimitação e na garantia da liberdade individual (art. 5º, § 2º, CF):

- *A Carta das Nações Unidas*, assinada a 26 de junho de 1945, em São Francisco da Califórnia, onde figura, expressamente, o propósito não só de "preservar as gerações vindouras do flagelo da guerra, que por duas vezes, no espaço de nossa vida, trouxe sofrimentos indizíveis à humanidade", mas também de "promover e estipular o respeito aos direitos humanos e às liberdades fundamentais para todos";

- *A Declaração Americana dos Direitos e Deveres do Homem*, firmada em Bogotá, no dia 2 de maio de 1948, na qual ficou estabelecido que "todo ser humano tem direito à vida, à liberdade e à segurança pessoal", além de esclarecer: "Se os direitos exaltam a liberdade individual, os deveres lhe exprimem a dignidade... É dever do homem servir o espírito com todas as suas faculdades e todos os seus recursos, porque o espírito é a finalidade suprema da existência humana";

- *A Declaração Universal dos Direitos do Homem*[32], da *ONU*, promulgada na cidade de Paris, em 10 de dezembro de 1948 - depois de considerar essencial que os direitos do homem sejam protegidos pelo império da lei, para que não seja compelido, como último recurso, à rebelião contra a tirania e a opressão - firmou e reiterou estes postulados:

"Todo homem tem direito à vida, à liberdade e à segurança pessoal".

"Ninguém será arbitrariamente preso, detido ou exilado";

- *A Constituição do Conselho da Europa*, realizada em Londres, a 5 de maio de 1949, e o resultante *Convênio para a Proteção dos Direitos Humanos e das Liberdades Fundamentais*, elaborado em Estrassburgo e assinado no dia 4 de novembro de 1950, em Roma, - recomendando a observância destes mesmos direitos;

- *A Convenção Americana sobre Direitos Humanos*, mais conhecida como "Pacto de San Jose de Costa Rica", de 22 de novembro de 1969, estabeleceu:

"Los Estados Americanos signatarios de la presente Convención, reafirmando su propósito de consolidar en este Continente, dentro del cuadro de las instituciones democráticas, un régimen de libertad personal y de justicia social, fundado en el respeto de los derechos esenciales del hombre;

Reconociendo que los derechos esenciales del hombre no nacen del hecho de ser nacional de determinado Estado, sino que tienen como fundamento los tributos de la persona humana, razón por la cual justifican una protección internacional, de naturaleza convencional coadyuvante o complementaria de la que ofrece el derecho interno de los Estados americanos.

Considerando que estos principios han sido consagrados en la Carta de la Organización de los Estados Americanos, en la Declaración Americana de los Derechos y Deberes del Hombre y en la Declaración Universal de los Derechos Humanos que han sido reafirmados y desarrollados en otros instrumentos internacionales tanto de ámbito universal como regional;

Reiterando que, con arreglo a la Declaración Universal de los Derechos Humanos, sólo puede realizarse el ideal del ser humano libre, exento del temor y de la miseria, si se crean condiciones que permitan a cada persona gozar de sus derechos económicos, sociales y culturales, tanto como de sus derechos civiles y políticos, y;

Considerando que la Tercera Conferencia Inter-Americana Extraordinaria (Buenos Aires, 1967) aprobó la incorporación a la propia Carta de la Organización de normas más amplias sobre derechos económicos, sociales y educacionales y resolvió que una convención interamericana sobre derechos humanos determinara la estructura, competencia y procedimiento de los órganos encargados de esa materia."

E, ao final, a Convenção aprovou estes princípios relativos à liberdade individual, enumerados no artigo 7º da Declaração:

"1) Toda persona tiene derecho a la libertad y a la seguridad personales.

2) Nadie puede ser privado por su libertad física, salvo por las causas y en las condiciones fijadas de antemano por las Constituciones Políticas de los Estados Partes o por las leyes dictadas conforme a ellas.

3) Nadie puede ser sometido a detención o encarlecimiento arbitrarios.

4) Toda persona detenida o retenida debe ser informada de las razones de su detención y notificada, sin demora, del cargo o cargos formulados contra ella.

5) Toda persona detenida o retenida debe ser llevada, sin demora, ante un juez u otro funcionário autorizado por la ley para ejercer funciones judiciales y tendrá derecho a ser juzgada dentro de un plazo razonable o a ser puesta en libertad, sin perjuicio de que continúe el proceso. Su libertad podrá estar condicionada a garantías que aseguren su comparecencia en el juicio.

6) Toda persona privada de libertad tiene derecho a recurrir ante un juez o tribunal competente, a fin de que éste decida, sin demora, sobre la legalidad de su arresto o detención y ordene su libertad si el arresto o la detención fueran ilegales. En los Estados Partes cuyas leyes prevén que toda persona que se viera amenazada de ser privada de su libertad tiene derecho a recurrir a un juez o tribunal competente a fin de que éste decida sobre la legalidad de tal amenaza, dicho recurso no puede ser restringido ni abolido. Los recursos podrán interponerse por sí o por otra persona.

7) Nadie será detenido por deudas. Este principio no limita los mandatos de autoridad judicial competente dictados por incumplimientos de deberes alimentarios."

Como se vê, a tutela da liberdade individual no sistema brasileiro se deve não só à índole e à tradição do nosso povo, mas também à influência das conquistas que consolidaram os direitos humanos no âmbito internacional.

4 - Liberdade individual: regra e exceções na ordem jurídica brasileira

Como se lê na Constituição, o Estado Brasileiro assumiu o solene compromisso de que *ninguém será preso*, como regra geral a ser observada indistintamente em todo território nacional.

Tal regra encontra, na mesma Constituição, duas únicas e exclusivas exceções: em flagrante delito e por ordem escrita e fundamentada de autoridade judiciária competente.

Com efeito, os casos de flagrante delito, cuja prisão do agente a lei faculta ao particular e determina às autoridades policiais (art. 301), estão regulados no Código de Processo Penal Brasileiro:

"Art. 302 - Considera-se em flagrante delito quem:
I - está cometendo a infração penal;
II - acaba de cometê-la;
III - é perseguido, logo após, pela autoridade, pelo ofendido ou por qualquer pessoa, em situação que faça presumir ser autor da infração;
IV - é encontrado, logo depois, com instrumentos, armas, objetos ou papéis que façam presumir ser autor da infração".

Dos casos referidos, os dois primeiros não apresentam dificuldade no que diz respeito à certeza do fato e da sua autoria; nos dois últimos, porém, a presunção diz respeito *apenas* à autoria, sendo indispensável a certeza do fato.

Em outras palavras - no sistema processual penal brasileiro não se admite prisão em flagrante por suspeita quanto ao fato; tolera-se, tão-somente, a prisão em flagrante por suspeita quanto à autoria, nos casos dos incisos III e IV do citado artigo 302.

Cabe sublinhar, ainda, que a quase-flagrância ou flagrância presumida se restringe, unicamente, à presunção da autoria e jamais do fato, pois quanto a este não pode haver dúvida, e sim certeza de sua existência.

É oportuno acrescentar que, nas infrações permanentes, entende-se o agente em flagrante delito enquanto não cessar a permanência deste.

Além do flagrante, o nosso sistema também admite a prisão por *Ordem Judicial,* que compreende seis espécies: a) a temporária[33], b) a preventiva[34], c) a decorrente de pronúncia[35], d) a resultante de sentença condenatória[36], e) por inadimplemento de pensão alimentícia[37], f) e do depositário infiel[38].

Em qualquer circunstância, porém, a autoridade judiciária terá que ser competente, a ordem emanada deverá ser por escrito, estar devidamente fundamentada e atender às formalidades legais.

No entanto, o constituinte de 1988, imprópria e equivocadamente, parece ter pretendido ampliar estas exceções, inserindo duas referências nestes preceitos do texto constitucional:

- "Ninguém será preso senão em flagrante delito ou por ordem escrita e fundamentada de autoridade competente, *salvo nos casos de transgressão militar ou crime propriamente militar, definidos em lei"* (art. 5º, LXI);

- "Não caberá *habeas corpus em relação a punições disciplinares militares"* (art. 142, parágrafo 2º).

Com efeito, é preciso sublinhar, desde logo, que, quanto aos *"casos de transgressões militares ou crime pro-*

priamente militar", somente os últimos estão "definidos em lei", ou seja, no Código Penal Militar. E, na infringência destes casos "definidos em lei", só podem ser legitimamente presos os seus agentes nas duas hipóteses apontadas na Constituição: em flagrante delito, na conformidade dos arts. 243 e 244 do C.P.P.M.; e por ordem judicial de prisão, expedida por autoridade competente (Juiz Auditor, Conselho de Justiça Militar, Ministro do STM ou Decisão Plenária do STM).

Por outro lado, é evidente que não formam uma terceira categoria as punições disciplinares, que aplicam penas de detenção ou de prisão, previstas nos Regulamentos Militares[38"A"], até porque estes diplomas *não são leis*, e *legislar* sobre esta matéria é da competência privativa do Poder Legislativo da União (art. 22, I, C.F.).

Por conseguinte, a espécie que se pretendeu criar está compreendida nos limites das duas exceções que integram a tradição do nosso direito constitucional.

A respeito desse tema, aliás, já nos posicionamos alhures, em 1984[39]:

"Outro equívoco a ser desfeito consiste na falsa idéia de que não cabe *habeas corpus* no caso de prisão disciplinar. O lamentável entendimento teve sua origem, entre nós, no preceito do parágrafo 16, *in fine*, no artigo 122, da Carta Constitucional de 1937:

Dar-se-á *habeas corpus* sempre que alguém sofrer ou se achar na iminência de sofrer violência ou coação ilegal, na sua liberdade de ir e vir, salvo nos casos de punição disciplinar".

Esta inovação alterou substancialmente o sentido da nossa tradição constitucional, que, ainda, na Constituição de 1934, consagrava regra diferente.

Da Carta de 1937, a ressalva ("salvo nos casos de punição disciplinar") foi transposta para o artigo 647 do Código de Processo Penal, promulgado pelo Decreto-Lei nº 3689/1941 e, conseqüentemente, sob a vigência daquela Constituição:

"Dar-se-á *habeas corpus* sempre que alguém sofrer ou se achar na iminência de sofrer violência ou coação ilegal na sua liberdade de ir e vir, salvo nos casos de punição disciplinar."

Com o advento da Constituição de 1946, a aludida redação foi abandonada, restabelecendo-se integralmente o texto da Carta Política de 1934, que é mantida na atual com este preceito:

"Nas transgressões disciplinares não caberá *habeas corpus*".

Mas, mesmo com as três modificações constitucionais posteriores (1946, 1967, 1969), que alteraram fundamentalmente o preceito de 1937, - o texto do Código de Processo Penal de 1941, que restringe o cabimento do *habeas corpus*, continuou inalterado, confundindo os menos avisados, embora as Cartas Políticas supervenientes não mais tenham consagrado aquele princípio, revogado há quase quatro décadas.

Com efeito, quem se detiver melhor na análise da questão há de constatar que nem mesmo o citado preceito da Constituição de 1937 não vedava, clara e expressamente, o remédio do *habeas corpus* para o caso de prisão disciplinar e sim, de forma genérica e indefinida, para "os casos de punição disciplinar", o que não é a mesma coisa. A palavra "punição" é por demais vaga e não compreende a hipótese de prisão, uma vez que aquela se refere, primordialmente, à sanção de natureza cível em geral. E esta jamais foi objeto de *habeas corpus*.

Mas, de qualquer modo, aquela redação não está mais em vigor e, portanto, não se cogita de sua eficácia jurídica e muito menos de sua validade ou incidência na atualidade.

A vedação constitucional que hoje vigora em relação ao *habeas corpus* está contida neste princípio, o qual generalizou, ainda mais, o preceito, ao ponto de não se saber exatamente o que quis dizer o constituinte: "Nas transgressões disciplinares não cabe *habeas corpus*".

Como facilmente se pode constatar, o texto atual não afasta o *habeas corpus* no caso de prisão disciplinar; de outra parte, nunca se cogitou do cabimento do *habeas corpus* nos casos de transgressões disciplinares, a não ser que o legislador constituinte quisesse dizer que não cabe *habeas corpus* no caso de *prisão* decorrente de "transgressões disciplinares". Mas isto não está dito e jamais figurou em qualquer Constituição Brasileira.

Assim, não pode o intérprete dizer pelo legislador o que este absolutamente não disse. Ademais, é defeso ao aplicador da norma ir além do que está no texto, "tipificando" novas situações, especialmente, para restringir direitos individuais.

É certo que, nas províncias do Direito Administrativo, as "transgressões disciplinares" podem ensejar uma série de "punições disciplinares" ou "penas disciplinares", como especifica o artigo 201 da Lei nº 1.711/52:[40]

"São penas disciplinares:
I - repreensão.
II - multa.
III - suspensão.
IV - destituição da função.
V - demissão.
VI - cassação de aposentadoria ou disponibilidade".

Pelo visto, não está prevista nenhuma *pena de prisão* disciplinar.

E o nosso Pontes de Miranda, ao comentar o texto constitucional, não faz qualquer referência à prisão disciplinar, prevista nos regulamentos militares, e sim, conduz toda a sua argumentação para as transgressões disciplinares, relacionadas com os funcionários públicos civis, no âmbito da administração pública. Senão vejamos:

"a) A lei dos funcionários públicos civis não cominava (e ainda não comina) *pena de prisão*, ou de outra restrição de liberdade, em princípio, a tais funcionários, de modo que não houve oportunidade, tanto quanto saibamos, para que o Supremo Tribunal Federal se manifestasse sobre o *habeas corpus*, em caso de transgressão disciplinar, seguida de constrangimento à liberdade de locomoção;
b) Depois de falar nos pressupostos do poder disciplinar, destaca que 'algumas vezes, o funcionário público, hierarquicamente superior a outro, não tem poder de aplicar pena disciplinar ao seu subalterno';
c) Se o ato é absolutamente estranho à função, e.g. se o funcionário público civil publica livro de versos, falta o pressuposto do ato ligado à função e, pois, de *transgressão não há de se cogitar*".

E conclui com a sua insubstituível autoridade, afirmando que nestes e noutros casos "o texto constitucional não veda *habeas corpus* em tal hipótese", assim como a citada limitação "de modo algum pré-exclui as ações de *habeas corpus*, em se tratando de crime militar".

Por conseguinte, se o mais categorizado comentador da nossa Constituição fala de "transgressões disciplinares" na área do Direito Administrativo, que não prevê a pena de *prisão disciplinar;* e não fala do tema em relação aos regulamentos militares, que, ao contrário, prevêem a prisão disciplinar, - nos leva a acreditar:

1º - que a expressão "transgressões disciplinares", prevista na Constituição, não compreende a *prisão disciplinar*, especialmente; e

2º - que o âmbito da vedação constitucional, em relação ao *habeas corpus*, está endereçado ao Direito Administrativo e não aos regulamentos militares.

No entanto, convém frisar que o respeito tanto à disciplina, como à hierarquia e à ordem, é indispensável para que os órgãos públicos e as autoridades legitimamente constituídas dêem andamento à máquina governamental para atingir os fins do Estado em busca do bem comum.

A infringência destas regras pode caracterizar transgressões disciplinares, ensejando punição disciplinar de diferentes espécies, *menos a pena de prisão,* pois esta afeta o bem mais valioso do homem - a liberdade - e, por isso, requer, para a sua aplicação, órgão especializado e observância de formalidades legais para que não se faça injustiça a este homem e à sua liberdade. E que no Estado de Direito, toda e qualquer prisão deve ser controlada ou determinada pelo Judiciário.

Com isso, não será necessário relembrar aqui os princípios constitucionais que constituem as linhas mestras onde está assentada a garantia do direito individual de liberdade: "ninguém será preso"; "não haverá prisão civil"; "dar-se-á *habeas corpus*"; "a prisão ou detenção de qualquer pessoa será imediatamente comunicada ao juiz competente, que a relaxará, se não for legal"; "a lei não poderá excluir da apreciação do Poder Judiciário qualquer lesão de direito individual".

Com efeito, admitir-se que alguma autoridade, destituída de poder jurisdicional, possa prender ou restringir o direito de liberdade pessoal, não só significa ignorar os compromissos permanentes do Estado para conosco, mas o abandono deste para com seus súditos, atribuindo infalibilidade a órgãos incompetentes e a pessoas despreparadas no trato do Direito.

Desta forma, a única transgressão que pode levar à pena de prisão é o crime, tecnicamente previsto e judicialmente reconhecido, através do devido processo legal. A transgressão disciplinar, pela sua natureza, pode conduzir apenas a uma punição disciplinar, *excluindo-se, naturalmente, a de prisão,* porque esta não pode ser aplicada por pessoas desqualificadas juridicamente, sem processo, sem controle jurisdicional e com base em regulamentos; e sim, deve ser cominada exclusivamente pelo juiz competente, com fundamento na lei e decorrente de processo jurisdicional *(nullum crimen, nulla poena sine lege; nulla poena sine judice; nulla poena sine judicio)*.

Não será demasiado registrar, ainda, o judicioso entendimento da Comissão Constitucional de Portugal, presidida pelo consagrado jurista Jorge de Figueiredo Dias, a respeito da ilegitimidade da prisão disciplinar, cujos fundamentos são aplicáveis entre nós:

"Mas se a inconstitucionalidade material do artigo 116º do CPDMM não resulta por forma direta dos artigos 205º e 206º, resulta sim, inapelavelmente, do artigo 27º, nº 2 da Constituição, segundo o qual ninguém pode ser privado da liberdade a não ser em conseqüência de sentença judicial condenatória pela prática de acto punido por lei com pena de prisão ou de aplicação judicial de medida de segurança.

Quer este normativo constitucional significar que onde se aplique uma pena privativa da liberdade - tenha ela natureza criminal, contravencional, disciplinar ou outra -, aí se está, se não exactamente perante acto materialmente judicial, pelo menos perante acto relativamente ao qual vale integralmente a reserva de função jurisdicional aos juizes e aos tribunais"[41].

Assim, toda e qualquer coação resultante de punição, inclusive disciplinar, que interferir na "liberdade de locomoção, por ilegalidade ou abuso de poder", será corrigível por meio de *habeas corpus*, que não fugirá à regra geral, podendo ser preventivo ou liberatório, voluntário ou de ofício. A propósito desta última espécie, reproduzimos aqui a síntese de uma comunicação que apresentamos ao VI Congresso Nacional de Ciências Penais, em 1978, publicada na Revista de Informação Legislativa do Senado Federal nº 59/157 e segs:

"O Anteprojeto de Código de Processo Penal elaborado pelo Prof. José Frederico Marques, bem como o de autoria do Prof. Tornaghi, é omisso no que se refere ao *habeas corpus* de ofício. Em conseqüência, o Projeto nº 633/75 que por sua vez, é fruto da orientação traçada naquele Anteprojeto, ficou indiferente ao mencionado instituto.

No entanto, a Emenda nº 718, de autoria do Deputado José Bonifácio Neto, depois de receber parecer favorável da Comissão Especial que estudou o aludido Projeto, foi aprovada integralmente pelo plenário da Câmara dos Deputados, restabelecendo, assim, o referido instituto e definindo, neste particular, a atividade dos juízes e tribunais como faculdade, e não como dever judicial.

A questão que ora se traz à consideração dos participantes deste II Encontro Preparatório ao VI Congresso Nacional de Ciências Penais consiste em saber:

1º - se é conveniente manter o *habeas corpus* de ofício no futuro Código;
2º - e, uma vez mantido, se a atuação judicial há de funcionar como faculdade ou como dever.

Tenho para mim que o *habeas corpus* de ofício deve ser mantido, em que pese a opinião contrária do ilustrado autor do Anteprojeto, retirada, aliás, da omissão já mencionada; e, assim sendo, a atuação judicial haveria de funcionar como dever, e não como faculdade.

O Anteprojeto de Código de Processo Penal Brasileiro, de autoria do Prof. José Frederico Marques, adota, acertadamente, a filosofia preconizada pelo sistema acusatório, semeada, genericamente, por todo o corpo do futuro Diploma e concentrando, expressamente, uma nota fundamental no preceito de seu art. 6º:

"Não se admite processo criminal *ex officio*. A relação processual penal, para constituir-se, depende sempre de acusação do Ministério Público nos casos de ação penal pública, ou do ofendido quando se tratar de ação penal privada."

Por outro lado, a Exposição de Motivos do Ministro da Justiça, depois de enfatizar na "supressão do inquisitorialismo judicial", como um dos pontos essenciais da estrutura do Projeto, destaca:

"Se o procedimento *ex officio* e a participação contínua do juiz em atos e práticas que refogem às funções jurisdicionais não são condizentes com a processualização da Justiça Criminal e com a configuração do processo penal como *actus trium personarum* (autor, réu e juiz), com maior razão devem ser repudiados esses resquícios de inquisitorialismo penal em sistemas judiciários como o nosso, em que, nas instâncias inferiores, atua juiz singular. Nota-se que, nas diversas legislações penais, poderes inquisitivos se concedem ao juiz da instrução, nunca, porém, ao juiz da sentença."

A respeito deste posicionamento, já tive oportunidade de registrar não só o meu modesto aplauso por esta definição doutrinária, inserida no projeto, mas também a satisfação de sublinhar a minha esperança de que o Poder Legislativo da República há de mantê-lo "como sinal do acompanhamento da evolução científica do Direito Processual Penal Brasileiro e como eco da histórica lição contida no art. 110 do Código de Processo Penal do Rio Grande do Sul, de 1898: Os Tribunais não podem *ex officio* promover a ação penal"[a].

Mas, apesar disso, é preciso temperar-se com a necessária cautela uma afirmação de douta subcomissão revisora do referido anteprojeto[b] e, por via de conseqüência, uma imperdoável omissão no projeto enviado ao Congresso Nacional, através da Mensagem Presidencial nº 159/75. A afirmação é a seguinte:

"O sistema acusatório foi reforçado e adquiriu contornos mais puros, abolindo-se, de vez, todo e qualquer procedimento *ex officio*."

Certamente, por causa desta posição dogmática - contra todo e qualquer procedimento *ex officio* - é que inexiste tanto no anteprojeto como no projeto um preceito que determine a expedição *ex officio* de ordem de *habeas corpus* sempre que alguém sofre ou está na iminência de sofrer coação ilegal.

Tal situação é inexplicável não só pelo atual estágio evolutivo do nosso Direito Processual, como também por fortes razões históricas e doutrinárias.

Historicamente, o preceito que se reclama do futuro Código significa uma sólida tradição em nosso Direito Positivo, tendo iniciado com o Código de Processo Criminal do Império, de 1832, como se vê do seu artigo 344:

"Independentemente de petição, qualquer juiz pode fazer passar uma ordem de *habeas corpus ex officio*, todas as vezes que, no curso de um processo, chegue ao seu conhecimento por prova de documentos, ou ao menos de uma testemunha jurada, que algum oficial de justiça, ou autoridade pública, tem ilegalmente alguém sob sua guarda ou detenção."

A Reforma Judiciária, levada a efeito através da Lei nº 2.033, de 1871, fortalece o princípio acima referido, como se constata do conteúdo do seu artigo 18:

"Os juízes de direito poderão expedir ordem de *habeas corpus*, a favor dos que estiverem ilegalmente presos, ainda quando o fossem por determinação do chefe de polícia ou de qualquer outra autoridade administrativa, e sem exclusão dos detidos a título de recrutamento, não estando ainda alistados, como praças, no exército ou armada."

Implantado o regime republicano, a orientação continuou revigorada expressamente no texto do artigo 48 do Decreto nº 848, de 1890, que organizou a Justiça Federal no País:

"Independente de petição, qualquer juiz ou tribunal federal pode fazer passar uma ordem de *habeas corpus ex officio* todas as vezes que, no curso de um processo, chegue ao seu conhecimento, por prova testemunhal ou ao menos deposição de uma testemunha maior de exceção, que algum cidadão, oficial de justiça ou autoridade pública, tem ilegalmente alguém em seu poder."

Por outro lado, os Códigos estaduais, decorrentes da descentralização processual, permitida pelo artigo 34, inciso XXII, da primeira Constituição Republicana[c] adotaram, em sua generalidade, a mesma linha de orientação, destacando, entre outros, o Código de Processo Criminal do Distrito Federal[d]; o Código do Processo Criminal do Estado de Sergipe[e]; O Código de Processo Criminal do Estado do Paraná[f]; o Código Judiciário do Estado de Santa Catarina[g].

Restabelecido o regime da centralização processual, a partir da Constituição Federal de 1934[h], resultou na promulgação, em 1941, do Código de Processo Penal, atualmente em vigor, que consagra o aludido instituto no parágrafo 2º do seu artigo 654:

"Os juízes e os tribunais têm competência para expedir de ofício ordem de *habeas corpus*, quando no curso de processo verificarem que alguém sofre ou está na iminência de sofrer coação ilegal."

Dentro deste mesmo regime, o Código de Processo Penal Militar, promulgado em 1969, o conserva vivo, ainda que limitado à alçada do segundo grau de jurisdição, como se verifica da 2ª parte do artigo 470:

"O *habeas corpus* pode ser impetrado por qualquer pessoa em seu favor ou de outrem, bem como pelo Ministério Público. O Superior Tribunal Militar pode concedê-lo de ofício, se, no curso do processo submetido à sua apreciação, verificar a existência de qualquer dos motivos previstos no artigo 467"[i]

De outra parte, o Regimento Interno do Supremo Tribunal Federal (assim como dos Tribunais Superiores, bem como dos Tribunais de Justiça[j] e de Alçada[k] dos Estados da Federação e, ainda, os Tribunais de Justiça Militar[l]), assim se refere no artigo 188:

"O Tribunal poderá, de ofício:

I - (...)

II - expedir ordem de *habeas corpus*, quando, no curso de qualquer processo, verificar que alguém se encontra na situação do artigo 183"[m].

Como se observa, o *habeas corpus* de ofício é da tradição do nosso Direito, e, por esta razão, há de ser mantido não apenas para conservar esta tradição, mas porque tem semeado inestimáveis benefícios à nossa gente e porque representa uma sólida garantia ao direito de liberdade individual de ir, ficar e vir.

Doutrinariamente, a omissão do *habeas corpus* de ofício tanto no anteprojeto como no projeto de Código é produto de um lamentável equívoco, que compromete seriamente o espírito do sistema acusatório, eleito pelo autor do anteprojeto e referendado pelos seus revisores.

Na verdade, a supressão do procedimento penal *ex officio* é plenamente justificável *quanto à iniciativa* da provocação jurisdicional ou de outra atividade semelhante que vise à aplicação de qualquer restrição judicial ao direito de liberdade. Mas, ao contrário, a iniciativa do magistrado é imprescindível *para a proteção* da pessoa contra abusos e arbitrariedades. Pois, garantir os direitos do cidadão contra qualquer espécie de constrangimento ilegal à sua liberdade de locomoção, é indiscutivelmente dever primário do Estado de Direito, cuja atuação deve se concentrar nos agentes do Poder Judiciário. Para tal mister, no entanto, se dispensa a iniciativa da parte interessada, uma vez que o zelo pela liberdade individual está na base do interesse público a ser mantido pelo Estado, independentemente de provocação.

Câmara Leal vê, nessa iniciativa judicial, uma atribuição natural, inerente às funções do Poder Judiciário, como órgão tutelar dos direitos violados ou ameaçados[n].

E, para a concessão da ordem de ofício - acentua Eduardo Espínola Filho - não há necessidade de processo especial; a autoridade judiciária serve-se dos próprios elementos do processo, que corre sob a sua jurisdição, quando a prova, nele colhida, a convença da efetividade, ou da ameaça real e iminente, de constrangimento ilegal, do qual seja paciente o réu, o ofendido, o querelante, testemunha, advogado...[o].

Ademais, o nosso sistema constitucional ampara este entendimento (bem como a tradição da nossa legislação ordinária), quando consagra o princípio de que "Ninguém será preso"[p].

E para efetivar esta garantia que o Estado Brasileiro promete assegurar, indistintamente, a toda e qualquer pessoa, é que o nosso sistema, desde a Constituição de 1891[q], consagra imperativamente o mesmo princípio, que na atualidade a nossa Lei Maior reproduz:
"Dar-se-á habeas corpus sempre que alguém sofrer ou se achar ameaçado de sofrer violência ou coação em sua liberdade de locomoção, por ilegalidade ou abuso de poder"[r].

Esta expressão ("dar-se-á *habeas corpus*"), que o preceito constitucional assegura, de forma imperativa e independente de qualquer provocação e sem qualquer condicionamento, encerra e compreende um dever implícito às funções do Poder Judiciário em tutelar o direito de liberdade, quando se constatar nos autos de um processo, que tal direito foi violado ou ameaçado.
No entanto, este princípio deve ser conjugado com outro, já lembrado, e também escrito na nossa Lei Básica, o qual garante que "ninguém será preso", como regra que só admite duas únicas e exclusivas exceções: em

flagrante delito e por ordem escrita de autoridade judicial competente[s].

Eis por que entendo que o *habeas corpus* de ofício é imanente ao próprio instituto e inerente à função jurisdicional no Estado de Direito. E, coerente com as razões aqui alinhadas, melhor seria considerar esta atuação judicial como dever, em perfeita consonância com o entendimento doutrinário daqueles que não ficaram indiferentes a respeito do tema, como é o caso, entre outros, dos seguintes autores brasileiros:

a) Francisco de Souza Cirne Lima:

"Qualquer cidadão brasileiro, que entenda que ele ou outro sofre prisão ilegal ou é ameaçado com ela, pode requerer ordem de *habeas corpus* à autoridade competente; e o juiz *ex officio* deve conceder todas as vezes que tiver conhecimento certo dessa ilegal prisão, haja processo ou não"[t].

b) Bento de Faria:

"Verificando o juiz ou o Tribunal no curso de processo que o aludido constrangimento ou sua ameaça pesa sobre alguém, deve expedir a ordem de ofício, processando-a, porém, em apartado e por apenso aos autos respectivos, mediante portaria"[u].

c) Florêncio de Abreu:

"Atenta a finalidade da medida, faculta-se ao Ministério Público requerê-la, se no curso de um processo, ou por qualquer outro meio, constatar que alguém sofre violência ou coação ilegal. Independente, porém, de qualquer provocação da parte interessada, ou do Ministério Público, os juízes e os tribunais devem conceder *habeas corpus* de ofício toda vez que, no curso de algum processo, verifiquem que alguém sofre ou está na iminência de sofrer violência ou coação ilegal"[v].

d) Ruy Barbosa:

entende, finalmente, que os Juízes e os Tribunais são obrigados a restituir a liberdade *"ex officio,* se no curso de qualquer processo lhe constar por testemunho fidedigno, caso de constrangimento ilegal"[x].

Ao concluir, é oportuno destacar o conteúdo da Emenda nº 718[z], de autoria do Deputado José Bonifácio Neto, que no apagar das luzes do ano legislativo de 1977, restabeleceu o *habeas corpus* de ofício no Projeto nº 633/75. Só que, atendendo aos ensinamentos da melhor doutrina, seria recomendável substituir-se a palavra "poderão" por "deverão", tanto no corpo da mencionada emenda como no resultante artigo 760 do Projeto, já aprovado pela Câmara dos Deputados, o qual passaria, então, a ter a seguinte redação:

"Os Juízes e os Tribunais deverão conceder *habeas corpus* de ofício, quando verificarem, no curso de processo, que alguém sofre ou está na iminência de sofrer coação ilegal."

**Notas da comunicação apresentada ao
VI Congresso Nacional de Ciências Penais**

[a] "O Procedimento Penal *Ex Officio* no Direito Brasileiro", *in Revista Ciência Penal*, ano III, nº 2, pág. 106, Editora Convívio, São Paulo, 1976 - "A Provocação Jurisdicional", Porto Alegre, Edições UFRGS, 1978, pág. 69.

[b] Integraram a aludida Subcomissão os seguintes juristas: Prof. JOSÉ CARLOS MOREIRA ALVES, Coordenador da Comissão de Estudos Legislativos; Prof. JOSÉ FREDERICO MARQUES, Relator da mesma e autor do anteprojeto; Prof. BENJAMIM MORAES FILHO, da Universidade Federal do Rio de Janeiro; Prof. JOSÉ SALGADO MARTINS, da Universidade Federal do Rio Grande do Sul (que por ter falecido a 20 de novembro de 1973, foi substituído pelo Prof. HÉLIO BASTOS TORNAGHI, da Universidade Federal do Rio de Janeiro, e também autor de um anteprojeto de Código de Processo Penal, apresentado, em 1963, ao Ministério da Justiça e Negócios Interiores).

[c] O entendimento predominante foi no sentido de que os Estados poderiam legislar sobre Direito Processual, apesar da abalizada opinião em contrário

de GALDINO SIQUEIRA: "Estudando-se conscienciosamente o assunto, deve-se ler antes de tudo toda a Constituição da República, e, então, verificar-se-á, desde logo, que não há texto algum na Constituição conferindo aos Estados federados a atribuição de legislar sobre o direito processual.

1º - O art. 34, nº 23, que os separatistas dizem ser o assento da matéria é assim concebido: "Compete privativamente ao Congresso Nacional legislar sobre o direito civil, comercial e criminal da República e o processual da justiça federal."

O advérbio "privativamente", que não é um termo inútil no texto, tem o seu correlativo oposto; o texto exclui a competência dos Estados para legislar sobre o direito civil, comercial e criminal da República e o processual da jurisdição federal, mas não exclui a competência do Congresso Nacional para legislar, posto que "não privativamente", sobre o direito processual das jurisdições estaduais.

Por outra: o texto "priva" os Estados de legislarem sobre o direito civil, comercial e criminal da República e o processual da jurisdição federal; mas, "não priva" o Congresso Nacional de legislar sobre o direito processual das jurisdições estaduais.

Por outra: o texto confere ao Congresso Nacional a atribuição de legislar sobre o direito processual da jurisdição federal; mas não confere aos Estados atribuição alguma.

2º - Não se tratando de hipóteses mutuamente repugnantes ou que fatalmente o autorizem *qui de uno dicit, de altero negat*, as regras da mais vulgar hermenêutica não admitem o argumento de exclusão, de sorte que a única consequência é a acumulação de atribuições.

Ou os Estados federados exerceriam essas atribuições *omni et non soli*, e, então, teríamos o absurdo da cumulação simultânea; ou os Estados exercem essas atribuições *soli sed non omni*, e então, é força reconhecer que aos Estados não foi conferida a atribuição "privativa" de legislar sobre o processo nas jurisdições estaduais.

3º - Ora, tratando-se de atribuições cumulativas, que não podem ser simultaneamente exercidas, só restam dois modos de exercê-las: ou "alternativamente", ou "supletivamente". E como seria um paradoxo supor, neste assunto, a "cumulação alternativa", claro está que essa cumulação de atribuições não pode deixar de ser uma "cumulação supletiva".

4º - Exercidas essas atribuições "supletivamente", a Nação, como soberana, tem a preeminência; e portanto, os Estados federados só podem exercer tais atribuições naquilo que não tiver sido providenciado pelo Congresso Nacional e enquanto não for providenciado pelo Congresso Nacional."
(SIQUEIRA, Galdino. *Curso de Processo Criminal*, 2ª ed. São Paulo, Hernani Magalhães, 1930, págs. 103-4).

(d) Art. 376 - Independentemente de petição, qualquer juiz ou Tribunal Pleno ou a Corte de Apelação pode fazer passar, *ex officio*, ordem de *habeas corpus*, todas as vezes que, no curso de um processo, chegue ao seu conhecimento, por documento ou depoimento de uma testemunha maior de toda exceção, que pessoa particular ou autoridade tem ilegalmente alguém sob sua guarda ou detenção.

(e) Art. 546 - Independentemente de petição, qualquer juiz de direito, ou Tribunal de Relação, pode expedir ordem de *habeas corpus*, sempre que, no decurso de qualquer processo, verificar que alguém se acha nos casos previstos no artigo 540 (este artigo diz: "A ordem de *habeas corpus* pode ser concedida, seja qual for a autoridade causa ou autora da coação, ou violência, ou que pretenda exercê-las, com exceção da autoridade militar, nos casos de jurisdição restrita e quando o constrangimento ou ameaça for contra pessoa da mesma classe e sujeita a regime militar.")

(f) Art. 257 - Independentemente de petição, qualquer autoridade judiciária competente pode passar uma ordem de *habeas corpus*, *ex officio*, todas as vezes que no curso de um processo chegar ao seu conhecimento, por provas de documentos, ou de depoimento de duas testemunhas, que algum indivíduo, oficial de justiça ou autoridade pública, tem, ilegalmente, alguém sob sua guarda ou detenção.

(g) Art. 2.562 - Independentemente de petição, o Superior Tribunal de Justiça, ou o juiz de direito, sempre que, no curso de um processo, verificar que alguém se acha ilegalmente privado de sua liberdade, pode, *ex officio*, mandar soltá-lo imediatamente.

(h) Constituição Federal de 1934:
Art. 5º - Compete privativamente à União:
XIX - legislar sobre:
a) direito penal, comercial, civil, aéreo e processual.
Constituição Federal de 1937:
Art. 16 - Compete privativamente à União o poder de legislar sobre as seguintes matérias:
XVI - o direito civil, o direito comercial, o direito aéreo, o direito operário, o direito penal e o direito processual.
Constituição Federal de 1946:
Art. 15 - Compete à União:
XV - legislar sobre:
a) direito civil, comercial, penal, processual, eleitoral, aeronáutico, do trabalho e agrário.
Constituição Federal de 1967:
Art. 8º - Compete à União:
XVII - legislar sobre:
b) direito civil, comercial, penal, processual, eleitoral, agrário, aéreo, marítimo e do trabalho.
A Emenda Constitucional nº 1, de 1969, em nada alterou o quadro da centralização processual.

(i) Art. 467 do Código de Processo Penal Militar:
"Haverá ilegalidade ou abuso de poder:
a) quando o cerceamento da liberdade for ordenado por quem não tinha competência para tal;
b) quando ordenado ou efetuado sem as formalidades legais;
c) quando não houver justa causa para a coação ou constrangimento;
d) quando a liberdade de ir e vir for cerceada fora dos casos previstos em lei;
e) quando cessado o motivo que autorizava o cerceamento;
f) quando alguém estiver preso por mais tempo do que determina a lei;
g) quando alguém estiver processado por fato que não constitua crime em tese;

h) quando estiver extinta a punibilidade;
1) quando o processo estiver evidentemente nulo."

(j) Art. 275 do Regimento Interno do Tribunal de Justiça do Estado do Rio Grande do Sul: "Os Juízes e os Tribunais têm competência para expedir de ofício ordem do *habeas corpus*, quando no curso do processo verificarem que alguém sofre ou está na iminência de sofrer coação ilegal."

(k) Os Estados da Federação que, presentemente, contam com Tribunais de Alçada são: Rio Grande do Sul, Paraná, São Paulo, Minas Gerais e Rio de Janeiro.

(l) Os Tribunais de Justiça Militar estaduais, que existiam antes de 15 de março de 1967, foram mantidos por disposição expressa do artigo 192 da Constituição Federal de 1967. Os Estados que dispõem destes Tribunais são apenas os de Minas Gerais, São Paulo e Rio Grande do Sul. Neste último, conserva-se o nome de Corte de Apelação da Justiça Militar do Estado (atualmente, Tribunal Militar do Estado).

(m) Art. 183 do Regimento Interno do STF:
"Dar-se-á *habeas corpus* sempre que alguém sofrer ou se achar ameaçado de sofrer violência ou coação em sua liberdade de locomoção, por ilegalidade ou abuso de poder."

(n) Comentários ao Código de Processo Penal Brasileiro, 1943, vol. 4º, pág. 207.

(o) Código de Processo Penal Brasileiro Anotado, 3ª ed., Rio de Janeiro, Borsoi, 1955, vol. 7º, págs. 217/8.

(p) Constituição Federal - Art. 153, § 12: "Ninguém será preso senão em flagrante delito ou por ordem escrita de autoridade competente. A lei disporá sobre a prestação de fiança. A prisão ou detenção de qualquer pessoa será imediatamente comunicada ao juiz competente, que a relaxará, se não for legal."

(q) Constituição Federal de 1891 (art. 72, § 22); Emenda Constitucional de 1926 (art. 72, § 22); Constituição Federal de 1934 (art. 113, nº 23); Constituição Federal de 1937 (art. 122, § 16); Constituição Federal de 1946 (art. 141, § 23).

(r) Art. 153, § 20.

(s) No Estado de Direito, toda e qualquer prisão deve ser controlada pelo Judiciário (princípio do controle jurisdicional à limitação da liberdade).

(t) *Rudimentos do Processo Criminal*, Editora Livraria e Tipografia Universal, 1882, pág. 83.

(u) *Código de Processo Penal*, Rio de Janeiro, Editora Livraria Jacinto, 1942, vol. II, pág. 253.

(v) *Comentários ao Código de Processo Penal*, Rio de Janeiro, Edição Revista Forense, 1945, vol. V pág. 586.

(x) *Lições de Rui, in* páginas coligidas por Heitor Dias, Bahia, Imprensa Oficial, 1949, pág. 76, de onde se transcreve o seguinte trecho de petição de *habeas corpus*, redigida pelo mortal jurista brasileiro: "Eis, srs. juízes, de onde resulta a suprema importância do *habeas corpus* entre as nações livres. As outras garantias individuais contra a prepotência são faculdades do ofendido. Este é o dever de todos pela defesa comum. Ninguém pode advogar essa exceção singular às leis do processo. Ninguém pode advogar sem procuração a causa de outrem. Para valer, porém, à liberdade seqüestrada, não há instrumento de poderes que exigir; o mandato é universal; todos o recebem da lei; para o exercer validamente basta estar no País. Os próprios juízes são obrigados a mandá-la restituir *ex officio*, se no curso de qualquer processo lhe constar, por testemunho fidedigno, caso de constrangimento ilegal. O paciente pode, até, não requerer a liberdade; pode, resignado, ou indignado, desprezá-la; pode até por um desvario, rejeitá-la. É indiferente. A liberdade não entra no patrimônio particular, como as cousas que estão no comércio, que se dão, trocam, vendem ou compram; é um verdadeiro condomínio social; todos o desfrutam, sem que ninguém o possa alienar; e, se o indivíduo, degenerado, a repudia, a comunhão vigilante a reivindica. Solicitando, pois, este *habeas corpus*, eu propugno, na liberdade dos ofendidos, a minha própria liberdade; não patrocino um interesse privado, a sorte de clientes: advogo a minha própria causa, a causa da sociedade, lesada no seu tesouro coletivo, a causa impessoal do direito supremo, representada na impessoalidade deste remédio judicial."

(z) Inclua-se, após o art. 764, no Capítulo "Do *Habeas Corpus*", um dispositivo com a redação seguinte:

"Art. - Os juízes e os tribunais poderão conceder *habeas corpus* de ofício, quando verificarem, no curso do processo, que alguém sofre ou está na iminência de sofrer coação ilegal."

Justificação

O projeto esqueceu de contemplar o *habeas corpus* de ofício, previsto no Código vigente no parágrafo 2º do art. 654. O preceito é da tradição do nosso Direito e se acha intimamente ligado à tutela do *jus libertatis*.

5 - Liberdade individual na Argentina

Os "representantes del pueblo de la Nación Argentina, reunidos en Congreso General Constituyente por voluntad y elección de las provincias que la componen" promulgaram sua Lei Fundamental, comprometendo-se no Preâmbulo da mesma "asegurar los beneficios de la libertad, para nosotros, para nuestra posteridad y para los hombres del mundo que quieran habitar en el suelo argentino".

No artigo 18 dos Direitos e Garantias individuais da citada Carta Política, está assentado:

"Ningún habitante de la Nación puede ser penado sin juicio previo fundado en ley anterior al hecho del proceso, ni juzgado por comisiones especiales, o sacado de los jueces designados por la ley antes del hecho de la causa. Nadie puede ser obligado a declarar contra sí mismo; *ni arrestado sino en virtud de orden escrita de autoridad competente.* Es inviolable la defensa en juicio de la persona y de los derechos. El domicilio es inviolable, como también la correspondencia epistolar y los papeles privados; y una ley determinará en qué casos y con qué justificativos podrá procederse a su allanamiento y ocupación. Quedan abolidos para siempre la pena de muerte por causas políticas, toda especie de tormento y los azotes. Las cárceles de la Nación serán sanas y limpias, para seguridad y no para castigo de los reos detenidos en ellas, y toda medida que a pretexto de precaución conduzca a mortificarlos más allá de lo que aquélla exija, hará responsable al juez que la autorice".

E, no artigo 20 da Constituição Nacional, ficou estabelecido que os estrangeiros "gozan en el territorio de la Nación de todos los derechos civiles del ciudadano argentino."

Com efeito, para fazer valer em todo o território argentino os direitos e garantias reconhecidos na atual Constituição(nota 36), foram criados dois remédios jurídicos de rápida tramitação (art. 43): "*la acción de amparo*, siempre que no exista otro medio judicial más idóneo" e, quando o direito lesado, restringido, alterado ou for ameaçada a liberdade física, instituiu-se "*la acción de habeas corpus* (que) podrá ser interpuesta por el afectado o por cualquiere en su favor y el juez resolverá de inmediato, aun durante la vigencia del estado de sitio".

Por outro lado, os constituintes provinciais, na conformidade dos princípios inseridos nos artigos 5º e 121 da Constituição Nacional, complementaram a inteligência e aplicação destes preceitos nos seus respectivos territórios:

Constitución de la Provincia de Buenos Aires:
Art. 13 - Nadie podrá ser detenido sin que preceda indagación sumaria que produzca semiplena prueba o indicio vehemente de un hecho que merezca pena corporal, salvo en caso flagrante, en que todo delincuente puede ser detenido por cualquiera persona y conducido inmediatamente a presencia de su juez; ni podrá ser constituído en prisión sin orden escrita de juez competente.

Art. 14 - Toda orden de pesquisa, detención de una o más personas o embargo de propiedades, deberá especificar las personas u objetos de pesquisa o embargo, describiendo particularmente el lugar que debe ser registrado, y no se expedirá mandato de esta clase sino por hecho punible apoyado en juramento o afirmación, sin cuyos requisitos la orden o mandato no será exequible.

Art. 18 - Podrá ser excarcelada o eximida de prisión, la persona que diere caución o fianza suficiente.

Art. 19 - Todo habitante de la Provincia tiene el derecho de entrar y salir del país, de ir y venir, llevando consigo sus bienes, salvo el derecho de tercero.

Constitución de la Provincia de Catamarca:

Art. 31 - Nadie podrá ser arrestado sin que preceda indagación sumaria que produzca semiplena prueba o indicio vehemente de responsabilidad por la existencia de un delito que merezca pena corporal, ni podrá ser constituído en prisión sin orden escrita de Juez competente, salvo caso de ser sorprendido in fraganti. En este caso el delincuente puede ser detenido por cualquier persona quien deberá conducirlo inmediatamente a presencia de un juez o de la autoridad inmediata.

Art. 32 - Ninguna detención o arresto se hará en la cárcel pública destinada a los penados sino en otro local que se habilitará con ese objeto.

Art. 33 - Ningún arresto podrá prolongarse más de cuarenta y ocho horas o por el mayor término correspondiente a las distancias sin darse aviso al juez competente, poniéndose al reo a su disposición con los antecedentes del hecho que lo motiva, y desde entonces, tampoco podrá el reo permanecer más de tres días incomunicado de un modo absoluto.

Art. 34 - A todo aprehendido se le notificará por escrito la causa de su arresto o prisión dentro de las primeras veinticuatro horas.

Art. 35 - Será excarcelable todo procesado que diere caución suficiente para responder por los daños y perjuicios, fuera de los casos en que, por la naturaleza del delito, merezca pena privativa de libertad cuyo monto exceda del que fije la ley procesal, o se impute el delito de hurto de ganado mayor.

Constitución de la Provincia de Cordoba:
Art. 12 - Nadie podrá ser detenido, sin que preceda, al menos, una indagación sumaria que produzca semiplena prueba o indicio vehemente de un crimen o delito, ni podrá ser constituido en prisión, sin que preceda orden escrita de juez, salvo el caso in fraganti, en que todo delincuente puede ser arrestado por cualquier persona y conducido inmediatamente a presencia de su juez.

Art. 13 - Ninguna detención o arresto se hará en la cárcel pública destinada a los criminales, sino en otro local que se designará a este objeto: las cárceles de la Provincia serán seguras, sanas y limpias, y no podrá tomarse medida alguna que a pretexto de precaución, conduzca a mortificar a los presos más allá de lo que su seguridad exija.

Art. 15 - Ningún arresto podrá prolongarse más de veinticuatro horas, sin darse aviso al juez competente, poniéndose al reo a su disposición con los antecedentes del hecho que motive el arresto; desde entonces tampoco podrá el reo permanecer más de tres días incomunicado de un modo absoluto.

Art. 18 - Todo individuo que sufriere una prisión arbitraria, podrá ocurrir por medio de sus deudos, amigos o cualquiera otra persona al juez más inmediato, para que haciéndolo comparecer a su presencia, se informe del modo en que ha sido preso, y resultando no haberse llenado los requisitos constitucionales, lo mande poner inmediatamente en libertad."

Constitución de la Provincia de Corrientes:
Art. 8º - La garantía del *habeas corpus* no será suprimida, suspendida ni menoscabada en ningún caso por autoridad alguna.

Art. 9º - Toda persona detenida será puesta en libertad provisoria mediante fianza bastante, en los casos, forma y condiciones que establezca la ley.
Art. 10º - Ninguna detención o arresto se hará en cárceles de criminales, sino en locales destinados especialmente a ese objeto, salvo las excepciones que establezca la ley.

Constitución de la Provincia del Chaco:
Art. 16 - Toda persona detenida sin orden emanada en legal forma de autoridad competente, por juez incompetente o por cualquier autoridad o individuo, o a quien arbitrariamente se le negare, privare, restringiere o amenazare en su libertad o en el ejercicio de sus derechos individuales, con exclusión de los patrimoniales, podrá por sí o por tercero en su nombre, sin necesidad de mandato, valiéndose de cualquier medio de comunicación y a cualquier hora, promover acción de *habeas corpus* ante un juez letrado inmediato, sin distinción de fueros ni de instancias, y aunque formare parte del tribunal colegiado, a fin de obtener que ordene su libertad, o que lo someta a juez competente, o que haga cesar inmediatamente la supresión, privación, restricción o poder o autoridad pública. La acción de *habeas corpus* podrá instaurarse sin ninguna formalidad procesal, amenaza de su libertad o del ejercicio de sus derechos individuales. El juez de *habeas corpus* ejercerá su potestad jurisdiccional por sobre otro.

Toda vez que se tratare de amparar la libertad física, el juez dentro de las veinticuatro horas examinará el caso y hará cesar inmediatamente la afectación si ésta no proviniere de autoridad competente o si no cumplimentare los recaudos constitucionales y legales.

Dispondrá asimismo las medidas que correspondieren a la reponsabilidad de quien expidió la orden o ejecutó el acto.

Cuando un juez tuviere conocimiento de que alguna persona se hallare arbitrariamente detenida, confinada o amenazada en su libertad por un funcionario o un particular, podrá expedir de oficio el mandamiento de *habeas corpus*. Una ley especial reglamentará la forma sumaríssima de hacer efectiva esta garantía. Ningún juez podrá excusar la denegación de la acción de *habeas corpus* en el hecho de no haberse sancionado la ley reglamentaria, en cuyo caso deberá arbitrar las medidas procesales adecuadas.

Todo funcionario o empleado, sin excepción de ninguna clase, está obligado a dar inmediato cumplimiento a las órdenes que impartiere el juez del *habeas corpus*. La ley establecerá las sanciones que correspondan a quienes rehusaren o descuidaren ese cumplimiento.

Art. 21 - Ninguna persona, salvo el caso de ser sorprendida en flagrante delito, podrá ser detenida sin orden escrita de autoridad competente en virtud de prueba semiplena o indicios vehementes de la existencia de hecho punible y motivos fundados de su presunta culpabilidad.

Toda persona detenida deberá ser informada por escrito, en el acto de su detención, de la causa de la misma y autoridad que la dispuso, dejándosele copia de la orden. En caso de denuncia la orden de detención de una o más personas o de pesquisa, deberá especificar los individuos o lugares objetos de esa orden: y no se expedira mandamiento de esta clase sino por hecho punible afirmado bajo juramento del denunciante, sin cuyo requisito la orden no será exequible.

En ningún caso la simple detención ni la prisión preventiva se cumplirán en las cárceles públicas destinadas a penados, ni podrá prolongarse, la primera, por más de veinticuatro horas sin ser comunicado al juez competente, poniendo a su disposición al detenido y los antecedentes del hecho.

A requerimiento de cualquier persona, la autoridad que lo tuviere en custodia deberá traer al detenido a su presencia, sin perjuicio de las medidas de seguridad que se hubieren adoptado.

El empleado o funcionario que violare o no cumpliere con diligencia las prescripciones anteriores sufrirá la pérdida de su empleo sin perjuicio de la responsabilidad de orden penal.

Constitución de la Provincia del Chubut:
Art. 29 - Nadie podrá ser detenido sin orden escrita de juez competente, salvo el caso de in fraganti delito.

Ninguna persona podrá ser molestada, perseguida, arrestada o expulsada del territorio de la Provincia por sus ideas religiosas, políticas o gremiales.

Art. 30 - Ninguna detención o arresto se hará en cárcel pública destinada a los penados sino en otro local dispuesto para este objeto.

Art. 32 - Todo detenido será notificado de la causa de su detención dentro de las 24 horas y en el mismo plazo se dará aviso al juez competente, poniéndo a su disposición con los antecedentes del caso. La incomunicación del encausado no podrá prolongarse más de 24 horas, salvo resolución judicial fundada y en ningún caso se prolongará más de tres días.

Constitución de la Provincia de Entre Ríos:
Art. 24 - Ninguna persona puede ser detenida sin orden escrita emanada de autoridad competente y sin que preceda indagación sumaria que acredite indicio de su intervención en un hecho punible, salvo el caso de in fraganti delito, en que podrá ser aprehendida por cualquier habitante y conducida inmediatamente ante la autoridad respectiva. En ningún caso la simple detención ni la prisión preventiva se cumplirá en las cárceles públicas destinadas a penados, ni podrá prolongarse por más de veinticuatro horas sin ser comunicada al juez o

autoridad competente, poniendo a su disposición al detenido y los antecedentes del hecho.

Art. 25 - Toda persona detenida sin orden en forma de juez competente; por juez incompetente o por cualquier autoridad o individuo; o a quien se le niegue alguna de las garantías establecidas en la Constitución Nacional o Provincial a las leyes, podrá ocurrir, por sí o por conducto de otro, y valiéndose de cualquier medio de comunicación, ante el juez letrado inmediato, sin distinción de fueros ni instancias, para que se ordene su inmediata libertad, se lo someta al juez competente, o se le acuerde la garantía negada, según el caso. El juez o tribunal ante quien se presente este recurso queda facultado para requerir toda clase de informes, para hacer comparecer al detenido a su presencia y deberá resolver en definitiva en un término sumarísimo que fijará la ley.

Constitución de la Provincia de Formosa:
Art. 12 - Ninguna persona puede ser detenida sin orden escrita de juez competente, fundada en semiplena prueba o indicio vehemente de la comisión de un hecho punible, salvo caso de flagrante delito, en que podrá ser aprehendida por cualquier habitante y conducida inmediatamente ante la autoridad respectiva. Todo arrestado o detenido será notificado de la causa de su detención dentro de las veinticuatro horas; en el mismo plazo deberá darse aviso al juez competente, poniéndoselo a su disposición con los antecedentes del hecho que lo motive.

Art. 14 - Toda persona detenida sin orden emanada en legal forma de autoridad competente, por juez incompetente o por cualquier autoridad o individuo, o a quien arbitrariamente le negare, privare, restringiere o amenazare en su libertad o en ejercicio de sus derechos individuales, con exclusión de los patrimoniales, podrá por sí o por terceros en su nombre, sin necesidad de mandato, valiéndose de cualquier medio de comunicación y a cualquier hora, promover acción de *habeas corpus* ante un juez letrado inmediato, sin distinción de fueros ni de instancias, y aunque formare parte del tribunal colegiado, a fin de obtener que ordene su libertad o que lo someta a juez competente o que haga cesar inmediatamente la supresión, privación, restricción o amenazas en su libertad o en el ejercicio de sus derechos individuales. El juez del *habeas corpus* ejercerá su potestad jurisdiccional por sobre todo otro poder o autoridad pública. La acción del *habeas corpus* podrá instaurarse sin ninguna formalidad procesal. Toda vez que se tratare de amparar la libertad física, el juez hará comparecer a la persona afectada y al autor de la afectación dentro de las veinticuatro horas. Examinará el caso y hará cesar inmediatamente la afectación si ésta no proviniere de autoridad competente o si no cumplimentare los recaudos constitucionales y legales. Dispondrá, asimismo, las medidas correspondientes a la responsabilidad de quien expidió la orden y ejecutó el acto. Cuando un juez tuviere conocimiento de que alguna persona se hallare arbitrariamente detenida, confinada en su libertad por un funcionario o por un particular, podrá expedir de oficio el mandamiento de *habeas corpus*. Una ley especial reglamentará las formas sumarísimas de hacer efectiva esta garantía. Ningún juez podrá excusar la designación de la acción de *habeas corpus* en el hecho de no haberse sancionado la ley reglamentaria, en cuyo caso deberá arbitrar las medidas adecuadas para ser efectiva esta garantía. Todo funcionario o empleado, sin excepción de ninguna clase, está obligado a dar inmediato cumplimiento a las órdenes que impartiere el juez del *habeas corpus*. La ley establecerá las penalidades que correspondieran a quienes rehusaren o descuidaren su cumplimiento.

Constitución de la Provincia de Jujuy:
Art. 25 - Toda orden de pesquisa, arresto de una o más personas o embargo de propiedades deberá especi-

ficar las personas u objetos de pesquisa o embargo, determinando particularmente el sitio que debe ser registrado, y no se expedirá mandato de esa clase sino por autoridad competente apoyada en semiplena prueba, de la cual se ha de hacer mérito en dicha orden, salvo el caso de in fraganti delito, en que todo delincuente puede ser arrestado por cualquier persona y conducido inmediatamente a presencia de la autoridad.

Art. 27 - Ningún arresto podrá prolongarse por más de veinticuatro horas sin darse aviso al juez competente, poniéndose al reo a su disposición con los antecedentes del hecho que motive el arresto. Desde entonces tampoco podrá el reo permanecer incomunicado y si que se le haga conocer la causa de su detención, por mayor término que el fijado por la ley.

Art. 28 - Todo individuo que sufriese una detención o prisión arbitraria podrá ocurrir por si o cualquiera otra persona, demandando el hecho al juez señalado por la ley para que haciéndolo comparecer a su presencia se informe del modo como ha sido preso, y resultado no haberse llenado los requisitos constitucionales o no haberse ordenado la prisión por autoridad competente, lo mande inmediatamente poner en libertad.

Constitución de la Provincia de La Pampa:
Art. 13 - Todo aprehendido será notificado por escrito de la causa de su aprehensión dentro de las veinticuatro horas y en el mismo plazo se lo pondrá a disposición de juez competente, con los antecedentes del caso.

La incomunicación no podrá prolongarse más de cuarenta y ocho horas, salvo resolución judicial fundada, en cuyo caso no podrá exceder de setenta y dos horas.

A pedido de cualquier persona, los jueces ordenaram a la autoridad a cuyo cargo esté la custodia de un detenido, que éste sea llevado a presencia de aquélla, sin perjuicio de las medidas de seguridad que se hubieren adoptado.

En ningún caso la simple detención o arresto se cumplirá en cárceles de penados, sino en locales destinados a ese objeto.

Constitución de la Provincia de La Rioja:
Art. 28 - La persona es inviolable: Nadie podrá ser detenido sin semiplena prueba, o indicio vehemente de un delito y previa orden escrita de autoridad competente, salvo el caso in fraganti en que cualquiera puede arrestar al delincuente. Ninguna detención o arresto se hará en la cárcel pública, destinada a los criminales, sino en otro local que se designará a este objeto.

Art. 29 - Nadie podrá ser constituído en prisión sin orden escrita de autoridad competente. Todo director de cárcel, alcaide o guardián de presos, al recibirse de alguno, deberá exigir y conservar en su poder dicha orden, so pena de hacerse responsable de una prisión indebida.

Art. 30 - Todo individuo que fuere arbitrariamente privado de su libertad o sufriere en ella agravaciones ilegales, podrá ocurrir por sí, o cualquier otra persona, presentarse denunciando el hecho al juez señalado por la ley, para que, haciéndole comparecer a su presencia, se informe del modo que ha sido preso y resultando no haberse llenado los requisitos constitucionales o no haberse ordenado la prisión por competente, le mande poner inmediatamente en libertad o haga cesar la agravación.

Constitución de la Provincia de Mendoza:
Art. 17 - Nadie puede ser detenido sin que preceda indagación sumaria que produzca semiplena prueba o indicio vehemente de un hecho que merezca pena corporal, salvo el caso in fraganti en que todo delincuente puede ser detenido por cualquier persona y conducido

inmediatamente a presencia de su juez o de la autoridad policial próxima ni podrá ser constituído en prisión sin orden escrita de juez competente.

Art. 18 - Toda orden de pesquisa, detención de una o más personas o embargo de propiedades, deberá especificar las personas u objetos de pesquisa o embargo, individualizando el lugar que debe ser registrado y no se expedirá mandato de esta clase sino por hecho punible apoyado en juramento o afirmación, sin cuyos requisitos la orden o mandato no será exequible.

Art. 19 - Todo aprehendido será notificado de la causa de su detención dentro de veinticuatro horas, y desde entonces no se le podrá tener incomunicado más de tres días de un modo absoluto.

Art. 21 - Toda persona detenida podrá pedir por sí, u otra en su nombre, que se le haga comparecer ante el juez más inmediato, y expedido que sea el auto por autoridad competente no podrá ser detenida contra su voluntad si pasadas las veinticuatro horas no se le hubiese notificado por juez igualmente competente la causa de su detención. Todo juez, aunque lo sea de un tribunal colegiado, a quien se le hiciera esta petición, o se le reclamase la garantía del artículo 19 deberá proceder en el término de veinticuatro horas contados desde su presentación, con cargo auténtico, bajo multa de mil pesos nacionales. Proveída la petición, el funcionario que retuviese al detenido o dejase de cumplir dentro del término señalado por el juez el requerimiento de éste incurrirá en la misma multa, sin perjuicio de hacerse efectivo el auto.

Constitución de la Provincia de Misiones:
Art. 14 - Salvo el caso de flagrancia en delito o contravención, nadie puede ser detenido sin orden escrita de autoridad competente fundada en indicios serios sobre la existencia de un hecho punible y la presunta responsabilidad de su autor o partícipe.

La detención no podrá prolongarse por más de veinticuatro horas sin ponerse al detenido a disposición del juez y notificársele la causa de su detención.

La autoridad a cuyo cargo esté la custodia de un detenido está obligada, sin perjuicio de las medidas y precauciones aseguratívas del caso, a llevarlo a la presencia de cualquier persona que lo requiera.

El incumplimiento o negligente observancia de las obligaciones señaladas en la presente disposición, ocasionan al funcionario o empleado responsable la pérdida de su empleo, sin perjuicio de las sanciones penales que puedan corresponderle.

Art. 16 - Frente a cualquier decisión o acto arbitrario de la autoridad, en relación tanto a la persona como a los derechos de los habitantes de la Provincia, y ya se trate de una lesión jurídica consumada como de una amenaza inminente, proceden los recursos de *habeas corpus* o de amparo a los fines de que cese el efecto de lo ya consumado o no se lleve a cabo lo amenazado.

Art. 17 - Los recursos a que se refiere el artículo anterior podrán ser interpuestos por el interesado o cualquier persona, sin necesidad de observar formar procesales, ante cualquier juez letrado de primera instancia, sin distinción de fueros o circunscripciones.

Art. 18 - Tanto en el caso de *habeas corpus* como en el de amparo de cualquier derecho, el trámite de recurso será breve y sumarísimo, siendo responsable el juez que en él entienda de toda dilación inconducente o injustificada.

La legislación procesal deberá prescribir las normas de sustanciación del recurso, ajustándose estrictamente a las bases de amplitud y celeridad que esta Constitución establece.

Constitución de la Provincia del Neuquen:
Art. 36 - Nadie puede ser detenido sin que proceda indagación sumaria de la que surja semiplena prueba o

indicio vehemente de un hecho que merezca pena corporal, salvo el caso de ser sorprendido in fraganti, circunstancia en que todo delincuente puede ser detenido por cualquier persona y conducido inmediatamente a presencia de su juez o de la autoridad policial más próxima. Tampoco podrá ser constituido nadie en prisión sino en virtud de orden escrita de juez competente.

Art. 37 - Todo detenido deberá ser interrogado y puesto a disposición del juez competente conjuntamente con los antecedentes del caso, dentro de las veinticuatro horas de su arresto; en caso contrario recuperará su libertad. Con la detención de una persona se labrará acta que será firmada por ella misma si es capaz y donde se le comunicará la razón del procedimiento, el lugar donde será conducida y el magistrado que interviene. El hecho que afecte la integridad personal, la seguridad o la honra del detenido será imputable a sus aprehensores o a las autoridades, salvo prueba en contrario.

Art. 43 - Toda persona detenida arbitrariamente podrá recurrir por sí o por intermedio de un tercero, ante el juez inmediato aunque forme parte de un tribunal colegiado, pidiendo que se le haga comparecer a su presencia, investigue la forma y causa de su detención y decrete su inmediata libertad, si resultare no haberse llenado los requisitos legales pertinentes. Los jueces tienen la obligación ineludible de amparar inmediatamente a todo individuo contra la privación o restricción de la libertad, ya provenga de actos de autoridad o de particulares. Una ley especial reglamentará la forma sumarísima de hacer efectiva esta garantía, no pudiendo el juez excusarse de intervenir por falta de la reglamentación respectiva.

Art. 44 - La acción de *habeas corpus* procede en todos los casos de privación, restricción o amenaza de impedir o restringir a las personas las inviolabilidades que forman la seguridad o el ejercicio de algunos de sus derechos individuales, con exclusión de los patrimoniales. El juez de *habeas corpus* ejerce su potestad jurisdiccional por sobre todo otro poder o autoridad pública. La acción de *habeas corpus* puede entablarse sin ninguna de las formalidades procesales. Basta que se haga llegar ante el juez escogido los datos indispensables.

Art. 45 - En los casos que se trate de libertad física, el juez hará comparecer a la persona afectada y al autor de la afectación dentro de las veinticuatro horas. Examinará el caso y hará cesar inmediatamente la afectación si ella no proviente de autoridad competente o si no cumple los requisitos constitucionales y legales, disponiendo las medidas que correspondan a la responsabilidad de quien expidió o realizó el acto. Cuando un juez tenga conocimiento y prueba satisfactoria de que alguna persona es mantenida en prisión, confinamiento o custodia por funcionario o particular y fuere de temer que sea trasladado fuera del territorio de su jurisdicción o que se le hará sufrir algún perjuicio corporal arbitrariamente, puede expedir de oficio el mandamiento de *habeas corpus*.

Constitución de la Provincia de Rio Negro:
Art. 7º - Ninguna persona puede ser detenida sin que preceda, al menos, una indagación sumaria, que produzca semiplena prueba o indicio grave de la comisión de un delito, salvo el caso de ser sorprendida in fraganti, en que puede ser aprehendida por cualquier persona que deberá conducirla inmediatamente a presencia de un juez o autoridad competente.

Art. 9º - Ninguna detención puede prolongarse más de veinticuatro horas sin darse aviso al juez competente, poniendo al detenido a su disposición.

Ninguna detención o arresto se hará en la cárcel pública destinada a los condenados, sino en otro local que se destinará a este objeto, y las mujeres y menores serán alojados en establecimientos especiales.

Art. 11 - Todas las libertades humanas, reconocidas expresa o implícitamente por esta Constitución, están protegidas por la acción de amparo que puede promover el restringido por sí o por terceros en su nombre, sin necesidad de mandato, valiendóse de cualquier medio de comunicación y a cualquier hora, ante el juez letrado inmediato, sin distinción de fueros o instancias y aunque forme parte de un tribunal colegiado, a fin de que se ordene su inmediata libertad, se lo someta al juez competente, se le acuerde la garantía negada o el ejercicio de sus derechos individuales o colectivos.

El juez del recurso ejercerá su potestad jurisdiccional sobre todo otro poder o autoridad pública y la acción podrá instaurarse sin formalidad procesal alguna. Tanto la acción de amparo como el recurso de *habeas corpus*, se resolverán por el juez previo informe requerido a la autoridad o particular que suprimió, restringió o amenazó libertades y hará comparecer al detenido o autor de la afectación dentro de las veinticuatro horas, debiendo resolver en definitiva dentro de las cuarenta y ocho horas de haberse planteado el recurso. Dispondrá asimismo, las medidas correspondientes para quien expidió la orden o ejecutó el acto.

Cuando un juez tuviere conocimiento de que alguna persona se hallare arbitrariamente detenida o restringida en sus derechos, podrá expedir de oficio, el mandamiento de *habeas corpus* o de amparo.

Constitución de la Provincia de Salta:
Art. 29 - Nadie puede ser privado de su libertad sin orden escrita de autoridad competente fundada en semiplena prueba invocada en dicha orden. Toda orden de pesquisa, arresto o embargo deberá indicar los lugares, las personas o los bienes en que deba hacerse la pesquisa, la detención o el embargo. En su defecto el acto será nulo y el funcionario que impartió la orden será pasible de una multa de cien a quinientos pesos en beneficio del

Consejo General de Educación y responsable de los daños y perjuicios originados. En caso de in fraganti delito, todo delincuente puede ser arrestado por cualquier persona y conducido inmediatamente a presencia de la autoridad.

Art. 30 - Todo detenido será notificado por escrito de la causa de su prisión, dentro de las doce horas, y puesto a disposición de juez competente antes de las veinticuatro horas. El empleado o funcionario omiso incurrirá en multa de cien a quinientos pesos a beneficio del Consejo General de Educación la primera vez, y en su destitución la segunda. Los jueces y el jefe de Policía están obligados a velar por la efectividad de esta garantía y a castigar a los que la infrinjan, so pena de incurrir en las mismas responsabilidades.

Art. 31 - Todo individuo que sufriese restricción en su libertad, detención o prisión arbitraria podrá ocurrir, por sí o cualquier otra persona, ante el juez señalado por la ley para que se informe acerca de las causas de su prisión y de quien la haya ordenado, y si resultase no haberse llenado los requisitos constitucionales, ordene inmediatamente su libertad, previo los trámites legales.

Constitución de la Provincia de San Juan:
Art. 8º - Nadie podrá ser detenido sin que preceda indagación sumaria que produzca semiplena prueba de un delito que merezca pena corporal, ni podrá ser constituído en prisión, sin que proceda orden escrita de juez, salvo caso in fraganti, en el cual todo delincuente puede ser detenido por cualquier persona, quien deberá conducirlo inmediatamente a presencia de su juez.

Art. 9º - Todo individuo aprehendido será notificado dentro de veinticuatro horas de la causa de su prisión.

Art. 10 - Todo individuo que sufriera prisión o arresto por autoridad que no sea el juez ordinario, podrá reclamar por sí o por medio de otra persona, al juez más inmediato, para que haciéndolo comparecer a su presencia, se informe del hecho, y resultando no haberse llenado en su prisión los requisitos legales, o que no fue ordenada por autoridad competente, lo mande poner inmediatamente en libertad.

Art. 11 - Ninguna prisión o arresto podrá prolongarse más de cuarenta y ocho horas, sin poner al detenido a disposición de juez competente, con los antecedentes que hubiesen dado lugar a su prisión. Desde entonces no podrá tampoco tenérsele más de cinco días incomunicado, de un modo absoluto.

Art. 13 - Será eximida de prisión o excarcelada toda persona que diese fianza suficiente cuando el delito por el cual se le procesa merezca pena privativa de la libertad cuyo promedio no exceda de tres años. Este beneficio en ningún caso podrá acordarse al reincidente.

Constitución de la Provincia de Santa Cruz:
Art. 16 - Toda persona que sufriere una prisión arbitraria, podrá ocurrir por sí o por terceros al juez más inmediato, para que haciéndole comparecer a su presencia se informe del modo que ha sido preso y resultando no haberse llenado los requisitos legales, lo mande poner inmediatamente en libertad o lo someta, en su caso, a juez competente.

Art. 23 - Todo aprehendido deberá ser notificado dentro de las 24 horas de la causa de su detención. Dentro del mismo plazo deberá darse aviso al juez competente, poniéndose al detenido a su disposición. La incomunicación absoluta no podrá durar más de tres días.

26 - Nadie podrá ser privado de libertad ni allanado su domicilio sin orden escrita de juez competente, salvo en caso de flagranti delito.

Constitución de la Provincia de San Luis:
Art. 28 - Nadie podrá ser detenido sin que preceda indagación sumaria que produzca semiplena prueba o

indicio vehemente de un hecho que merezca pena corporal, salvo el caso in fraganti, en que todo delincuente puede ser detenido por cualquier persona y conducido inmediatamente a presencia de su juez o autoridad policial respectiva, ni ser constituído en prisión sin orden escrita de juez competente.

Art. 29 - Toda orden de pesquisa, detención o arresto de una o más personas, o de secuestro de bienes, deberá especificar las personas u objetos de la pesquisa o secuestro, describiendo particularmente el lugar que debe ser registrado, y no se expedirá mandato de esta clase sino por juez competente fundado en juramento o afirmación o en semiplena prueba, de lo cual se hará mérito en dicha orden. Todo alcaide o guardián de presos exigirá y conservará esa orden, so pena de hacerse responsable de una detención indebida, incumbiendo igual obligación y responsabilidad al ejecutor del arresto.

Art. 30 - Todo aprehendido será notificado de la causa de su detención dentro de las veinticuatro horas. Dentro de las cuarenta y ocho de tomarse la declaración indagatoria al procesado, se dictará el auto de prisión preventiva o se decretará la libertad del mismo. Ninguna detención se hará en cárcel pública destinada a criminales. Toda persona detenida podrá pedir por sí o por medio de otra, que no necesita acreditar mandato o representación, que se le haga comparecer ante el juez más inmediato; y expedido que sea el auto por autoridad competente, no podrá prolongarse la detención si pasadas veinticuatro horas no se le hubiese notificado, por juez igualmente competente, la causa de ella. Todo juez, aunque lo sea de un tribunal colegiado, a quien se hiciera esta petición o se reclamase la garantía del artículo anterior deberá proceder en el término de veinticuatro horas contado desde su presentación con cargo auténtico, bajo multa de trescientos pesos. Proveída la petición, el funcionario que retuviese al detenido o dejase de cumplir dentro del término señalado por el juez el requerimiento de éste incurrirá en la multa de doscientos pesos, sin perjuicio de hacerse efectivo el auto. Si estas multas no se satisfacen, serán subrogadas por arresto, a razón de un día por cada cuatro pesos."

Constitución de la Provincia de Santa Fe:
Art. 6º - Los habitantes de la Provincia, nacionales y extranjeros, gozan en su territorio de todos los derechos y garantías que les reconocen la Constitución Nacional y la presente, inclusive la de aquellos no previstos en ambas y que nacen de los principios que las inspiran.

Art. 9º - Ningún habitante de la Provincia puede ser privado de su libertad corporal, o sometido a alguna restricción de la misma, sino por disposición de autoridad competente y en los casos y condiciones previstos por la ley.

Toda persona que juzgue arbitraria la privación, restricción o amenaza de su libertad corporal, puede ocurrir ante cualquier juez letrado, por sí o por intermedio de cualquier otra que no necesita acreditar mandato, para que la haga comparecer ante su presencia y examine sumariamente la legalidad de aquéllas y en su caso, disponga su inmediata cesación.

Ninguna detención puede prolongarse por más de veinticuatro horas sin darse aviso al juez competente y ponerse a su disposición al detenido, ni mantenerse una incomunicación por más de cuarenta y ocho horas, medida que cesa automáticamente al expirar dicho término, salvo prórroga por auto motivado del juez.

Constitución de la Provincia del Santiago del Estero:
Art. 20 - Nadie puede ser detenido sino en virtud de orden escrita de autoridad competente y mediante indicios vehementes de delito, salvo caso flagrante, en que todo culpable podrá ser arrestado por cualquier persona y conducido inmediatamente a presencia del juez.

Art. 21 - Ninguna detención podrá prolongarse por más de veinticuatro horas sin darse aviso al juez competente, poniéndose al reo a su disposición con los antecedentes del hecho que motive su detención. Desde entonces, tampoco podrá permanecer el reo más de veinticuatro horas incomunicado, ni por más del mismo término sin que se le haga conocer la causa de su detención, por escrito y bajo constancia.

Art. 22 - Toda persona detenida sin orden en forma de juez competente, por un juez incompetente o por cualquier autoridad, o a quien se le niegue o perturbe en el ejercicio de alguno de los derechos individuales establecidos en la Constitución Nacional o provincial, podrá ocurrir por sí o por conducto de otro y valiéndose de cualquier medio de comunicación, ante cualquier juez o tribunal, sin distinción de fuero ni instancia, para que ordene su inmediata libertad o el goce del derecho negado según el caso. El juez o tribunal tendrá facultad de requerir toda clase de informes y hacer comparecer al detenido a su presencia y deberá resolver en definitiva, en un término sumarísimo *que fijará la ley*.

Constitución de la Provincia de Tucumán:
Art. 31 - Nadie puede ser constituído en prisión sin que preceda al menos alguna indagación sumaria, que produzca semiplena prueba o indicios vehementes de un delito, ni podrá ser detenido sin que preceda orden escrita de juez, salvo el caso *in fraganti* en que todo delincuente puede ser arrestado por cualquier persona y conducido inmediatamente a presencia del juez.

Art. 32 - Ningún arresto podrá prolongarse más de veinticuatro horas sin dar aviso al juez competente, poniendo al reo a su disposición con los antecedentes del hecho que motive el arresto; desde entonces tampoco podrá el reo permanecer más de tres días incomunicado.

Art. 33 - Toda persona que sufriere una prisión arbitraria podrá ocurrir, por sí o por medio de otras personas, ante cualquier juez, para que, haciendolo comparecer a su presencia, se informe del modo que ha sido preso, y resultando no haberse llenado los requisitos constitucionales y legales, lo mande poner inmediatamente en libertad.

Constitución de la Provincia de Tierra del Fuego
Art. 13 - Todas las personas en la Provincia gozan de los derechos y garantías que reconocen la Constitución Nacional, los Tratados Internacionales ratificados por la República y esta Constitución, conforme a las leyes que reglamentan su ejercicio, y están sujetas a los deberes y restricciones que los mismos imponen.

Art. 15 - Los extranjeros gozan en la Provincia de todos los derechos civiles reconocidos a los nacionales y no podrán ser obligados a una mayor contribución fiscal en razón de su nacionalidad.

O legislador ordinário, por sua vez, disciplinou os institutos do *habeas corpus* e da ação de amparo através das Leis nºs 23.098 e 16.986, publicadas, respectivamente, no Boletim Oficial de 25/10/84[42] e de 20/10/66[43]. Por conseguinte, o direito de locomoção está garantido pela Ordem Jurídica Argentina, com exceção de duas situações em que poderá ter lugar a prisão: por ordem escrita de autoridade competente e em flagrante delito, cujos fundamentos decorrem da Constituição Nacional, das Constituições Provinciais e da legislação ordinária.

De outra parte, o *"Código de Procedimientos en lo Criminal"* (Ley nº 2372, de octubre 17 de 1888) consagrava, no âmbito da Justiça Federal, normas disciplinadoras do flagrante delito e da ordem escrita de autoridade competente[44]. E o atual Código de Processo Penal da Nação Argentina ("Ley nº 23.984") estabelece regras complementares a respeito das citadas exceções à liberdade individual[45].

Finalmente, a expressão *orden escrita de autoridad competente*, constante do artigo 18 da Constituição Argentina - a exemplo do que também constava do sistema constitucional brasileiro até 1988 - deve ser entendida como ordem escrita de autoridade *judiciária* competente, consoante têm explicitado várias Constituições Provinciais, bem como a respectiva legislação ordinária, o que, aliás, é a interpretação que vimos defendendo desde 1982[46].

6 - Liberdade individual no Uruguai

A Constituição da República Oriental do Uruguai assegura, indistintamente, a todas as pessoas físicas não apenas o princípio da igualdade perante a lei, mas garante, genericamente, que "los habitantes de la República tienen derecho a ser protegidos en el goce de su vida, honor, libertad, seguridad, trabajo y propiedad."

E, no Capítulo I da Seção II de sua Lei Maior, o Estado Uruguaio se compromete a observar, de modo específico, estas regras garantidoras da liberdade individual:

"Art. 15. Nadie puede ser preso sino in fraganti delito o habiendo semiplena prueba de él, por orden escrita de Juez competente.

Art. 16. En cualquier de los casos del artículo anterior, el Juez, bajo la más seria responsabilidad, tomará al arrestado su declaración dentro de veinticuatro horas, y dentro de cuarenta y ocho, lo más, empezará el sumario. La declaración del acusado deberá ser tomada en presencia de su defensor. Este tendrá también el derecho de assistir a todas las diligencias sumariales".

Com efeito, como garantia destes compromissos a Carta Política Uruguaia instituiu o remédio jurídico do *Habeas Corpus* para avaliar a constância da liberdade pessoal:

"Art. 17. En caso de prisión indebida el interesado o cualquier persona podrá interponer ante el Juez competente el recurso de *habeas corpus*, a fin de que la autoridad aprehensora explique y justifique de inmediato el motivo legal de la aprehensión, estándose a lo que decida el Juez indicado."

Como se vê, a prisão no território uruguaio poderá ocorrer em duas situações: em flagrante delito e por ordem escrita de juiz competente.

No *primeiro caso*, o estado de flagrância que faculta aos particulares e determina aos funcionários policiais prender alguém, está valorizado pelo artigo 111 do Código de Processo Penal Uruguaio:

"Se considera que hay delito flagrante:

1º Cuando se sorprende a una persona en el acto mismo de cometerlo.

2º Cuando, inmediatamente después de la comisión de un delito, se sorprendiere a una persona huyendo, oculándose, o en cualquier otra situación o estado que haga presumir su participación y al mismo tiempo, fuere designada por la persona ofendida o damnificada o testigos presenciales hábiles, como partícipe en el hecho delictivo.

3º Cuando, em tiempo inmediato a la comisión del delito, se encuentre a una persona con efectos u objetos procedentes del mismo, com las armas o instrumentos utilizados para cometerlo, o presentando rastros o señales que hagan presumir firmemente que acaba de participar en un delito."

Já no *segundo caso*, cabe destacar a necessidade não só dos requisitos formais contidos, objetivamente, na norma constitucional (ordem escrita; emanada de juiz competente), mas também do requisito material consubstanciado na expressão "habiendo semiplena prova de él" (art. 15, CROU) ou "habiendo elementos de convicción suficientes sobre su existencia" (art. 118, CPPU).

Intrinsecamente estas formalidades estão adicionadas ao preceito do artigo 119 do Código de Processo Penal Uruguaio:

"La orden de detención se extenderá por escrito, contendrá todos los datos que puedan aportarse para la identificación del requerido y el hecho que se le atribuye. Llevará la fecha en que se expide y será suscrita por el Juez proveyente y el Actuario."

Inobstante a exigência que se contém no preceito constitucional, a norma infraconstitucional uruguaia permite, diante de certas circunstâncias, como a emergência, que "el Juez podrá impartir la orden verbalmente, dejando constancia en autos, bajo la pena de nulidad", acrescentando, porém, que "la detención se efectuará del modo que menos prejudique a la persona y reputación del detenido".

Assim, além da prisão em flagrante, a lei ordinária determina que os funcionários policiais deverão prender, mesmo sem ordem judicial, nestas duas outras circunstâncias: "al que intentare un delito, en el momento de disponerse a cometerlo; al que fugare estando legalmente detenido."

Em qualquer situação, porém, o juiz competente poderá decretar a incomunicabilidade do preso por 24 horas, prorrogáveis por igual prazo, se julgar conveniente à instrução (arts. 118 e 124, C.P.P.U).

Por outro lado, o Professor de Direito Constitucional - Dr. José Korzeniak - com a sua autoridade, assim resume a garantia da liberdade física no regime constitucional uruguaio:

"Las disposiciones que establecem garantías para la libertad física, no están muy correctamente ordenadas. Voy a intentar un esquema de ordenación de esas disposiciones constitucionales, y a esos efectos, distingo cinco rubros:
En primer lugar, el establecimiento constitucional de los únicos casos en que las personas pueden ser arrestadas o detenidas; es el art. 15 de la Constitución. Uso la expresión 'detenidas'en su sentido lato, amplio, que más adelante voy a explicar.

En segundo término, el establecimiento de un recurso que especificamente protege a la libertad física, llamado el *habeas corpus*, previsto en el art. 17.
En tercer lugar, se establece en la Constitución la necesidad de la pronta intervención judicial toda vez que una persona ha sido detenida (art. 16).
En cuarto lugar, la Constitución regula las condiciones con arreglo a las cuales, las personas que han sido detenidas deben ser tratadas en los establecimientos carcelarios (art. 26, inc 2º).
El quinto tipo de garantías, está constituído por el instituto del llamado 'debido proceso legal', regulado por los arts. 12, 18, 19, 20, 21, 22, 23 y en cierta medida, el 13" (*in Curso de Derecho Constitucional*, 2º, pág 156, ed. Fundación Cultura Universitaria, 1971).

A seguir, o consagrado constitucionalista e atual Senador, passa a analisar, ordenadamente, as disposições valorizadas pela Constituição:

"*Artículo 15:* Es el artículo que establece en que casos las personas pueden ser detenidas; dice así: 'Nadie puede ser preso sino in fraganti delito o habiendo semiplena prueba de él, por orden escrita de Juez competente'.
Se advierte que esta disposición señala dos hipótesis, que son las únicas según el texto de la Constitución, que habilitan la detención de una persona.
El texto constitucional no utiliza el vocablo 'detenido', sino 'preso'. Algunos autores como por ejemplo, Jiménez de Aréchaga, entienden que el simple preso o arrestado está en situación diferente a la del 'detenido', pues hablar de detención significa ya la intervención - para Jiménez de Aréchaga - de la autoridad judicial. Inclusive insinúa que la 'detención' supone que ya se está en 'prisión preventiva' y la prisión preventiva - de acuerdo al lenguaje del derecho Penal - supone procesamiento. Pienso que

no hay ningún inconveniente en utilizar el vocablo detenido en un sentido amplio y extenderlo a toda situación en la cual una persona está privada de su libertad física; sea que esa privación provenga de la autoridad policial o que se haya dado el caso ya de una intervención judicial, y que la persona haya sido procesada.

En definitiva me parece que la detención, en su sentido más lato, abarca el caso del individuo que está arrestado simplemente, abarca al que está procesado y abarca también a aquél que no sólo está detenido y procesado sino que está ya penado, es decir, ya ha recaído sobre él una sentencia condenatoria.

Pongámonos pues de acuerdo en llamar 'detenido' a toda aquella persona que tiene privada su libertad física por cualquier motivo.

Decía entonces que el art. 15 prevé las dos únicas hipótesis en las que una persona puede ser detenida.

La primera es la hipótesis de la flagrancia, o sea cuando hay 'delito in fraganti', y la segunda, es la existencia de la semiplena prueba de delito y la orden escrita de juez competente.

La noción de 'delito flagrante' debe complementarse con la definición del art. 150 del Código de Instrucción Criminal; allí van a encontrar dos situaciones de flagrancia: la flagrancia propia o típica y la flagrancia impropia o atípica.

La flagrancia típica se da cuando a la persona se la encuentra en el momento de estar cometiendo un delito.

La flagrancia atípica se configura cuando 'inmediatamente después de ejecutado (un delito) se designare a su autor por su nombre o indicaciones precisas por haber huido u ocultádose', o cuando en seguida de conocerse la existencia del delito,

habiendo presunciones graves sobre persona determinada, se encontrará a ésta en el acto de ocultarse o huir o se tuviera conocimiento de su ocultamiento o fuga (art. 150, incisos 2º y 3º del citado Código de Instrucción Criminal).
La segunda hipótesis, que habilita la detención según el art. 15, supone que no existe 'in fraganti delito'; entonces, se requiere la semiplena prueba del delito y además, la orden escrita del juez competente.

El concepto de semiplena prueba, someramente, puede delinearse como el de una prueba que naturalmente no es completa, pero que hace presumir verosímilmente, prima facie, que una persona ha cometido un delito. La presunción puede desde luego, ser destruída en los acontecimientos procesales posteriores; pero en principio, hace pensar que esa persona ha cometido el delito.

Cuando sólo hay semiplena prueba, es indispensable para la detención, la orden escrita del juez competente.

Estudio del artículo 17
Regula el instituto del *Habeas Corpus*, y dice: 'En caso de prisión indebida el interesado o cualquier persona podrá interponer ante el juez competente, el recurso de *habeas corpus*, a fin de que la autoridad aprehensora explique y justifique de inmediato el motivo legal de la aprehensión, estándose a lo que decida el juez indicado'.

Este artículo no estaba previsto en la Constitución de 1830; fue incorporado en la Constitución de 1918; pero el instituto estaba ya previsto bajo la vigência de la Carta de 1830 en la legislación ordinaria, en el Código mencionado anteriormente.

El artículo comienza diciendo 'en caso de prisión indebida...'; debemos entonces precisar cuáles son los casos de prisión indebida.

En líneas generales podemos distinguir dos situaciones: una de ellas estaría constituída por la violación del art. 15 de la Constitución; habría prisión indebida, cuando se ha detenido a una persona no dándose las circunstancias previstas en el art. 15; es decir, sin que exista in fraganti delito, o semiplena prueba del mismo y orden escrita del juez competente.

La segunda situación, en que pienso existe la prisión indebida, habilitante del recurso de *habeas corpus*, estarla dada por la violación del art. 16, que establece una regla de procedimiento, por la cual una persona detenida debe ser sometida dentro de las 24 horas al juez, quien 'bajo su más seria responsabilidad' tomará al arrestado su declaración dentro de ese término, y dentro de las 48 horas, no más, iniciará el sumario.

Si una persona ha sido detenida aun dentro de las condiciones establecidas por el art. 15, pero no se la somete al juez, pienso que allí se da un caso de prisión indebida.

El recurso de *habeas corpus*, según la Constitución puede ser presentado por el interesado o por cualquier persona; como es natural el interesado en este caso es el propio detenido, que no ha de tener mayor posibilidad de presentar él mismo el recurso; de ahí que la Constitución haya establecido la posibilidad de que pueda ser presentado por cualquier persona.

La Constitución de 1918, que incorporó el recurso, decía: 'cualquier ciudadano' y no 'cualquier persona'. Pienso que el término 'persona' abarca también a las personas jurídicas, desde luego expresándose a través de sus representantes; fórmula la aclaración, porque alguna vez se discutirá el punto.

El recurso debe ser presentado ante el 'juez competente'; la competencia de los jueces, está regulada por diversas disposiciones de caráter legal. En general, habrá de tratarse de los Jueces Letrados de Instrucción. El contenido medular de un escrito de *habeas corpus*, consiste en una relación de los hechos indicado la prisión, explicando su caráter de indebida y solicitando al juez pida a la autoridad aprehensora que explique y justifique las causas de la detención.

El recurso de *habeas corpus* debe ser de trámite sumamente rápido; si bien la autoridad aprehensora no tiene un plazo expreso para brindar sus explicaciones, existe en la Constitución una expresión: 'de inmediato', que obliga a proporcionar esas explicaciones, con la mayor rapidez. ¿Cual puede ser el motivo legal de la aprehensión? De acuerdo con el texto constitucional, sólo alguna de las dos hipótesis previstas en el art. 15.

Con la exposición que ha hecho quien ha apresentado el recurso de *habeas corpus*, con las explicaciones brindadas por la autoridad aprehensora al juez, éste puede ya determinar la libertad del detenido por considerar su prisión indebida, o puede iniciar el proceso correspondiente, por considerarla ajustada a derecho.

En el Uruguay se ha discutido la procedencia de este recurso frente a detenciones producidas como Medidas Prontas de Seguridad.

Para el estudio del tema, conviene establecer escuetamente la nación de Medida Pronta de Seguridad. El instituto de las Medidas Prontas de Seguridad está previsto en el art. 168, núm. 17 de la Constitución.

El art. 168, núm. 17, establece que esas Medidas Prontas de Seguridad proceden 'en casos graves e imprevistos de ataque exterior o conmoción interior'; ese mismo numeral faculta, en cuanto a las personas, a arrestarlas o trasladarlas de un punto a otro del territorio nacional siempre que no optaren los detenidos por salir del territorio. Tienen que tener presente también, que de acuerdo con esa disposición, el Poder Ejecutivo debe dar cuenta dentro de las 24 horas de cada una de esas Medidas Prontas de Seguridad que vaya tomando, a la Asamblea General o a la Comisión Permanente y debe estar a lo que éstas resuelvan.

Volviendo a la procedencia del *habeas corpus*, digamos que la tesis que hasta hace algunos años había predominado en el Uruguay - que nunca estuvo expuesta de una manera sistemática, si bien se daba en la práctica - era negativa. Prácticamente se partía de la base de que el *habeas corpus* no procedía cuando la detención se hacía por Medidas Prontas de Seguridad. Esa tesis se fundaba en primer lugar, en la premisa de que el *habeas corpus* es un instituto que procede sólo en casos de prisión indebida, y se decía, la prisión indebida se da cuando a una persona se la detiene fuera de las hipótesis previstas, constitucionalmente; si las Medidas Prontas de Seguridad autorizan a detener a una persona fuera de las hipótesis del art. 15, ¿para qué establecer entonces la necesidad de este recurso que tiene por finalidad restablecer el imperio de una norma que en estos casos no se aplica?

Otro argumento manejado para fundar esta tesis negativa fue el siguiente: el *habeas corpus* es resuelto por el juez, quien es el que decide si una prisión es indebida o no; entonces, se afirmó que en el caso de las Medidas Prontas de Seguridad la Constitución ha otorgado a otro Poder, el Legislativo, la potestad de examinar la pertinencia o procedencia de esas Medidas Prontas de Seguridad entre las que están las detenciones.

Se decía entonces que si la Constitución de manera expresa, ha entregado a los órganos legislativos la potestad de determinar la procedencia o corrección de esas medidas, entre las cuales están las detenciones de personas. ¿Cuál es la finalidad de la procedencia del *habeas corpus*?; o sea que en caso de detenciones hechas como Medida Pronta de Seguridad, la potestad - otorgada al Poder Judicial en casos comunes - habría sido trasladada a los órganos legislativos (A. General o Comisión Permanente). Estos eran - en forma esquemática - los fundamentos de la tesis negativa." (idem, ibidem, págs. 156 e segs.)

De outra parte, não podemos deixar de registrar o conteúdo de um excelente estudo doutrinário, elaborado em 1969 por três Juristas e Professores de Direito - Drs. Anibal Barbagelata, Horacio Cassinnelli Muñoz e Alberto Pérez Pérez - o qual vem sendo acolhido pelos Órgãos do Poder Judiciário, intitulado El *habeas corpus* frente a las medidas de seguridad":

"I - Antecedentes
A propuesta del Dr. Alberto Pérez Pérez, este Grupo de Investigación se reunió para estudiar la vigencia del recurso de *habeas corpus* (Constitución, art. 17) frente a las medidas prontas de seguridad (Constitución, art. 168, inciso 17), tomando como base una relación presentada por aquél, que resultó aprobada con algunas precisiones.

El Grupo entendió que está dentro de sus tareas esenciales el examen y determinación del exacto alcance de las garantías de los derechos humanos en las contingencias de mayor riesgo para los mismos y se dedicó de inmediato a dicho estudio.

II - Principios fundamentales
Luego de un pormenorizado estudio de todos los extremos y antecedentes, el Grupo llegó a la conclu-

sión de que el recurso de *habeas corpus* es procedente en caso de medidas prontas de seguridad, fundándose para ello - tal como se sostenía en la relación - en el siguiente razonamiento:
1. No hay texto expreso que lo excluya.
2. Por el texto del Art. 17 y por la significación técnica e histórica del instituto, el *habeas corpus* procede en todo caso de 'prisión indebida'.
3. Puede haber 'prisión indebida' toda vez que haya normas que delimiten los casos en que cabe la privación de libertad de una persona.
4. Como medida pronta de seguridade es posible la prisión o el arresto de una persona con menores requisitos que en circunstancias normales, pero no sin sujeción a requisito alguno: hay límites, que se desarrollarán infra (cap. III).
5. La infracción a esos límites configura prisión indebida.
6. Por lo tanto, cabe el *habeas corpus* (con los efectos que se verán infra, Cap. IV).
II - La privación de libertad como medida pronta de seguridad tiene límites constitucionales precisos:
1. Competencia - Debe constar la decisión del órgano competente:
a) Poder Ejecutivo (Art. 168, incs. 17 y 25): debe ser estricta y firmada por el Presidente de la República y el Ministro respectivo;
b) Autoridad delegada, cuando existen actos formales (Arts. 168, inc. 24; 181, inc. 9º).
2. Comunicación - Toda medida debe comunicarse a la Asamblea General o a la Comisión Permanente, en su caso, dentro de las 24 horas de adoptada. Por lo tanto debe darse al órgano de resolución la información completa sobre cada arresto, que ordinariamente comprenderá:
a) Nombre y apellido completos y demás datos personales;

b) Día y hora del arresto (porque el plazo para comunicar se cuenta por horas);
c) Lugar y demás circunstancias del arresto;
d) Motivos del mismo (según se desarrolla infra, nº 3);
e) Constancia de que se dio la opción para salir del país (ver infra, nº 4);
f) Lugar donde se cumple (ver infra, nº 5);
3. Motivación - Debe comunicarse 'como las otras', es decir, mencionando 'lo ejecutado y sus motivos'. Por lo tanto:
a) Los motivos deben existir; no alcanza con la referencia genérica a los 'casos graves e imprevistos' 'de ataque exterior o conmoción interior' - que legitimaron la adopción de medidas prontas de seguridad - sino que hay que indicar los motivos específicos que dan mérito a cierta medida y no a otras; a la detención de ciertas personas y no a la de otras.
b) Los motivos deben comunicarse a la Asamblea General o a la Comisión Permanente, porque de otro modo aquélla o ésta no podrían resolver con conocimiento de causa, y porque la Constitución lo impone expresamente.
4. Opción para salir del país - La privación de libertad mediante arresto o traslado de un punto a otro del territorio sólo es legítima cuando las personas afectadas 'no optasen por salir de él'. En consecuencia, es necesario que a dichas personas se les de real y efectivamente la opción indicada.
5. Forma de cumplimiento -'El arresto no podrá efectuar-se en locales destinados a la reclusión de delincuentes' (párr. 3º del inciso 17 del Art. 168). Se debe comunicar el lugar de arresto a la Asamblea General o a la Comisión Permanente.
Obviamente, no puede afectarse ni la vida ni la integridad física de las personas (Arts. 7º, 26 y 72).

6. Finalidad asegurativa - Se trata de 'medidas prontas de seguridad'; por lo tanto, sólo son legítimas cuando sean adoptadas con la finalidad de mantener o restablecer la seguridad. No lo serán, en cambio, si consta que la finalidad es otra (p. ej.: la de mantener preso, sin sometimiento a Juez, a una persona a quien se imputa un delito).
7. Acatamiento de lo resuelto por la Asamblea General o la Comisión Permanente - Si éstas resuelven dejar sín efecto la privación de libertad de una o más personas, el Poder Ejecutivo debe acatar esa resolución.

III - Toda privación de libertad que no se ajuste a esos límites es una prisión indebida que hace aplicable el recurso de *habeas corpus*

1. No hay texto ni principio algunos que excluyan al *habeas corpus* frente a una privación de libertad dispuesta como medida pronta de seguridad. Basta con que haya límites o la facultad de disponer una privación de libertad, para que cualquier desajuste con respecto a esos límites configure un caso de 'prisión indebida' frente al cual funciona el *habeas corpus*.
2. Presentado el recurso de *habeas corpus* al Juez, éste deberá ordenar:
a) que se traiga a la persona aprehendida a su presencia (sentido histórico y etimológico de *habeas corpus*...), con lo que se comprueba si se respetan su integridad física y su vida; y se le da una oportunidade real y efectiva de optar por salir del país;
b) que se exhiba:
- la orden escrita (supra, III-1).
- de autoridad competente (supra, III-1).
- con los detalles de nombre, apellido y datos personales; día y hora, lugar y demás circunstancias del arresto; motivos del mismo; constancia de que se dio la opción por salir del país; finalidad asegu-

rativa (supra, III-2, 3, 5 y 6).
c) que se exprese el lugar donde se cumple el arresto;
d) que se exhiba constancia de haber comunicado todo lo anterior (b y c) a la Asamblea General o la Comisión Permanente; dentro de las 24 horas (supra, III-2);
e) que se declare no haber recibido comunicación de la Asamblea General o la Comisión Permanente disponiendo el levantamiento de la medida pronta de seguridad respectiva (supra, III-7);
3. El juez deberá:
a) Decretar la libertad si comprueba que:
- no hay orden escrita;
- ésta no emana de autoridad competente;
- no se comunicó a la Asamblea General o la Comisión Permanente (si se comunicó después de las 24 horas, el Juez no podría ordenar la libertad, pero sí intervenir a efectos de la eventual sanción penal a los responsables de la demora);
- se comunicó, pero sin dar los motivos (supra, 3, a);
- consta irrefragablemente que la finalidade no es asegurativa;
- se recibió comunicación de la Asamblea General o de la Comisión Permanente disponiendo el levantamiento de la medida.
b) Permitir que se formule la opción por salir del país si antes no existió libertad para formularla;
c) Ordenar el cese de las lesiones a la integridad física, si las comprueba;
d) Ordenar el traslado a un lugar no destinado a la reclusión de delincuentes, si estaba en uno destinado a tal fin."

7 - Liberdade individual no Paraguai

No território da República do Paraguai, cujo Estado se "funda en el reconocimiento de la dignidad humana" e na declaração de que "toda persona tiene el derecho a ser protegida en su libertad y en su seguridad", - a liberdade pessoal está assegurada na atual Constituição Nacional, nestes termos:

"*Artículo 12.* Nadie será detenido ni arrestado si orden escrita emanada de autoridad competente, salvo caso de ser sorprendido en flagrante comisión de delito que mereciese pena corporal. Toda persona detenida tiene derecho a:
1) que se le informe, en el momento del hecho, de la causa que la motiva, de su derecho a guardar silencio y de ser asistida por un defensor de su confianza. En el acto de la detención, la autoridad está obligada a exhibir la orden escrita que la dispuso;
2) que la detención sea inmediatamente comunicada a sus familiares o personas que el detenido indique.
3) que se le mantenga em libre comunicación, salvo que, excepcionalmente, se halle establecida su incomunicación por mandato judicial competente; la incomunicación no regirá respecto a su defensor y en ningún caso podrá exceder del término que prescribe la ley;
4) a disponer de un intérprete, si fuese necesario, y

5) que sea puesta en un plazo no mayor de 24 horas a disposición del magistrado judicial competente para que este disponga cuanto corresponda en derecho."

De outra parte - e à semelhança do que ocorre com outros países que integram o MERCOSUL - "no se admite la privación de la libertad por dueda, salvo mandato de autoridad judicial competente dictado por incumplimiento de deberes alimentarios o como sustitución de multas o fianzas judiciales" (art. 13). Do mesmo modo, a Lei Fundamental Paraguaia reconhece o direito de asilo (art. 43), de outras garantias implícitas (art. 45) e a igualdade de direitos a todos os habitantes do seu território (arts. 46 e 47). Já no Capítulo XII do Título II da Primeira Parte, a Constituição Paraguaia consagra o instituto do *Habeas Corpus* como garantia da liberdade física sob as modalidades preventiva, liberatória e genérica:

> "*Artículo 133.* Esta garantia podrá ser interpuesta por el afectado, por sí o por interpósita persona, sin necesidad de poder por cualquier medio fehaciente, y ante cualquier Juez de Primera Instancia de la circunscripción judicial respectiva.
> El *Habeas Corpus* podrá ser:
> 1) *Preventivo:* en virtud del cual toda persona, en trance inminente de ser privada ilegalmente de su libertad física, podrá recabar el examen de la legitimidad de las circunstancias que, a criterio del afectado, amenacen su libertad, así como una orden de cesación de dichas restricciones.
> 2) *Reparador:* en virtud del cual toda persona que se halle ilegalmente privada de su libertad puede recabar la rectificación de las circunstancias del caso. El magistrado ordenará la comparecencia del detenido, con un informe del agente público o privado que lo detuvo dentro de las veinticuatro horas de radicada la petición. Si el requerido no lo

hiciese así, el juez se constituirá en el sitio en el que se halle recluida la persona, y en dicho lugar hará juicio de méritos y dispondrá su inmediata libertad, igual que si se hubiese cumplido con la presentación del detenido y se haya radicado el informe. Si no existiren motivos legales que autoricen la privación de su libertad, la dispondrá de inmediato; si hubiese orden escrita de autoridad judicial, remitirá los antecedentes a quien dispuso la detención.

3) *Genérico:* en virtud del cual se podrá demandar rectificación de circunstancias que, no estando contempladas en los dos casos anteriores, restrinjan la libertad o amenacen la seguridad personal.

Asimismo, esta garantia podrá interponerse en caso de violencia física, síquica o moral que agraven las condiciones de personas legalmente privadas de su libertad.

La ley reglamentará las diversas modalidades del *Habeas Corpus,* las cuales procederán incluso durante el Estado de Excepción. El procedimiento será breve, sumario y gratuito, pudiendo ser iniciado de oficio."

Como prevê a norma constitucional (art. 131), as garantias contidas neste capítulo "serão reglamentadas por la ley", cabendo destacar que, tanto em relação ao *habeas corpus* quanto ao recurso de amparo (art. 134), tal regulamentação ainda não teria ocorrido.

No entanto, cabe frisar que, quanto ao *habeas corpus*, este instituto continua com o mesmo regramento estabelecido pelo *Código de Procedimientos Penales* de 1890 (arts. 649/689), que recebeu do jurista Jerónimo Irala Burgos, este judicioso depoimento:

"Nuestro Código de Procedimientos Penales lleva una vigencia que supera los cien anõs. En las postrimerías del sigilo XIX, época que el profesor Juan José Soler llama 'De la Adopción del Derecho Argentino en el Paraguay', el Congreso Nacional integró una Comisión Especial formada por dos intelectuales españoles afincados en el Paraguay, donde habían de dejar larga e ilustre descendencia: el Dr. Ramón Zubizarreta, primer Rector de la naciente Universidad Nacional, Decano y Profesor de la flamante Facultad de Derecho, y Don Ricardo Brugada, hidalgo caballero ansioso de volcar su cultura y sus afanes populares en su patria de adopción.

El proyecto Zubizarreta-Brugada era una adaptación del Código de Procedimientos Penales de la República Argentina y de su Capital Federal, promulgado en dicho país en 1888 y vigente desde el 1 de enero de 1889. Este Código, a su vez, estaba inspirado en antiguas leyes españolas, como la Compilación de 1879: es el Proyecto Obarrio.

En nuestro país, el proyecto de Código fue aprobado, a libro cerrado, el 15 de noviembre de 1890 y rige desde el 1 de enero de 1891." (*in Presentación*, pág. 11, do Código de Procedimientos Penales, Editora Intercontinental).

A propósito, é oportuno registrar estas considerações complementares a respeito do citado Estatuto Processual, feitas pelo ilustre Magistrado e consagrado Professor Benigno Rojas Vía:

"Este Código fue elaborado por el Dr. don Ramón Zubizarreta y don Ricardo Brugada y sus fuentes constituyen la Ley de Enjuiciamiento Criminal español del año 1872 y el Proyecto del Dr. Manuel Obarrio.

Dicha ley española se ha inspirado en el Código italiano de 1865, siendo el sumario inquisitivo. Sin embargo, contiene disposiciones desarrollando los preceptos de la Constitución española de 1869, tendientes a garantizar los derechos individuales, tales como los de inviolabilidad de la correspondencia y del domocilio. Ciertas imprecisiones refe-

rentes al Juicio de Jurados, creó un estado de confusionismo en la administración de justicia, que hizo necesario que en 1878 se autorizara al Ministro de Justicia a que publicara una compilación en la que se refundieren todas las disposiciones vigentes del Enjuiciamiento Criminal, por lo que, en 1879 se dictó la compilación que no obtuvo el éxito esperado, puesto que el propio Tribunal Supremo llegó a estimar que carecían de aplicación sus preceptos. Por ello, en 1880 se dictó otra nueva compilación que restableció las cosas al estado anterior. Poco tiempo después se dictó da ley del 11 de febrero de 1881, autorizando al Gobierno para la publicación de una Ley del Enjuiciamiento Criminal español y luego, la del 15 de junio de 1882, modificando algunas disposiciones de la anterior y, por último, el 17 de septiembre de 1882, se promulgó la Ley de Enjuiciamiento Criminal español, aún vigente, pero que fuera desconocida por nuestros legisladores Zubizarreta y Brugada.
Nuestro Código Procesal Penal empezó a regir desde el 1º de enero de 1891 y a la fecha se encuentra aún vigente. Con el transcurso del tiempo ha sufrido diversas modificaciones, algunas se han justificado medianamente, pero otras fueron propiciatorias del camino hacia el autoritarismo." (*in Motivaciones*, págs. 13/14, idem, ibidem).

Finalmente, desejamos consignar que o legislador ordinário procurou compensar a falta de regulamentação do princípio constitucional (art. 131), elaborando a Lei nº 122/91 que, de certa forma, tutela a liberdade individual, desde que solicitada *hasta el momento de dictarse la providencia de autos para sentencia* e atendidos os requisitos legais do seu artigo 2º:

"La eximición provisoria de la detención y la prisión preventiva será procedente cuando medien las siguientes condiciones conjuntas:

a) Que el delito atribuido al imputado no admita una pena media mayor de tres años de penitenciaría;

b) Que el imputado no sea reiterante ni reincidente;

c) Que el imputado preste una fianza real, o personal de un tercero.

El monto y tipo de fianza serán fijados por el Juzgado, en relación a la calidad del imputado, la gravedad del delito y el dano causado.

En caso de acreditarse la insolvencia se podrá admitir la caución juratoria del imputado;

d) Que el imputado permanezca em su domicílio real o en el lugar que le fije el Juzgado por resolución fundada . El imputado no deberá ausentarse del país, ni cambiar su domicilio mientras dure el proceso, salvo autorización expresa del Juzgado;

e) Que el imputado se comprometa a no concurrir a los lugares que fije al Juzgado, ni comunicarse con las personas que el Juzgado indique, siempre que no afecte sus derechos de defensa; y

f) Que el imputado se comprometa a concurrir periódicamente al lugar del Juzgado, los lugares o ante autoridades que el Juez indique, dentro del régimen y horario fijados."

Recentemente tomamos conhecimento de que - no dia 8 de julho de 1998 - foi sancionada a Lei nº 1.286, promulgando o novo Código de Processo Penal Paraguaio, com início de vigência aprazado para meados do próximo ano. Os preceitos que interessam ao tema aqui enfocado estão transcritos na nota nº 50 das *Notas Complementares* desta obra.

8 - Liberdade individual nas demais Constituições Sul-Americanas

Bolívia:

Artículo 9. - I). Nadie puede ser detenido, arrestado ni puesto en prisión sino en los casos y según las formas establecidas por ley, requiriéndose para la ejecución del respectivo mandamiento, que éste emane de autoridad competente y sea intimado por escrito. - II) La incomunicación no podrá imponerse sino en casos de notoria gravedad y de ningúm modo por más de veinticuatro horas.

Artículo 10. - Todo delincuente *in fraganti* puede ser aprehendido, aún sin mandamiento, por cualquier persona, para el único objeto de ser conducido ante la autoridad o el juez competente, quién deberá tomarle su declaración en el plazo máximo de veinticuatro horas.

Artículo 18. - I) Toda persona que creyere estar indebida o ilegalmente perseguida, detenida, procesada o presa podrá ocurrir, por sí o por cualquiera a su nombre, con poder notariado o sin él, ante la Corte Superior del Distrito o ante cualquier Juez de Partido, a elección suya, en demanda de que guarden las formalidades legales. En los lugares donde no hubiere Juez de Partido la demanda podrá interponerse ante un Juez Instructor. II) La autoridad judicial señalará de inmediato día y hora de audiencia pública, disponiendo que el actor sea conducido a su presencia. Con dicha orden que se practicará citación personal o por cédula en la oficina de la autoridad demandada, orden que será obedecida sin observación ni excusa, tanto por aquella cuanto por los encargados de las cárceles o lugares de detención sin que éstos, una vez citados, puedan desobedecer arguyendo orden superior. III) En ningun caso podrá suspenderse la audiencia. Instruida de los antecedentes, la autoridad judicial dictará sentencia en la misma audiencia ordenando la libertad, haciendo que se reparen los defectos legales o poniendo al demandante a disposición del juez competente. El fallo deberá ejecutarse en el acto. La decisión que se pronuncie se elevará en revisión, de ofício, ante el fallo. IV) Si el demandado después de asistir a la audiencia la abandona antes de escuchar la sentencia, ésta será notificada validamente en estrados. Si no concurriere, la audiencia se llevará a efecto en su rebeldía y oída la exposición del actor o su representante, se dictará sentencia. V) Los funcionarios públicos o personas particulares que resistam las decisiones judiciales, en los casos previstos por este artículo, serán remitidos por ordem de la autoridad que conoció el *habeas corpus* ante el Juez en lo penal para su juzgamiento como reos de atentado contra las garantías constitucionales. VI) La autoridad judicial que no procediera conforme a lo dispuesto por este artículo quedará sujeta a sanción con arreglo al Art. 1231, atribución 30 de esta Constitución.

Artículo 20. - I) Son inviolables la correspondencia y los papeles privados, los cuales no podrán ser incautados sino en los casos determinados por las leyes y en virtud de orden escrita y motivada de autoridad competente. No producen efecto legal los documentos privados que fueren violados o substraídos. II) Ni la autoridad pública, ni persona u organismo alguno podrán interceptar conversaciones y comunicaciones privadas mediante instalación que las controle o centralice.

Colômbia:
Art. 28. - Toda persona es libre. Nadie puede ser molestado en su persona o familia, ni reducido a prisión o arresto, ni detenido, ni su domicilio registrado, sino en virtud de mandamiento escrito de autoridad judicial competente, con las formalidades legales y por motivo previamente definido en la ley. La persona detenida preventivamente será puesta a disposición del juez competente dentro de las treinta y seis horas siguientes, para que éste adopte la decisión correspondiente en el término que establezca la ley. En ningún caso podrá haber detención, prisión ni arresto por deudas, ni penas y medidas de seguridad imprescriptibles.

Art. 30. - Quien estuviere privado de su libertad, y creyere estarlo ilegalmente, tiene derecho a invocar ante cualquier autoridad judicial, en todo tiempo, por sí o por interpuesta persona, el *Habeas Corpus*, el cual debe resolverse en el término de treinta y seis horas.

Art. 32. - El delincuente sorprendido en flagrancia podrá ser aprehendido y llevado ante el juez por cualquer persona. Si los agentes de la autoridad lo persiguieren y se refugiare en su propio domicilio, podrán penetrar en él, para el acto de la aprehensión; si se acogiere a domicilio ajeno, deberá preceder requerimiento al morador.

Chile:
Art. 19 - La Constitución asegura a todas las personas: § 7º El derecho a la libertad personal y a la seguridad individual. En consecuencia: a) Toda persona tiene derecho de residir y permanecer en cualquier lugar de la República, trasladarse de uno a otro y entrar y salir de su territorio, a condición de que se guarden las normas establecidas en la ley y salvo siempre el perjuicio de terceros; b) Nadie puede ser privado de su libertad personal ni ésta restringida sino en los casos y en la forma determinados por la Constitución y las leyes; c)

Nadie puede ser arrestado o detenido sino por orden de funcionario público expresamente facultado por la ley y después de que dicha orden le sea intimida en forma legal. Sin embargo, podrá ser detenido el que fuere sorprendido en delito flagrante, con el solo objeto de ser puesto a disposición del juez competente dentro de las veinticuatro horas siguientes. Si la autoridad hiciere arrestar o detener a alguna persona , deberá, dentro de las cuarenta y ocho horas siguientes, dar aviso al juez competente, poniendo a su disposición al afectado. El juez podrá, por resolución fundada, ampliar este plazo hasta por cinco días, y hasta por diez días, en el caso que se investigaren hechos calificados por la ley como conductas terroristas; d) Nadie puede ser arrestado o detenido, sujeto a prisión preventiva o preso, sino en su casa o en lugares públicos destinados a este objeto. Los encargados de las prisiones no pueden recibir en ellas a nadie en calidad de arrestado o detenido, procesado o preso, sin dejar constancia de la orden correspondiente, emanada de autoridad que tenga facultad legal, en un registro que será público. Ninguna incomunicación puede impedir que el funcionario encargado de la casa de detención visite al arrestado o detenido, procesado o preso, que se encuentre en ella. Este funcionario está obligado, siempre que el arrestado o detenido lo requiera, a transmitir al juez competente la copia de la orden de detención, o a reclamar para que se le dé dicha copia, o a dar él mismo um certificado de hallarse detenido aquel individuo, si al tiempo de su detención se hubiere omitido este requisito; e) La libertad provisional procederá a menos que la detención o la prisión preventiva sea considerada por el juez como necesaria para las investigaciones del sumario o para la seguridad del ofendido o de la sociedad. La ley establecerá los requisitos y modalidades para obtenerla; f) En las causas criminales no se podrá obligar al inculpado a que declare bajo juramento sobre hecho propio; tampoco podrán ser obligados a declarar en contra de éste sus ascendientes, descendientes, cónyuge y demás personas que, según los casos y circunstancias, señale la ley; g) No podrá imponérse la pena de confiscación de bienes, sin perjuicio del comiso en los casos establecidos por las leyes; pero dicha pena será procedente respecto de las asociaciones ilícitas; h) No podrá aplicarse como sanción la pérdida de los derechos previsionales, e i) Una vez dictado sobreseimiento definitivo o sentencia absolutoria, el que hubiere sido sometido a proceso o condenado en cualquier instancia por resolución que la Corte Suprema declare injustificadamente errónea o arbitraria, tendrá derecho a ser indemnizado por el Estado de los perjuicios patrimoniales y morales que haya sufrido. La indemnización será determinada judicialmente en procedimento breve y sumario y en él la prueba se apreciará en conciencia

Art. 21 - Todo individuo que se hallare arrestado, detenido o preso con infracción de lo dipuesto en la Constituición o en las leyes, podrá ocurrir por sí, o por cualquiera a su nombre, a la magistratura que señale la ley, a fin de que ésta ordene se guarden las formalidades legales y adopte de inmediato las providencias que juzgue necesarias para restablecer el imperio del derecho y asegurar la debida protección del afectado. Esa magistratura podrá ordenar que el individuo sea traído a su presencia y su decreto será precisamente obedecido por todos los encargados de las cárceles o lugares de detención. Instruida de los antecedentes, decretará su libertad inmediata o hará que se reparen los defectos legales o pondrá al individuo a disposición del juez competente, procediendo en todo breve y sumariamente, y corrigiendo por sí esos defectos o dando cuenta a quien corresponda para que los corrija. El mismo recurso, y en igual forma, podrá ser deducido en favor de toda persona que ilegalmente sufra cualquiera otra privación, perturbación o amenaza en su derecho a la libertad personal y seguridad individual. La respectiva magistratura dictará en tal caso las medidas indicadas en los incisos anteriores que estime conducentes para restablecer el imperio del derecho y asegurar la debida protección del afectado.

Equador:
Art. 22 - Sin perjuicio de otros derechos necessarios para el pleno desenvolvimiento moral y material que se deriva de la naturaleza de la persona, el Estado le garantiza: N° 19) La libertad y seguridad personales. En consecuencia: "h": Nadie será privado de su libertad sino en virtud de orden escrita de autoridad competente, en los casos, por el tiempo y con las formalidades prescritas por la Ley, salvo delito flagrante, en cuyo caso tampoco podrá mantenérsele sin fórmula de juicio por más de veinticuatro horas. En cualquiera de los casos, no podrá ser incomunicado por más de veinticuatro horas; e letra "i": Toda persona será informada inmediatamente de la causa de su detención; Art. 28 - Toda persona que creyere estar ilegalmente privada de su libertad podrá acogerse al Hábeas Corpus. Este derecho lo ejercerá por si o por interpuesta persona, sin necesidad de Mandato escrito, ante el Alcalde bajo cuya jurisdicción se encontrare o ante quien hiciere sus veces. La autoridad municipal ordenará inmediatamente que el recurrente sea conducido a su presencia y se exhiba la orden de privación de su libertad. Su mandato será obedeceido sin observación ni excusa por los encargos del centro de rehabilitación social o lugar de detención. Instruido de los antecedentes, el Alcalde dispondrá la inmediata libertad del reclamante, si el detenido no fuere presentado o si no se exhibiere la orden, o si ésta no cumpliere los requisitos legales, o si se hubieren cometidos y vicios de procedimiento o, en fin, si hubiere justificado el fundamento del recurso. El funcionario o empleado que no acatare la orden será destituido inmediatamente de su

cargo o empleo, sin más tramite por el Alcalde, quien comunicara la destitución a la Contraloría General del Estado y a la Autoridad qui deba nombrar su reemplazo.

Peru
Articulo 2º - Toda persona tiene derecho: Nº 24) A la libertad y a la seguridad personales. En consecuencia: "f": Nadie puede ser detenido sino por mandamiento escrito y motivado del Juez o por las autoridades policiales en caso de flagrante delito. El detenido debe ser puesto a disposición del juzgado correspondiente, dentro de las veinticuatro horas o en el término de la distancia. Estos plazos no se aplican a los casos de terrorismo, espionaje y tráfico ilícito de drogas. En tales casos, las autoridades policiales pueden efectuar la detención preventiva de los presuntos implicados por un término no mayor de quince días naturales. Deben dar cuenta al Ministério Público y al Juez, quien puede asumir jurisdicción antes de vencido dicho término.

Venezuela:
Art. 60 - A liberdade e segurança pessoais são invioláveis, e em conseqüência:
1º - Ninguém poderá ser preso ou detido, a menos que seja surpreendido em flagrante, ou senão em virtude de ordem escrita do funcionário autorizado para decretar a detenção, nos casos e com as formalidades previstas em lei. O inquérito não poderá estender-se além do limite máximo legalmente fixado. O indiciado terá acesso aos autos do inquérito e a todos os meios de defesa previstos em lei, tão logo seja lavrado o correspondente auto de prisão. Em caso de ter sido cometido um fato punível, as autoridades policiais poderão adotar as medidas provisórias de necessidade ou urgência, indispensáveis para assegurar a investigação do fato e a apresentação dos culpados em juízo. A lei fixará a data, breve e peremptória, em que tais medidas deverão ser

comunicadas à autoridade judicial, e estabelecerá, ainda, o prazo para que esta tome as devidas providências, que poderão ser revogadas ou privadas de qualquer efeito se não as promover no referido prazo; 2º - Ninguém poderá ser privado de sua liberdade por obrigações cujo inadimplemento não tenha sido previamente definido como delito ou falta pela lei.

Conclusões

Depois de analisar, ainda que resumidamente, a legislação pertinente a cada um dos quatro Países que integram o Mercosul, chega-se às seguintes conclusões:

a) *No Paraguai* - A Constituição paraguaia assegura a liberdade pessoal, determinando que *ninguém será preso ou detido* "sin orden escrita emanada de autoridad competente, salvo caso de ser sorprendido en flagrante comisión de delito que mereciese pena corporal" (art. 12). E, para garantir este compromisso, instituiu-se o remédio do *habeas corpus* no artigo 133 da mesma Carta Política.

Como se observa - além do flagrante em hipótese delitiva, sobre a qual incida pena restritiva da liberdade - a prisão ou detenção (só) poderá ocorrer por ordem escrita emanada de autoridade competente. Não se falou, aqui, em autoridade *judiciária* competente.

Assim sendo, o preceito constitucional paraguaio, neste particular, é *equívoco*, permitindo interpretação variada e causando intranqüilidade jurídica.

De outra parte, se *no ordinário* (art. 12) o constituinte omitiu o qualificativo *judicial* ao substantivo autoridade, no *especial* (art. 13) empregou a expressão *autoridad judicial* para o caso de prisão por "incumplimiento de deberes alimentarios o como sustitución de multas o

fianzas judiciales". Tal situação pode conduzir a três interpretações, no mínimo, indagando-se:
1ª) a expressão *autoridad competente* (art. 12) para ordenar a prisão deve ser entendida como "*autoridad judicial*" (art. 13), como regra?, ou
2ª) *autoridad judicial*, usada num único caso, deve ser interpretada como exceção à *autoridad competente*?, ou
3ª) *autoridad competente* será aquela autoridade que vier a ser apontada pelo legislador ordinário?...

Em outras palavras: a expressão *autoridad competente*, inserida no artigo 12 da Lei Fundamental Paraguaia precisa ser elucidada pela doutrina e/ou pela jurisprudência. Como está no texto constitucional, poderá ser interpretada ou por autoridade judiciária, ou judicial, ou administrativa, ou policial, ou militar, ou disciplinar, ocasionando, assim, insegurança individual.

É bem verdade que a legislação ordinária paraguaia, representada pelo vetusto *Código de Procedimientos Penales de 1890*, foi mais feliz e explícita do que o texto da atual Constituição.

Por conseguinte, é preciso reconhecer como recepcionados pela nova ordem constitucional estes princípios valorizados no "Libro Preliminar"- daquele Código:

"Art. 6º - Ninguna persona podrá ser detenida o constituida en prisión, sino en el caso de infraganti delito, o cuando existan semiplena prueba o indicios vehementes de su culpabilidad.

Art. 7º - En este último caso, no podrá ser aprehendida sino en virtud de orden escrita de autoridad judicial competente."

Particularmente - quando as Constituições Brasileiras continham idêntica equivocidade normativa (CF de 1891, art. 72, § 13; CF de 1934, art. 13, nº 21; CF de 1937, art. 122; CF de 1946, art. 141, § 12; CF de 1967, art. 150, § 12; CF de 1969, art. 153, § 12) - nos posicionamos no sentido de que *autoridade competente* deveria ser entendida restritamente, ou seja, como autoridade *judiciária* competente (Nota 46).

b) *No Uruguai* - A Constituição Uruguaia, depois de garantir a liberdade física, acentuando que "nadie puede ser preso", abre estas exceções: "sino in fraganti delito o habiendo semiplena prueba de él, por orden escrita de Juez competente".

Como está redigido, o preceito constitucional pode conduzir ao entendimento de que, originariamente, não há prisão por ordem judicial e, sim, somente em duas situações de flagrância: no flagrante próprio, cujas hipóteses estão apontadas no artigo 111 do CPPU, e no flagrante impróprio, isto é, "habiendo semiplena prueba de él, por orden escrita de Juez competente".

No primeiro caso, estão autorizados a efetuá-la tanto o policial, obrigatoriamente, quanto o civil, facultativamente; já no segundo, quando a prova da autoria for discutível, apresentando apenas indícios, a prisão poderá ser decretada mediante avaliação judicial, a ser realizada posteriormente. Tal situação (embora não contenha prova da hipótese delitiva, apenas indícios), equivaleria à nossa prisão preventiva ou cautelar, sendo estas *espécies* do *gênero* prisão provisória.

Diante das diversas interpretações que poderão ser tiradas do citado texto constitucional, convém reproduzir aqui o "Informe de la Comisión de Constitución y Legislación del Consejo de Estado", no seu parágrafo 20, a propósito do Anteprojeto que resultou no Código de Processo Penal Uruguaio:

"Ante todo, puede observarse que el propio mantenimiento de la locución 'semiplena prueba', en el texto proyectado, solamente estaría justificado por motivos de respeto histórico a expresiones constitucionales, vigentes desde 1830. Como la ciencia del derecho procesal penal ha demostrado hasta el agotamiento, la base fáctica necesaria para la imputación penal está constituída por la probabilidad del hecho o, para decirlo con las palabras del artículo 125 (126, Proyecto del Poder Ejecutivo), por la existencia de '... elementos de convicción suficientes para juzgar que el imputado tuvo participación en el delito'. Ese concepto - que es opuesto, o mejor dicho, lógicamente previo al de certeza, fundamento necesario de la sentencia de condena penal - no es graduable aritméticamente, como lo sugiere la expresión criticada".

De qualquer forma, o aludido preceito constitucional peca por maior clareza, necessitando que o intérprete se socorra da legislação ordinária complementar, bem como da Doutrina e da Jurisprudência uruguaias (capítulo VI).

c) *Na Argentina* - A Constituição Argentina garante que "nadie puede ser obligado a declarar contra si mismo; ni arrestado sino en virtud de orden escrita de autoridad competente".

No entanto - diversamente do que ocorre com a maioria das Cartas Políticas que, após assegurar a liberdade individual, especificam duas exceções: por ordem judicial e em flagrante delito, - a Lei Fundamental Argentina aponta apenas uma exceção, aparecendo a outra, juntamente com a primeira, nas Constituições Provinciais e na legislação ordinária (Lei nº 23.984).

Com efeito, a expressão *autoridad competente*, que figura no artigo 18 da Constituição Nacional, é equívoca, não dando um entendimento claro e definido ao preceito, o que acarreta, a princípio, certa insegurança à garantia individual da liberdade física.

Na conformidade do texto constitucional não se sabe, ao certo, se o significado de *autoridad competente* é genérico ou restrito. Em outras palavras: se é toda e qualquer autoridade, definida em lei; ou se, na ausência de especificação legal, significa autoridade judiciária, ou administrativa, ou policial, ou militar, ou disciplinar,...

Num segundo momento, porém, esta ambigüidade é, pelo menos, amenizada por algumas Constituições Provinciais que identificam *autoridad competente* com *"juez competente* (Buenos Aires, art. 13; Catamarca, art. 31; Mendoza, art. 17; Formosa, art. 12; San Luis, art. 29; Neuquen, art. 36; Chubut, art. 29), ou com "orden escrita de juez" (Cordoba, art. 12; San Juan, art. 8; Tucumán, art. 31).

Outras Constituições Provinciais reproduzem a expressão *autoridad competente* (Santa Fé, art. 9º; Santiago del Estero, art. 20; Salta, art. 29; Chaco, art. 16; Entre Ríos, art. 24; Jujuy, art. 25; Misiones, art. 14; La Rioja, art. 28) e as demais simplesmente se omitem a respeito.

A legislação ordinária, especialmente o Código de Processo Penal Argentino, leva a crer, supletiva e complementarmente, que a expressão constitucional *orden escrita de autoridad competente* se identifique com "ordem judicial competente" (arts. 279 a 287).

Este entendimento há de ser avalizado, certamente, pela doutrina e pela jurisprudência argentinas.

d) *No Brasil* - Embora já tivéssemos examinado a legislação brasileira nos Capítulos III e IV deste compêndio, a primeira conclusão que, desde logo, se faz necessária é a de que o nosso legislador, atendendo às lições da Doutrina, já corrigiu as ambigüidades que, comparativamente, se apontaram nas legislações dos vizinhos Países que integram o Mercosul.

De outra parte, o Estado Brasileiro assumiu o solene compromisso de que no seu território *ninguém será preso*, salvo em duas únicas e exclusivas circunstâncias: "em flagrante delito e por ordem escrita e fundamentada de autoridade judiciária competente".

A par disto - e além de outras garantias escritas na Constituição, também referidas no Capítulo IV - é oportuno destacar que o Código Penal Brasileiro definiu os crimes contra a *liberdade individual* em capítulo próprio, valorizando, desta forma, os postulados constitucionais que garantem este direito.[47]

A prisão ou detenção de qualquer pessoa e o local onde se encontre deverão ser comunicados imediatamente não só ao juiz competente (que, sob pena de responsabilização[48], a relaxará se não for legal), mas também aos familiares do preso ou pessoa por ele indicada (a fim de que, paralelamente, possam tomar as providências cabíveis).

E mais: se a comunicação ao juiz competente não ocorrer imediatamente, haverá a incidência do preceito legal contido no artigo 4º, letra *c*, da Lei nº 4.898/65[49], ou seja, abuso de autoridade.

Nesta hipótese - como nos demais casos de abuso de autoridade - a falta de representação do ofendido não obstará a iniciativa ou o curso da ação penal, que terá como titular o Ministério Público (Lei nº 5249/67), cujos agentes disporão das garantias funcionais asseguradas pela Constituição (arts. 127 a 130).

Por conseguinte, o sistema brasileiro estabeleceu, clara e induvidosamente, o controle jurisdicional da prisão, assegurando plena garantia ao indivíduo, como, aliás, recomendam os Organismos Internacionais, que defendem o respeito aos direitos humanos para todos, indistintamente.

Inobstante a consagração destas garantias, se "alguém sofrer ou se achar ameaçado de sofrer violência ou coação em sua liberdade de locomoção, por ilegalidade ou abuso de poder", - tanto o juiz, *ex officio*, quanto qualquer pessoa, inclusive o próprio paciente, poderá impetrar ordem de *habeas corpus* para restabelecer o *status libertatis* e, assim, aperfeiçoar o culto aos direitos individuais.

E, concluindo, registramos este depoimento de Francisco Cavalcanti Pontes de Miranda, o maior Jurista pela extensão horizontal e vertical de sua obra:

"O *habeas corpus* foi um dos passos mais seguros e uma das armas mais eficientes para a salvação da civilização ocidental. É o *não*, que a Justiça diz, em mandamento, à violência e à ilegalidade; e o *sim*, a quem confia nos textos constitucionais e nas leis" (in *História e Prática do Habeas Corpus*, no Prefácio da 7ª edição).

Notas complementares

[1] O Homem, em sua macrocomposição, é Espírito e Matéria. Como criatura humana, o Homem é Espírito - feito à imagem e semelhança do Criador - enclausurado na matéria para, cumprindo o plano de Deus, evoluir meritoriamente para Ele, mas com liberdade.
Destacando, isoladamente, estes elementos constitutivos, - o Homem, sob o prisma espiritual, é um ser liberto; mas este ser liberto, ligado à matéria, se torna prisioneiro desta, enquanto não se conscientizar da unidade com o Eu Superior.
Mesmo prisioneiro temporário da matéria, o homem há que usufruir da liberdade, em decorrência de sua composição espiritual (sem espírito ele é matéria inanimada), sendo livre por razões ônticas, advindas da Lei Cósmica, que lhe concedeu livre arbítrio.
Por isso, quando se fala de liberdade interna, está se direcionando - *ontologicamente*, ao espírito do homem, e, *psicologicamente*, ao seu interior, ao seu íntimo, ao mundo do Eu, embora convivendo no mundo do Nós.
No entanto, sem esquecer o infinito da liberdade interna do Homem, o Direito se ocupa mais com a sua liberdade externa, que é finita no tempo e no espaço.

[2] LIMA, Ruy Cirne. *Preparação à Dogmática Jurídica*, pp. 9 e 17, Sulina, 1958.

[3] "Bem comum é o conjunto de condições sociais que possibilitam e favorecem o desenvolvimento integral da personalidade". (João XXIII, Papa. *Encíclica Mater et Magistra*. Roma, 1961).
Em 2 de setembro de 1942, na Universidade de Chicago, o ilustre professor e filósofo Armando Pereira da Câmara, ao ensejo de sua inovadora definição de Justiça ("Justiça é a conformidade de uma relação interpessoal com o bem comum"), já plantara a idéia do conceito de bem comum, cujo conteúdo viu germinado mais tarde, em 1961, na *Encíclica Mater et Magistra*, e que consiste no seguinte: "Bem Comum é o conjunto de situações de vida, individual e social, que assegura a realização dos fins humanos". A partir de então, este conceito passou a ser ministrado e desenvolvido aos seus alunos de Filosofia do Direito na Universidade Federal do Rio Grande do Sul e, posteriormente, no Curso de Pós-Graduação da Faculdade de Direito da mesma Universidade. Inobstante a íntima semelhança de elaborações, inclusive nas palavras, a do Prof. Câmara nos parece mais completa, levan-

do-se em conta os fundamentos dados por ele próprio: "Utilizamos a expressão conjugada situações ou condições de vida porque a primeira é semanticamente mais rica, embora seja a segunda mais freqüentemente empregada pelos juristas. De outra parte, utilizamos a expressão (vida) individual (ou social), pois é necessário enfatizarmos que, com o desatendimento do bem da pessoa, não se poderá obter o bem comum, mas o mal comum." (CÂMARA, Armando Pereira da. Aulas ministradas no Curso de Especialização em Filosofia do Direito, 1970/71, na Faculdade de Direito da Universidade Federal do Rio Grande do Sul).

[4] *Do Espírito das Leis*, Livro Décimo Primeiro, pp. 177 e 180, tradução de Gabriela de Andrade Dias Barbosa, Edições e Publicações Brasil Editora.

[5] *Manual de Processo Penal*, vol. 1, pp. 14 e segs., Freitas Bastos Editora, 1963.

[6] Comentários à Constituição de 1967, Tomo V, p. 288, 2ª edição, Revista dos Tribunais.

[7] Armando Pereira da Câmara, *apud* Plínio de Oliveira Corrêa, *in A Provocação Jurisdicional*, p. 13, Nota 3, Edições UFRGS, 1978.

[8] - A antiga constituição anglo-saxônica
- A Carta de Henrique I, datada de 1.100
- As Cartas de Segurança e os Salvo-Condutos do ancestral direito português
- O "Fuero de Manifestación Aragonés", ressalvando a liberdade individual. O reino de Aragão era constituído pelos territórios ibéricos de Aragão, Catalunha, Baleares e Valência. É oportuno assinalar este ensinamento de Juan Francisco La Ripa: "Quando os aragoneses elegeram rei, deram-lhe já as leis sob as quais os havia de governar" (*in Segunda Ilustración a los Cuatro Procesos Forales de Aragón*, 1772, Zarogoza).
- O interdito *"de homine libero exhibendo"* dos romanos, através do qual o pretor mandava apresentar-lhe o homem livre, arbitrariamente preso.
- Do imperador Constantino ao Prefeito do Pretório, no ano 354 (Código de Justiniano, Livro IX, Título IV, Lei 2, "De Custódia Reorum"): "O que cometa delito pelo qual deva ser detido e encarcerado numa prisão, primeiramente seja conduzido ante o juiz, para que seja ouvido, e se visivelmente parece que haja cometido o delito que se lhe imputa, seja conduzido a seguir à prisão, donde volverá à presença do juiz, a fim de que seja de novo interrogado. Dessa maneira as diligências para apurar a culpabilidade no processo se farão quase públicas, do que resultará um certo freio que atenuará a severidade extremada dos juízes."
- Dos imperadores Graciano, Valentiano e Teodósio, ao Prefeito do Pretório, no ano 380 (Codex, 9.6.5): "Ordenamos definitivamente e de uma maneira clara e por esta lei, que todos os presos sejam julgados o mais rápido possível, a fim de que desde logo sejam, conforme a sentença, ou castigados ou postos em liberdade e não padeçam inutilmente nos cárceres. O carcereiro deverá dar ao juiz, cada trinta dias, relação dos nomes, qualidade e idade dos presos, com expressão dos delitos de que são acusados. Se assim não o cumprir, o ofício pagará ao nosso tesouro a multa de vinte libras de

ouro, e o juiz negligente ou indigno do ofício que se lhe confiou pagará dez libras de ouro e será desterrado."

Do imperador Zanón, no ano 486, ao Prefeito do Pretório, (Codex, *"De Privatis Carceribus Inhibendis"*): Proibimos absolutamente a quem quer que seja, tanto na cidade de Alexandria e na diocese do Egito, como em qualquer outro lugar de nosso Império, o ter sob a própria autoridade cárceres particulares, nem na cidade nem no campo. Encarregamos ao nobre Prefeito Augustal e a todos os governadores de províncias velem para que semelhante delito não se cometa e se reprima por toda classe de meios. Ao nobre Prefeito Augustal e aos governadores de província se lhes castigará como réus do crime de lesa-majestade se, tendo conhecimento de que se haja cometido o que se trata, não vingarem a majestade ofendida. Reputamos igualmente culpáveis do delito (...) os primados dos ofícios que saibam se tenha cometido esse delito e o não ponham ao conhecimento imediato dos juízes de que dependem para que eles castiguem os culpados."

E, finalmente, esta disposição atribuída a Venulejo, consignando que o homem livre não se deve reter por tempo algum e que se há de dar aos que o retêm e a quem se intima a exibi-lo, tempo idêntico de prisão. (Digesto, Livro 4, dos Interdictos).

[9] CANTU, César, *in* História Universal, reformada, acrescentada e ampliada por Antônio Ennes, Livro IX, Lisboa, pág. 253; ALTAVILA, Jaime. *in* Origem dos Direitos dos Povos, pág. 122, 3ª ed. Melhoramentos; Coleção das Ordenações, Tomo XI, pág. 185.

[10] O Campo de Runnymead fica situado à margem direita do rio Tâmisa, a cinco quilômetros da cidade de Ehgan, a qual dista sessenta quilômetros de Londres.

[11] Eis o texto da Magna Carta, assinada em 15 de junho de 1215:
"1 - Temos resolvido e prometido ante Deus, confirmando a presente Carta perpetuamente, e para nossos sucessores, que a Igreja da Inglaterra seja livre e goze de seus direitos em toda a sua integridade, permanecendo ilesas suas liberdades, de modo que resulte a liberdade nas eleições como a mais indispensável e necessária para a sobredita Igreja de Inglaterra. Por esta razão, assim o temos concedido e confirmado por nossa simples e espontânea vontade, antes de nossas discórdias com nossos barões, e obtivemos a devida confirmação do Sumo Pontífice Inocêncio III, obrigando-nos à sua observância, e desejando que nossos herdeiros a guardem e cumpram perpetuamente e com boa-fé.
2 - Também concedemos perpetuamente, em nosso nome e no de nossos sucessores, para todos os homens livres do reino de Inglaterra, todas as liberdades, cuja continuação se expressam transmissíveis a seus descendentes.
3 - Se algum de nossos Condes ou Barões, ou outro que tenha recebido de nós terras em paga do serviço militar *(tenentium de nobis in capite)*, morrer desejando que seu herdeiro de maioridade entre na posse de seu feudo, esse herdeiro ou herdeira de um condado, por todo seu feudo, pagará cem marcos; o herdeiro ou herdeira de um condado, por todo seu feudo, pagará cem marcos; o herdeiro ou herdeira de uma baronia por todo seu feudo

pagará cem xelins, rebaixando-se aos demais em proporção, segundo o antigo direito habitual dos feudos.

4 - Entretanto, se o herdeiro mencionado for de menoridade e se achar sob tutoria, a pessoa de quem dependa seu feudo não será seu tutor, nem administrará suas terras antes que lhe renda homenagem, e, uma vez que o herdeiro tutelado chegue à maioridade, quer dizer, tenha completado 21 anos, receberá sua herança sem abonar nada ao posseiro; e se em sua menoridade for armado cavaleiro, nem por isso perderá seu tutor o cuidado de seus bens até o termo sobredito.

5 - O que administrar terras de um menor, não tomará delas senão o ajustado, conforme costumes, eqüidade e bom serviço, sem prejuízo nem detrimento para as pessoas ou coisas. E, no caso de que confiemos a administração das ditas terras ao Visconde *(vicecomiti)* ou outro qualquer empregado, sujeito à responsabilidade ante nós, se causar qualquer dano ou prejuízo, tomamos o compromisso de obrigá-lo à sua reparação ou indenização, confiando então a guarda da herança a dois homens honrados e inteligentes, que serão responsáveis perante nós, do mesmo modo.

6 - Todo administrador de um feudo manterá em bom estado, tanto as casas, parques, víveres, tanques, moinhos e bens análogos, como as rendas, restituindo-as ao herdeiro, quando este haja chegado à sua maioridade, cuidando que as terras destinadas ao cultivo estejam providas de arados e demais instrumentos de lavoura, ou, ao menos, com os mesmos que tinham quando tomou a seu encargo. Estas disposições são aplicáveis à administração dos bispados, abadias, priorados, igrejas e dignidades vagas; mas este direito de administração não poderá ser alienado por meio de venda.

7 - Os herdeiros contrairão matrimônio sem desproporção, isto é, conforme a sua respectiva condição e estado. Não obstante, antes de contrair o matrimônio, se dará notícia do mesmo aos parentes consangüíneos do referido herdeiro.

8 - Logo que uma mulher fique viúva, receberá, imediatamente sem dificuldade alguma, seu dote e herança, não ficando obrigada a satisfazer quantia alguma por esta restituição, nem pela pensão de viuvez, de que for credora, no tocante aos bens possuídos pelo casal, até a morte do marido; poderá permanecer na casa principal por espaço de quarenta dias, contados desde o do falecimento; e se lhe consignará, entretanto, dote, caso não o tenha sido antecipadamente. Estas disposições serão executadas, se a sobredita casa principal não for uma fortaleza; mas, se o for, ato contínuo, será oferecida à viúva outra casa mais conveniente, onde possa viver com decência até que se designe seu dote, segundo aviso-prévio, percebendo dos bens comuns de ambos os cônjuges o necessário para sua honesta subsistência. A pensão será conforme a terça parte das terras possuídas pelo marido, a não ser que lhe corresponda menor quantidade em virtude de um contrato celebrado ao pé dos altares *(ad ostium Ecclesiae).*

9 - Nenhuma viúva poderá ser compelida, por meio de embargo de seus bens móveis, a casar-se de novo, se prefere continuar em seu estado; ficará, porém, obrigada a prestar caução de não contrair matrimônio sem nosso consentimento, se estiver debaixo de nossa dependência, ou do senhor de quem dependa diretamente.

10 - Nem Nós, nem nossos empregados embargarão as terras ou rendas por dívida de qualquer espécie, quando os bens móveis do devedor sejam

suficientes para solver a dívida, e o devedor se mostre disposto a pagar ao seu credor. Muito menos, se procederá contra os fiadores, quando o devedor se ache em condições de pagar.

11 - Se o devedor não pagar, seja por falta de meios, seja por má vontade, exigir-se-á o pagamento dos fiadores, que poderão gravar com hipotecas ou bens e rendas do devedor, até a importância que eles tiverem satisfeito, a não ser que ele prove haver entregue a seus abonadores a importância das fianças.

12 - Se alguém celebrar com judeus o contrato denominado 'mútuo' e falecer antes de o haver satisfeito, o herdeiro de menoridade não pagará os interesses, enquanto permanecer em tal estado. Se a dívida for a nosso favor, observaremos as disposições contidas nesta 'Carta'.

13 - Se alguém morrer devendo qualquer quantia a judeus, sua mulher perceberá o dote integral, sem que a dita dívida a afete de qualquer modo. E se o defunto tiver deixado filhos menores, se lhes adjudicará o necessário conforme os bens pertencentes ao defunto, e com o restante se pagará a dívida, sem prejuízo da contribuição ou tributos correspondentes ao senhor. Estas disposições são aplicáveis, completamente, às demais dívidas contraídas com os que não sejam judeus.

14 - Não se estabelecerá em nosso Reino auxílio nem contribuição alguma, contra os posseiros de terras enfeudadas, sem o consentimento do nosso comum Conselho do Reino, a não ser que se destinem ao resgate de nossa pessoa, ou para armar cavaleiros a nosso filho primogênito, consignação para casar uma só vez a nossa filha primogênita; e, mesmo nestes casos, o imposto ou auxílio terá de ser moderado *(et ad hoc non fict nisi rationablie auxilium).*

15 - A mesma disposição se observará a respeito dos auxílios fornecidos pela cidade de Londres, a qual continuará em posse de suas liberdades, foros e costumes por mar e terra.

16 - Concedemos, além disto, a todas as cidades, distritos e aldeias, aos Barões dos cinco portos e a todos os demais o gozo de seus privilégios, foros e costumes, e a faculdade de enviar Deputados ao Conselho comum para convir nos subsídios correspondentes a cada um, salvo nos três casos sobreditos (Veja-se o número 14).

17 - Quando se tratar da fixação de pagamento correspondente a cada um, no tocante à contribuição dos posseiros, convocaremos privadamente, por meio de nossas cartas, os Arcebispos, Bispos, Abades, Condes, e principais Barões do Reino.

18 - Do mesmo modo, convocaremos em geral, por meio de nossos Viscondes ou *sheriffs* e *bailios*, a todos que tenham recebido, diretamente, de nós, a posse de suas terras, com quarenta dias de antecipação, para que concorram ao sítio designado; e nas convocatórias expressaremos a causa ou causas que nos tenham decidido a convocar a Assembléia.

19 - Uma vez expedida a convocação, proceder-se-á, imediatamente, à decisão dos negócios, segundo o acordo dos presentes, ainda que não concorram todos os que forem convocados.

20 - Prometemos não conceder a nenhum senhor, seja quem for, permissão para tomar dinheiro aos homens livres, a não ser que se destine ao resgate de sua pessoa, ou para armar cavaleiro a seu filho primogênito, ou consti-

tua pecúlio para casar uma vez a sua filha primogênita; e, mesmo nestes casos, o imposto ou auxílio terá de ser moderado.

21 - Não poderão ser embargados os móveis de qualquer pessoa para obrigá-la, por causa do seu feudo, a prestar mais serviços que os devidos por natureza.

22 - O Tribunal de Queixas ou pleitos comuns *(Plaids Communs)* não acompanhará por todas as partes a nossa pessoa, devendo permanecer fixo em um ponto dado. Os assuntos jurídicos que versem sobre interditos de reter ou recobrar, a morte de um antecessor ou apresentação de benefícios, ventilar-se-ão na província onde se ache situado o domicílio dos litigantes; assim, pois, Nós, ou, em caso de estarmos ausentes do Reino, nosso primeiro Magistrado, enviaremos anualmente a cada condado juízes que, com os cavaleiros respectivos, estabeleçam seus tribunais na mesma província.

23 - Os assuntos jurídicos que não possam terminar em uma só sessão, não poderão ser julgados em outro lugar correspondente ao distrito dos mesmos juízes; e os que, por suas dificuldades não possam ser decididos pelos mesmos, serão remetidos ao Tribunal do Rei.

24 - Esta última disposição é aplicável, em um todo, aos assuntos concernentes à última apresentação às igrejas, sendo começados, continuados e decididos, exclusivamente, pelo Tribunal do Rei.

25 - Um possuidor de bens livres não poderá ser condenado à penas pecuniárias por faltas leves, mas pelas graves, e, não obstante isso, a multa guardará proporção com o delito, sem que, em nenhum caso, o prive dos meios de subsistência. Esta disposição é aplicável, por completo, aos mercadores, aos quais se reservará alguma parte de seus bens para continuar seu comércio.

26 - Do mesmo modo um aldeão ou qualquer vassalo nosso não poderá ser condenado à pena pecuniária senão debaixo de idênticas condições, quer dizer, que se lhe não poderá privar dos instrumentos necessários a seu trabalho. Não se imporá nenhuma multa se o delito não estiver comprovado com prévio juramento de doze vizinhos honrados e cuja boa reputação seja notória.

27 - Os Condes e Barões só poderão ser condenados à penas pecuniárias por seus Pares, e segundo a qualidade da ofensa.

28 - Nenhum eclesiástico será condenado à pena pecuniária, guardando proporção com as rendas de seu benefício, que não incida, exclusivamente, nos bens puramente patrimoniais que possua, e segundo a natureza de sua falta.

29 - Nenhuma pessoa ou população poderá ser compelida, por meio de embargo de seus bens móveis, a construir pontes sobre os rios, a não ser que haja contraído previamente essa obrigação.

30 - Não se porá nenhum dique nos rios que não os tenha tido desde o tempo de nosso ascendente o Rei Henrique.

31 - Nenhum *sheriff*, (corregedor) condestável, chefe ou bailio nosso sustentará os litígios da Coroa.

32 - Os condados, povoados de cem habitantes *(hundred)* e demais distritos ajustar-se-ão a seus antigos limites, salvo as terras de nosso domínio particular.

33 - No caso de falecer um possuidor de bens patrimoniais, submetidos diretamente à nossa dependência, e o *sheriff* ou *bailio* exibir provas de que

o defunto era devedor nosso, será permitido selar e registrar os bens móveis encontrados no sobredito feudo, correspondentes à dívida; porém esta diligência não se praticará senão com a inspeção de homens honrados, para que nada se desperdice de seu devido objeto, até o pagamento definitivo da dívida. O resto entregar-se-á aos testamenteiros do defunto. Mas, se este não era nosso devedor, tudo será transmitido ao herdeiro, tendo-se em conta os direitos da viúva e filhos.

34 - Se o possuidor morrer *ab intestato*, repartirão seus bens móveis entre seus parentes mais próximos e amigos, com a inspeção e consentimento da Igreja, salvo somente o que corresponder aos credores do defunto, se os houver deixado.

35 - Nenhum *sheriff*, condestável ou funcionário, tomará colheitas nem bens móveis de uma pessoa que não se ache debaixo de sua jurisdição, a não ser que satisfaça, à vista, seu importe ou tenha convencionado, de antemão, com o vendedor a fixação da época do pagamento. Se o vencedor estiver sujeito à jurisdição do funcionário, o pagamento será feito no prazo de quarenta dias.

36 - Não poderão ser embargados os bens móveis de qualquer cavaleiro, sob pretexto de pagar gente para guarnecer as fortalezas, se o sobredito cavaleiro se oferecer a desempenhar por si próprio este serviço, ou delegar alguém em seu lugar, alegando escusa legítima para desempenho desta obrigação.

37 - Se um cavaleiro for servir na guerra, ficará dispensado de guardar os castelos e praças fortes, enquanto se achar em serviço ativo por causa de seu feudo.

38 - Nenhum *sheriff* ou *bailio* poderá tomar à força carroças nem cavalos para nossas bagagens, salvo se abonar o preço estipulado nos antigos regulamentos, a saber 10 dinheiros por dia e uma carroça de dois cavalos, e 14 pela de três.

39 - Prometemos que não se tomarão as carroças ou outras carruagens dos eclesiásticos, dos cavaleiros ou das senhoras de distinção, nem a lenha para o consumo em nossas situações, sem o consentimento expresso dos proprietários.

40 - Não conservaremos em nosso poder as terras dos réus convictos de deslealdade ou traição senão pelo prazo de um ano e um dia, transcorridos os quais as restituiremos aos senhores dos feudos respectivos.

41 - Não se permitirão redes para colher salmões ou outros peixes em Midway, Tâmisa e demais rios de Inglaterra, excetuando-se as costas destas proibição.

42 - Não se concederá para o futuro nenhum *writ* ou ordem chamada *proecipe*, em virtude da qual um proprietário tenha de perder seu pleito.

43 - Haverá em todo o Reino uma mesma medida para o vinho e a cerveja, assim como para os cereais (grãos). Esta medida será a que atualmente se emprega em Londres. Todos os panos se ajustarão a uma mesma medida em largura, que será de duas varas. Os pesos serão, também, os mesmos para todo o Reino.

44 - Não se cobrará nada para o futuro pelos *writs* ou cédulas de inspeção a favor de quem queira uma informação, por haver perdido a vida ou algum dos seus membros qualquer indivíduo, pelo contrário, serão dados grátis e nunca serão negadas.

45 - Se alguém tiver recebido de Nós em feudo uma posse de qualquer gênero que seja, ou terras pertencentes a uma pessoa com obrigação de serviço militar, não invocaremos esta circunstância como direito para obter a tutela do herdeiro de menoridade, ou a administração das terras pertencentes a outro feudo, nem, também, aspiraremos à administração das posses submetidas à nossa dependência, se não forem garantia anexa do serviço militar.

46 - Não desejaremos tutela de um menor, nem a administração da terra que possua com dependência de outro e com a obrigação do serviço militar, sob pretexto de que nos deve alguma pequena servidão, como a subministração de adagas, flechas e coisas semelhantes.

47 - Nenhum bailio ou outro funcionário poderá obrigar a quem quer que seja a defender-se por meio de juramento ante sua simples acusação ou testemunho, se não for confirmado por pessoas dignas de crédito.

48 - Ninguém poderá ser detido, preso ou despojado de seus bens, costumes e liberdades, senão em virtude de julgamento de seus Pares e segundo as leis do país.

49 - Não venderemos, nem recusaremos, nem dilataremos a quem quer que seja a administração da justiça.

50 - Nossos comerciantes, se não estão publicamente inabilitados, poderão transitar livremente pelo Reino, entrar, sair, permanecer nele, viajar por mar e por terra, comprar e vender conforme os antigos costumes, sem que se lhes imponha qualquer empecilho no exercício de seu tráfico, exceto em tempo de guerra ou quando pertençam a um país que se ache em guerra conosco.

51 - Os estrangeiros, mercadores que se encontrarem no Reino ao princípio de uma guerra, serão postos em segurança, sem que se faça o menor dano às suas pessoas ou coisas e continuarão em tal estado até que Nós ou nossos magistrados principais se informem de que modo tratam os inimigos os nossos mercadores: se estes são bem tratados, aqueles o serão igualmente por Nós.

52 - Para o futuro poderão todos entrar e sair no Reino com toda a garantia, salvante a fidelidade devida, exceto, todavia, em tempo de guerra, e quando seja, estritamente necessário para o bem comum de nosso Reino; excetuando-se, além disto, os prisioneiros e proscritos segundo as leis do país, os povos que se achem em guerra conosco e os comerciantes de uma Nação inimiga, conforme o que deixamos dito.

53 - Se alguém proceder de uma terra que se agregue, em seguida, às nossas possessões por confisco ou por qualquer outra coisa, como Wallingford, Bolônia, Nottinghan e Lancaster, que se acham em nosso poder, e o dito indivíduo falecer, seu herdeiro nada deverá, nem será obrigado a prestar mais serviços que o que prestava, quando a baronia estava em posse do antigo dono, e não era nossa. Possuiremos dita baronia debaixo das mesmas condições que os antigos donos, sem que, por causa disso, pretendamos o serviço militar dos vassalos, a não ser que algum possuidor de um feudo pertencente à dita baronia dependa de Nós por outro feudo, com a obrigação do serviço militar.

54 - Os que têm suas habitações fora de nossos bosques não serão obrigados a comparecer ante nossos juízes e ditos lugares por prévia citação, a não

ser que se achem complicados na causa, ou que sejam fiadores dos presos ou processados por delitos cometidos em nossas florestas.

55 - Todas as selvas convertidas em sítio pelo Rei Ricardo, nosso irmão, serão restabelecidos à sua primitiva situação: excetuando-se os bosques pertencentes a nossos domínios.

56 - Ninguém poderá vender nem alienar sua terra ou parte dela, com prejuízo de seu senhorio, a não ser que lhe deixe o suficiente para desempenhar o serviço a que se achar obrigado.

57 - Todos os patronos de abadias que tenham em seu poder cartas dos Reis de Inglaterra, contendo direito de patronato, ou que o possuam desde tempo imemorial, administração as ditas abadias, quando estiverem vagas, nas mesmas condições em que deviam administrá-las, segundo o declarado anteriormente.

58 - Ninguém será encarcerado a pedido de uma mulher pela morte de um homem, a não ser que este tenha sido seu marido.

59 - Não se reunirá o *bhire Gemot* ou tribunal condado, senão uma vez por mês, exceto nos lugares em que se costuma empregar maior intervalo, em cujo caso continuarão as práticas estabelecidas.

60 - Nenhum *sheriff* ou outro funcionário reunirá seu tribunal senão duas vezes por ano e no lugar devido e acostumado uma vez depois da Páscoa de Ressurreição e outra depois do dia de São Miguel. A inspeção ou exame das finanças, que, mutuamente, se prestam os homens livres do nosso Reino, se verificará no mencionado tempo de São Miguel, sem obstáculo nem vexação de qualquer espécie; em maneira que cada um conserve suas liberdades, tanto as que teve e se acostumou a ter em tempo de nosso ascendente o Rei Henrique como as adquiridas posteriormente.

61 - A dita Inspeção se verificará de modo que não se altere a paz, e a dízima *(tithe)* se conserve íntegra, como é costume.

62 - Ficará proibido ao *sheriff* oprimir e vexar a quem quer que seja, contentando-se com os direitos que os *sheriffs* costumavam exercer em tempo de nosso ascendente o Rei Henrique.

63 - Não se permitirá a ninguém para o futuro ceder suas terras a uma comunidade religiosa para possuí-las, depois como feudatário da dita comunidade.

64 - Não se permitirá às comunidades religiosas receber terras do modo sobredito para restituí-las, imediatamente, aos donos como feudatários das mencionadas comunidades. Se para o futuro intentar alguém dar suas terras a um mosteiro, e resultar a convicção desta tentativa, a doação será nula, e a terra dada reverterá em benefício do senhorio.

65 - Para o futuro se perceberá o direito de *scutage* (contribuição de possei-ro) como era costume perceber-se no tempo de nosso ascendente o Rei Henrique. Os *sheriffs* evitarão molestar a quem quer que seja e se contentarão em exercer seus direitos de costume.

66 - Todas as liberdades e privilégios concedidos pela presente Carta, em relação ao que se nos deve por parte de nossos vassalos, compreende só eclesiásticos e seculares, diz respeito aos senhores que possuam diretamente os bens cujo domínio útil lhes pertença.

67 - Continuam subsistentes os direitos dos Arcebispos, Bispos Abades, Priores, Templários, Hospitalários, Condes, Barões, cavaleiros e outros,

tanto eclesiásticos como seculares, e exercidos antes da promulgação da presente Carta."

[12] Em 24 de agosto de 1215, *apud* J.M.O. Sidou, *in* "As Garantias Ativas dos Direitos Coletivos", pág. 149, Forense, 1ª edição; Pontes de Miranda, *in* História e Prática do *Habeas Corpus*, p. 12, 4ª edição, Borsoi.

Depois de um longo e minucioso arrazoado, Inocêncio III, invocando a sua autoridade, anunciou de Anagnia, no 9º dia das calendas de setembro, 18º ano do seu pontificado - *24 de agosto de 1215* - a aludida Bula Papal, na qual não só decretou, expressamente, que "*são revogadas todas essas coisas*", mas também concluiu, enfaticamente:

"... reprovamos profundamente o acordo nos termos em que foi feito e codenamos, proibindo-o, sob ameaça de anátema, para que o supracitado Rei não ouse respeitá-lo, nem os barões com seus cúmplices exijam que seja observado: tanto a carta quanto as obrigações decorrentes, sejam quais forem pela mesma ou sobre a mesma feitas, pois são provocantes e nulas para que tenham em algum momento qualquer firmeza ou significado"

E, assim, é que a Magna Carta foi revogada com esta histórica expressão - EAM CASSAT PONTIFEX.

Eis o texto original do aludido Decreto:

SUMMARIUM

Ioannis regis poenitentia - Et voluntas proficiscendi in Terram Sanctam - Barones contra eum insurgunt. - Cura de hoc Innocentii. - Frustra vero laborat. - Iusta promittit rex rebellibus. - Nil proficit. - Iniquiam cum iis init compositionem. - Eam cassat Pontifex.

Innocentius episcopus servus servorum Dei, universis Christifidelibus hanc paginam inspecturis, salutem et apostolicam benedictionem.

Etsi charissimus in Coristo filius noster Ioannes rex Anglorum illustris, Deum et Ecclesiam vehementer offenderit, unde nos eum vinculo excommunicationis innodavimus, et regnum eius ecclesiastico subiecimus interdicto, ipse tamen (illo misericorditer inspirante, qui non vult mortem peccatoris, sed ut convertatur et vivat), tandem conversus ad cor, Deo et Ecclesiae humiliter satisfecit, in tantum quod non solum recompensationem pro damnis, restitutionem exhibuit pro ablatis, verum etiam plenariam libertatam contulit Ecclesiae Anglicanae.

Quinimo utraque sententia relaxata, regnum suum tam Angliae; quam Hiberniae beato Petro, et Ecclesiae Romanae concessit: recipiens illud in feudum sub annuo censu mille marcarum, fidelitatis nobis inde praestito iuramento, sicut per privilegium eius aurea bulla munitum. Adhuc etiam omnipotenti Deo amplius placere desiderans, signum vivificae Crucis reverenter accessit, profecturus in subsidium Terrae Sanctae, ad quod se magnifice praeparabat. Sed humani generis inimicus qui semper consuevit bonis actibus invidere, suis callidis artibus adversus eum barones. Angliae concitavit, ita ut ordine perverso in illum insurgerent, postquam conversus Ecclesiae satisfecit, qui assistebant cidem quando Ecclesiam offendebat.

Orta siquidem inter eos dissentionis materia, cum plures dies statuti fuissent ad tractandum de pace, utrinque interim solemnes nuncii ad nostram fuerunt praesentiam destinati. Cum quibus habito diligenti tractatu, post plenam deliberationem scripsimus per eosdem Stephano Cantauriensi archiepiscopo et episcopis Anglicanis, praecipiendo mandantes, ut ad reformandam inter utrosque veram et plenam concordiam diligens impenderent studium et operam efficacem, omnes coniurationes et conspirationes, si quae fuerant forte praesumptae a tempore subortae discordiae inter regnum et sacerdotium, apostolica denunciantes auctoritate cassatas, et per excommunicationis sententiam inhibentes, ne talia de caetero praesumerentur a quoquam, magnates et nobiles Angliae monendo prudenter, et efficaciter iniungendo, ut per manifesta devotionis et humilitatis indicia ipsum regem sibi placere studerent; ac deinde si quid ab eo deducerent postulandum, non insolenter; sed humiliter implorarent; regalem conservantes ei honorem, et exhibentes servitia consueta, quae ipsi et praedecessores eorum sibi et praedecessoribus suis impenderunt: cum ex eis ipse rex non debeat absque iudicio spoliari, ut sic quod intenderent, possent facilius obtinere. Nos enim eundem regem per litteras nostras rogavimus, et monuimus, et per praefatos archiepiscopum et episcopos nihilominns rogari et moneri mandavimus in remissionem sibi peccaminum iniungentes, quatenus praedictos magnates et nobiles benigne tractaret, et iustas eorum petitiones clementer admitteret, ut et ipsi congaudendo cognoscerent eum in meliorem statum divina gratia esse mutatum, ac per hoc ipsi et haeredes eorum sibi et haeredibus suis deberent promptius et devotius famulari; plena eis in veniendo, morando et recedendo securitate concessa, ita quod si forte nequiret inter eos concordia provenire, in curia sua per partes eorum, secundum leges et consuetudines regni suborta dissentio sopiretur. Verum antequam nuncii cum hoc provido et iusto mandato rediissent, illi iuramento fidelitatis omnino contempto, cum etsi rex eos iniuste gravasset, ipsi tamen non debuissent sic agere contra eum, ut in causa sua iidem iudices et executores existerent, vassalli contra dominum, et milites contra regem publice coniurantes, non solum cum aliis, sed cum eius manifestissimis inimicis praesumpserunt contra eum arma movere, occupantes et devastantes terras illius; ita quoque, quod civitatem Londinensem, quae sedes est regni, proditione sibi traditam invaserunt. Interim praefatis autem nunciis revertentibus, rex obtulit eis secundum formam mandati nostri iustitiae plenitudinem exhibere, quam ipsi omnino spernentes, coeperunt manus extendere ad peiora. Unde rex ipse ad audientiam nostram appellans, obtulit eis exhibere iustitiam coram nobis, ad quem huius causae iudicium ratione dominii pertinebat, quod ipsi sunt penitus aspernati. Deinde obtulit illis, ut tam ab ipso, quam illis quatuor viri eligerentur prudentes qui una nobiscum suboriam inter eos discordiam terminarent, promittens, quod ante omnia revocaret universos abusus, quicumque fuissent in Anglia suo tempore introducti: sed nec hoc illi dignati sunt acceptare. Tandem illis rex proposuit, quod cum regni dominium ad Romanam Ecclesiam pertineret, ipse non poterat, nec debebat absque nostro speciali mandato quicquam de illo in nostrum praeiudicium immutare. Unde rursus ad nostram audientiam appellavit; seipsum, ac regnum cum omni honore ac iure suo apostolicae protectioni supponens. Sed cum nullo modo proficeret, postulavit ab archiepiscopo et episcopis, ut nostrum exequerentur mandatum, ius Ecclesiae Romanae defenderent, ac tuerentur eundem secundum formam privilegii crucesignatis induliti. Porro cum ipsi nihil horum facere voluissent, videns se omni auxilio et consilio destitutum, quicquid illi ausi sunt petere, non est ausus ipse negare . Unde compulsus est per vim et metum, qui cadere non poterant in virum etiam inconstantissimum, compositionem invit cum ipsis, non solum vilem, et turpem, verum etiam illicitam et iniquam in nimiam derogationem ac diminutionem sui iuris pariter et honoris. Quia vero nobis a Domino dictum est in Propheta: Constitui te super gentes et regna, ut evellas et destruas, aedifices et plantes; itemque per alium Prophetam: Dissolve colligationes impietatis, solve fasciculos deprimentes; nos tantae malignitatis audaciam dissimulare nolentes in Apostolicae Sedis contemptum, regalis iuris dispendium, Anglicanae gentis opprobrium, et grave periculum totius negotii Crucifixi, quod utique immineret, nisi per auctoritatem nostram revocarentur omnia, quae a tanto principe crucesignato taliter sunt exorta, et ipso volente ea servare, ex parte Dei omnipotentis Patris, et Filii, et Spiritus Sancti, auctoritate quoque apostolorum Petri et Pauli ac nostra, de communi fratrum nostrorum consilio compositionem huiusmodi reprobamus penitus et damnamus sub intimatione anathematis prohibentes, ne dictus rex eam observare praesumat, aut barones cum complicibus suis ipsam exigant observari tam chartam quam obligationes seu cautiones quaecumque pro ipsa vel de ipsa sunt factae, irritantes penitus, et cassantes, ut nullo unquam tempore aliquam habeant firmitatem.

Datum Anagniae nono kalendas septembris, pontificatus nostri anno decimo octavo.

Dat. Die 24 augusti 1215, pontif. Anno XVIII.

[13] Mesmo depois da confirmação, as lutas e os desentendimentos entre o poder real e os barões continuaram. Em 1258 os barões instituíram a primeira assembléia que teve o nome de Parlamento, com 24 membros, onde se redigiriam as célebres "Provisões de Oxford" (petições semelhantes à de 1215), que foram juradas pelo rei. No entanto, após o juramento os barões foram acusados de terem abusado de seu triunfo e, sob esta alegação, o rei Henrique III obteve do Papa a anulação de seu juramento.

As divergências prosseguiram, motivando a escolha de Luiz IX, rei de França, como árbitro da questão, o qual, a 24 de janeiro de 1264, decidiu a favor de Henrique III. Como os vencidos não aceitaram a sentença arbitral, imediatamente desencadearam novo movimento revolucionário, tendo à frente Simão Monford, liderando os barões, que convocou o primeiro parlamento "verdadeiramente completo" (integrado por Deputados dos condados e dos burgos, além dos pares). A energia e a liderança de Monford, conde de Leicester, chegou a extremos, e o rei só se dobrou, confirmando as "Provisões", quando os barões prenderam seu filho, herdeiro do trono. Eduardo, porém, fugindo, mais tarde, dos conspiradores, derrotou Monford, que morreu em combate. Daí em diante governou de fato, desde 1265.

[14] O espírito do texto original da Magna Carta foi mantido com a introdução da palavra "livre", restringindo o conceito de pessoa e deturpando-se uma das mais expressivas conquistas do "Homem Todo" para valorizar-se apenas o "homem livre". Neste particular, a autorga real francesa de Luiz VI, antes referida, é mais completa do que o item 29 da carta inglesa de 1215.

[15] Com a ascensão de Eduardo, em 1272, a luta continuou. E as convocações do Parlamento, antes esporádicas, tornaram-se regulares, inaugurando-se um novo regime governamental, porém caracterizado por um clima de

oposição, vigília e fiscalização ao despotismo real, no qual "não se oferecia ao rei outra alternativa que (senão) esmagar o Parlamento ou ser esmagado por ele". Diplomaticamente perdeu o rei refugiado em Gante - para os barões, tendo que assinar a confirmação da Magna Carta a 5 de novembro de 1298, que havia sido ratificada pelo Parlamento no ano anterior. E, para todo e qualquer ato de desobediência às disposições da Magna Carta (e da Carta Florestal, também confirmada), ficou estabelecida sanção de nulidade, bem como ameaça de excomunhão, aos que, por palavras, ações ou conselhos, obrassem contra ditas cartas ou as violassem.

A Magna Carta, revalidada por Henrique III, em Westminster, a 11 de fevereiro de 1225, cujo texto foi confirmado ao final do século XIII (1297/8) por Eduardo I, o Confessor, e da qual se ressalta os principais tópicos: Henrique pela Graça de Deus, Rei da Inglaterra etc., aos arcebispos, abades, priores, condes, barões, viscondes, prepostos, oficiais, bailios, e a todos os fiéis, que a presente carta virem, saudação. Sabei que: Nós, em contemplação de Deus, para a salvação de nossa alma e de nossos predecessores e sucessores, para exaltação da santa Igreja e para reforma de nosso reino, damos e asseguramos de nossa livre e espontânea vontade, aos arcebispos, abades, priores, condes, barões, e a todos de nosso reino, as liberdades abaixo especificadas, para serem por eles perpetuamente gozadas em nosso reino de Inglaterra.

1 - Concedemos em primeiro lugar, inspirados por Deus e confirmando pela presente carta, por nós e nossos herdeiros perpetuamente, que a Igreja de Inglaterra seja livre e goze de todos os direitos de liberdade sem restrições.

Concedemos também de acordo com todos os homens livres de nosso reino, por nós e nossos herdeiros, perpetuamente, todas as liberdades abaixo especificadas para serem fruídas e conservadas por eles e seus herdeiros, como havidas de nós e de nossos herdeiros, perpetuamente.

(...)

8 - Nem nós, nem nossos bailios nos apossaremos das terras e rendas de quem quer que seja, por dívidas, desde que os bens móveis atuais do devedor sejam suficientes para pagar as dívidas e que o devedor esteja pronto a satisfazê-la com tais bens.

Os fiadores do devedor não serão executados, enquanto este estiver em condições de pagar. Se o devedor principal não pagar, por motivo de insolvência, ou má vontade, os fiadores terão então de pagar, mas poderão, se quiserem, apossar-se das terras e rendas do devedor e usufruí-las até o reembolso da dívida que por acaso por ele tenham pago, a menos que o devedor prove estar quite com os ditos fiadores. A cidade de Londres gozará de todas as suas antigas liberdades e livres costumes. Também queremos que todas as outras cidades, burgos, povoações, os barões dos cinco portos e todos os portos gozem de todas as liberdades e livres costumes.

10 - Ninguém será compelido a um serviço mais oneroso do que aquele a que estiver sujeito o seu feudo militar ou outro qualquer domínio livre.

14 - Um homem livre só será punido por um pequeno delito proporcionalmente a este; por um grande delito só o será proporcionalmente à gravidade do mesmo, mas sem perder seu feudo (salvo consentimento seu). Dar-se-á o mesmo com os comerciantes aos quais se deixarão os seus

negócios. Os camponeses dependentes de outros senhores também serão atingidos por multa, se nela incorrerem, sem perda de seus instrumentos de trabalho; e nenhuma destas multas será imposta sem a confirmação de 12 homens probos e leais da vizinhança. Os condes e barões só poderão ser multados pelos seus pares e proporcionalmente ao delito cometido. Nenhum clérigo será multado segundo o seu benefício eclesiástico, e sim conforme seu domínio leigo e importância do delito.

15 - Nenhum povoado ou homem livre será compelido a construir pontes de passagens de rios, a menos que a isso esteja obrigado, juridicamente, ou em virtude de costume imemorial.

16 - A passagem de nenhum rio deverá, aliás, ser interdita fora daqueles cuja interdição remonte ao tempo do Rei Henrique nosso avô, e estes últimos, somente nos mesmos lugares e nos mesmos doutrora.

(...)

29 - Nenhum homem livre será detido ou preso, nem despojado de seu livre domínio, de suas liberdades ou livre costumes, nem posto fora da lei *(utlagetur)*, nem exilado, nem molestado, de maneira alguma, e nós não poremos nem mandaremos pôr a mão nele, a não ser em virtude de um julgamento legal, por seus pares e segundo a lei do país.

Não venderemos, não recusaremos nem retardaremos o direito e a justiça a ninguém.

36 - Todo comerciante que não tenha recebido, anteriormente, proibição pública, poderá livremente e com toda a segurança sair da Inglaterra e nela entrar, permanecer e viajar, tanto por terra como por água, para comprar ou vender, segundo os antigos e bons costumes, sem que lhe possa impor nenhuma contribuição, exceto em tempo de guerra ou quando for de uma nação em guerra conosco. E se no começo de uma guerra, tais comerciantes se acharem no reino, serão internados sem nenhum dano às suas pessoas ou às suas mercadorias, até que nós ou o nosso grande justiceiro sejamos informados da maneira pela qual são tratados nossos comerciantes pelo inimigo; e se os nossos forem bem tratados, os do inimigo também o serão, em nosso território.

Todos os costumes acima referidos e todas as liberdades, por nós concedidas em nosso reino para serem usufruídas por nossos próprios vassalos serão igualmente respeitados por todos os nossos súditos clérigos ou leigos, em relação aos seus foreiros.

Pela concessão e doação das sobreditas liberdades, assim como das liberdades contidas em nossa carta florestal, os arcebispos, bispos, abades, priores, condes, barões, homens de armas, livres proprietários e todos os demais de nosso reino, nos darão a décima quinta parte de todas as suas alfaias. Nós lhe asseguramos igualmente, em nosso nome e no dos nossos herdeiros, que nenhum de nós exigirá o que quer que seja contrário às liberdades contidas na presente carta, ou inconciliável com elas. E tudo que possa ser exigido a algum deles, contrariamente a esta disposição, será nulo e de nenhum efeito (seguem-se os nomes das testemunhas).

[16] *Processo Criminal Brasileiro*, vol. 2, pp. 306 e segs. Ed. Batista de Souza, 1920.

[17] Plínio de Oliveira Corrêa - Conferência proferida na Escola de Preparação e Aperfeiçoamento de Magistrados da Bahia, em 25.09.97, *in* Rev. da Ajuris, 70, págs. 266/280: *Teoria da Jussta Causa*
A Justa Causa no Direito Penal e no Processo Penal é o tema que nos coube examinar nesta *Jornada para Juízes Criminais*, promovida pelo *Instituto Max Planck*, da Alemanha, aqui representado pelo conceituado Jurista KURT MADLENER, e pela *Escola de Preparação e Aperfeiçoamento de Magistrados da Bahia*, dirigida pelo consagrado Professor e eminente Magistrado, Des. GERSON PEREIRA DOS SANTOS.

E, ao enfrentar esta difícil abordagem, pedimos *venia* aos ilustrados Juristas nacionais e estrangeiros, e, particularmente, aos Magistrados deste Estado da Federação, para apresentar, inicialmente, um quadro geral do instituto jurídico da justa causa no âmbito do processo penal brasileiro.

I - *Dos Diversos Posicionamentos*
A expressão *justa causa* assume diferentes significados, que podem ser agrupados, no mínimo, em oito correntes de pensamento, a saber:
- *A primeira posição* vincula a justa causa ao conceito de prisão;
- *A segunda* a utiliza para fundamentar a concessão de *habeas corpus* quando o fato imputado não constituir infração penal;
- *A terceira* fixa a falta de justa causa como figura equivalente às hipóteses do artigo 43 do Código de Processo Penal;
- *A quarta* a situa como elemento identificador nos casos de coação ou constrangimento ilegal;
- *A quinta* vê a presença da justa causa tão-somente na descrição de um fato delituoso na peça acusatória;
- *A sexta posição* embora restrita à ação penal privada, se apóia apenas em indícios ou suspeitas fundadas;
- *A sétima* elimina a expressão do sistema processual penal brasileiro;
- *A oitava posição* coloca a justa causa como uma das condições da ação penal.

II - *Crítica às Diferentes Posições*
Com efeito, torna-se imprescindível fazer, ainda que rapidamente, uma análise crítica desses posicionamentos para melhor atingir a natureza jurídica do instituto, ou, pelo menos, para saber onde está situada a justa causa dentro do quadro proposto.
Assim, *quanto à primeira posição* - isto é, a que liga a justa causa ao conceito de prisão - cabe destacar que ela remonta ao Código de Processo Criminal de 1832, ao consagrar este preceito no artigo 353:
"A prisão julgar-se-á ilegal:
1) quando não houver justa causa para ela".
No mesmo sentido, o Decreto nº 3.084, de 05 de novembro de 1898, que consolidou as Leis da Justiça Federal, prescrevia no seu artigo 360, que a prisão era ilegal quando não houvesse justa causa para ela.
Fiel a esta orientação, e até refletindo a legislação ordinária então existente, o Supremo Tribunal Federal, no seu Regimento Interno de 24 de maio de 1909, estabelecia no artigo 112 que:
"A prisão, ou constrangimento, se julgará ilegal:

1) quando não tiver justa causa".

Os Códigos de Processo Penal dos Estados - que resultaram da consagração do princípio da descentralização processual na Constituição de 1891, e que perduraram até 1941, por sua vez, com raras exceções, continham disposições idênticas, considerando a justa causa como motivo determinante da legalidade da prisão, se presente, ou da ilegalidade, quando ausente.

No entanto, este entendimento merece ser criticado, uma vez que não se concebe hoje, como não se concebia ontem, condicionar-se a idéia de justa causa ao conceito de legalidade ou ilegalidade da prisão. E a razão é simples: a prisão pode ser legal, como ocorria com as prisões administrativa, disciplinar e para averiguação, e inexistir legitimidade para qualquer uma delas, como já tivemos oportunidade de demonstrar em estudo intitulado *Autoridade Competente para Ordenar a Prisão no Direito Brasileiro*, Editora da UFRGS, 1981.

Por conseguinte, não mais cabe falar em legalidade ou ilegalidade da prisão, mas na sua legitimidade ou ilegitimidade.

No que diz respeito à *segunda posição*, aquela que utiliza a justa causa para fundamentar a concessão de *habeas corpus* quando o fato imputado não constituir crime, encontrou embasamento legal, inicialmente em três Códigos Estaduais: o do Rio Grande do Sul, o do então Distrito Federal e o de Santa Catarina. Estes três diplomas, apesar de manterem a linha tradicional antes referida, trouxeram algumas inovações que caracterizaram esta corrente de pensamento.

O primeiro, o do Rio Grande do Sul, considerava nos artigos 254 e 255 da Lei Estadual nº 24, de 15 de agosto de 1898 (com as modificações introduzidas pela Lei nº 141, de 23 de julho de 1912) a imputação de "fato não criminoso" como constrangimento ilegal ou abusivo para se conceder *habeas corpus* por falta de justa causa.

O segundo, o do Distrito Federal, estatuía no Decreto nº 8.259, de 29 de setembro de 1910, assinado pelo Presidente NILO PEÇANHA, este princípio no artigo 382:
"A prisão ou constrangimento julgar-se-á ilegal em qualquer dos seguintes casos:
1º - quando não houver justa causa ou o fato não constituir crime".
E o *terceiro*, o de Santa Catarina, promulgado pela Lei Estadual nº 1.640, de 03 de novembro de 1928, depois de valorizar a justa causa no artigo 2.564, determinava no artigo 2.565:
"Ainda depois da pronúncia ou da condenação, o *habeas corpus* pode ser concedido nos seguintes casos:
II - Quando o fato imputado não constituir crime".
Este posicionamento encontrou ressonância não só na Jurisprudência dos nossos Tribunais, mas também na palavra de ilustrados Mestres do Direito, como FLORÊNCIO CARLOS DE ABREU E SILVA, que afirmava não existir justa causa "quando o fato de que o paciente é acusado não constituir crime ou contravenção penal" (in *Comentários ao Código de Processo Penal*, Vol. V, p. 565, Forense, 1945).
A crítica que pesa sobre esta posição pode restringir-se no seguinte: Se o fato narrado na peça inicial não constituir crime, o juiz deve, de imediato, aplicar o preceito contido no artigo 43, inciso I, do Código de Processo Penal, que diz:

"A denúncia ou queixa será rejeitada quando:
I - o fato narrado evidentemente não constituir crime".
Logo, se existe regra expressa regulando a matéria, não deve haver lugar para metáfora jurídica ou qualquer outro simbolismo, ainda insuficientemente definido.
Ademais, não existe conveniência alguma em cognominar de justa causa temas com denominações próprias e já devidamente assentados na literatura jurídica.
A terceira posição é mais recente e surgiu com o advento do atual Código de Processo Penal, de 1941. Este Código resultou do retorno do princípio da *unidade processual*, que passou a vigorar no nosso sistema constitucional a partir da Constituição de 1934, perdurando até hoje, o qual aboliu, conseqüentemente, o regime dos Códigos Estaduais e instituiu um único Código Nacional, promulgado pelo Decreto-Lei nº 3.689/41.
A citada posição define a falta de justa causa como elemento equivalente às hipóteses previstas no artigo 43 deste Código Nacional, neste termos:
"A denúncia ou queixa será rejeitada quando: I - o fato narrado evidentemente não constituir crime; II - já estiver extinta a punibilidade, pela prescrição ou outra causa; III - for manifesta a ilegalidade da parte ou faltar condição exigida por lei para o exercício da ação penal".
Regra semelhante consta do artigo 78 do Código de Processo Penal Militar (Decreto-Lei nº 1.002, de 21 de outubro de 1969).
Como se verifica pela leitura do mencionado artigo 43 e seus incisos, estes contêm casos de diferentes naturezas, tais como: elementos formais da peça acusatória, extinção de punibilidade e condições genéricas da ação penal.
Tal artigo compreende, *assistematicamente*, uma miscelânea de diversos institutos. Dessa forma, é inconcebível pretender-se que a expressão justa causa compreenda, traduza ou reflita por ela mesma todos esses temas e situações heterogêneas.
Entre os autores modernos que, *data maxima venia*, incorrem nesta injustificável equiparação estão DARCI ARRUDA MIRANDA (*in Comentários à Lei de Imprensa*, Vol. II, p. 744, Ed. Revista dos Tribunais, 1969), FREITAS NOBRE (*in A Lei de Imprensa*, p. 206, Saraiva, 1968) e JOSÉ RAIMUNDO GOMES DA CRUZ (artigo publicado na Revista dos Tribunais, Vol.423, p. 303 e segs.).
A quarta posição situa a falta de justa causa como elemento identificador dos demais casos de coação ou de constrangimento ilegal, enumerados no artigo 648 do Código de Processo Penal, que dispõe:
"A coação considerar-se-á ilegal: I - quando não houver justa causa; II. - quando alguém estiver preso por mais tempo do que determina a lei; III - quando quem ordenar a coação não tiver competência para fazê-lo; IV - quando houver cessado o motivo que autorizou a coação; V - quando não for alguém admitido a prestar fiança, nos casos em que a lei a autoriza; VI - quando o processo for manifestamente nulo; VII - quando extinta a punibilidade".
Idêntica regra prevê o artigo 467 do Código de Processo Penal Militar.
Esta posição foi defendida, em parte, pelo Professor JOSÉ FREDERICO MARQUES, para quem, nos casos referidos, a justa causa funcionaria "como norma genérica de encerramento" do processo (*in Elementos de Direito Processual Penal*, Vol. IV, p. 398, Forense, 1965).

Com efeito, ao analisarmos as hipóteses do artigo 648 do Código de Processo Penal, constatamos a presença de questões relativas à competência, aos pressupostos processuais, à prestação de fiança, a nulidades processuais, excesso de prazo na prisão, entre outras. Por conseguinte, aqui também é inconcebível a utilização da justa causa como expressão "universal" para identificar os mais variados institutos e as mais diversas situações jurídicas. A identificação pretendida nesta posição, assim como a equivalência sugerida na anterior, não passam de meras opiniões destituídas de qualquer valor científico.

A *quinta posição* é a que visualiza a presença da justa causa com a simples descrição de fato delituoso na denúncia ou na queixa. Este entendimento é retirado da jurisprudência, donde se destacam, exemplificativamente, estes dois julgados:
- SUPERIOR TRIBUNAL MILITAR, no *Habeas Corpus* nº 27.849:
"Desde que o fato narrado na denúncia constitui, em tese, crime militar, existe justa causa para o processo, que não poderá ser trancado por meio de *habeas corpus*" (ROMEIRO NETO, *in O Direito Penal Militar Nos Casos Concretos*, pág. 76, ed. J.Konfino, 1966);
- TRIBUNAL DE JUSTIÇA DO RIO GRANDE DO SUL, no Habeas Corpus nº 15.357:
"Estando descrito, na denúncia, fato criminoso, em tese, há justa causa para a ação penal"(*in* RJ/TJRGS, 50/17).
Esta posição confunde justa causa com a descrição na inicial de um fato que, em tese, constitui crime. Contenta-se, apenas, com a *versão*, esquecendo da comprovação do fato, pois justa causa, como se verá adiante, não está no que se transcreve numa folha de papel (denúncia), mas na *prova* do que dá origem à denúncia (o fato).
- *A sexta posição* - restringe o embasamento da queixa-crime a indícios ou suspeitas - e é representada por este entendimento do SUPREMO TRIBUNAL FEDERAL:
" Para que tenha viabilidade a proposta acusatória, não basta que a queixa-crime contenha a descrição completa dos fatos criminosos e da conduta do acusado(...) é imprescindível que ela se apóie em indícios ou suspeitas fundadas, sob pena de deixar-se ao talante de arbitrárias alegações a movimentação do aparelho repressivo penal e o acarretamento de constrangimento à pessoa acusada, sem justa causa para tanto" (Inq. 112, Rel. Min. RAFAEL MAYER, *apud* Rev. STJ, Vol. 36, págs. 23 e 24).
Com o devido respeito, nos parece frágil e perigoso o entendimento que considera suficientes apenas indícios ou suspeitas, tanto para o fato quanto para a autoria, indistintamente, sem atentar para as particularidades daquele e desta. Se indícios ou suspeitas bastam para a autoria, o mesmo critério não pode valer para o fato, o qual requer *prova* e não suspeita da sua existência.
Assim, é por demais temerário admitir-se a propositura de ação penal contra alguém com base tão-somente em indícios ou suspeitas da existência de fato delituoso. Isto afronta não só ao princípio processual do *onus probandi* (art. 156 CPP), mas também ao preceito constitucional da presunção de inocência (art. 5º, LVII, CF).
A *sétima posição* é a que elimina a expressão justa causa, tendo como justificativa a heterogeneidade de tratamento e a dificuldade de conciliar di-

vergências de significações. Este é o posicionamento do já citado JOSÉ RAIMUNDO GOMES DA CRUZ, em artigo publicado na Revista "Justitia" (Vol. 58, p.70), onde sugere expressamente a sua supressão dos textos nos quais figura na nossa legislação processual penal.

A crítica que se pode fazer a esta posição é a de que ela peca por omissão, esquecendo de bem conceituar um instituto que há mais de cento e sessenta anos figura na legislação brasileira. Esta omissão por parte dos nossos doutrinadores é, na verdade, injustificável.

A oitava e última posição, como já se viu, é a que coloca a justa causa como uma das condições da ação penal. Esta corrente doutrinária foi acolhida pelo nosso direito positivo com a edição da Lei nº 5.250, de 09 de fevereiro de 1967, que regula a liberdade de manifestação do pensamento. O parágrafo 1º do artigo 44 dessa lei não deixa a menor dúvida quanto à definitiva incorporação do instituto da justa causa como uma condição da ação penal. Diz o aludido preceito: *"A denúncia ou queixa será rejeitada quando não houver justa causa para a ação penal"*.

III - Conceito de Justa Causa no Processo Penal

Posicionada a justa causa, como condição essencial para o exercício da ação penal, cabe, agora, perquirir a respeito da noção conceitual deste importantíssimo instituto jurídico.

Com efeito, o direito de petição é uma garantia tradicionalmente assegurada no constitucionalismo brasileiro e, particularmente, no capítulo dos direitos individuais da atual Constituição da República (art. 5º, XXXIV, *a*). Do *gênero*, direito constitucional de petição, decorre a *espécie*, isto é, o direito à *Provocação Jurisdicional* (P.O.C. ed. UFRGS, 1978), donde resulta, especificamente, *o direito de ação penal*.

Representa o direito de petição a forma mais ampla e democrática dos cidadãos, em geral, reivindicarem providências do Estado-Administração; ao passo que o direito de ação penal é o modo pelo qual se pode bater à porta do Estado-Jurisdição em busca de definição jurídica a respeito de uma hipótese delitiva atribuída a alguém e pretendendo o seu enquadramento em determinado *tipo penal*.

Derivam, daí, duas situações distintas: no direito de petição o postulante pede um benefício para si ou para outrem; e no direito de ação penal o acusador imputa um fato delituoso ao acusado, requerendo um malefício para ele, ou seja, uma sanção penal.

Constata-se, pois, um conflito de interesses entre o *jus persequendi* e o *jus libertatis*, cujo desate jurisdicional se dará através do devido processo e com estas diferentes facetas dos sujeitos processuais: *a tese*, *a antítese e a síntese*.

Se, de um lado, o direito de petição é amplo e ilimitado, de outro, o direito de ação penal é restrito e condicionado. Por isso - e a fim de afastar abuso de direito e prevenir lesão à liberdade individual - só se admite desencadear a ação penal se se fizerem presentes as *condições da ação*, divididas, didaticamente, em condições *gerais, especiais e formais* (P.O.C., in Legitimidade da Prisão no Direito Brasileiro, pág. 96, Sagra, 1991).

Dentre as *condições gerais* destaca-se a justa causa, como base fundamental do legítimo exercício desse direito, cujo conceito é assim proposto à consideração dos ilustres participantes deste Evento:

Justa Causa, como condição primeira para o exercício da ação penal, consiste na prova induvidosa da existência de uma hipótese delitiva e, pelo menos, em indícios idôneos de sua autoria (P.O.C., in RSP 111/59, Funcep).
O citado conceito de justa causa foi *recomendado* pela Associação Brasileira dos Advogados Criminalistas e *referendado* pela Associação Americana de Juristas (cf. "Carta de Gramado", de 02.07.95, in Jornal do Criminalista/ ACRIERGS, Nº 01, pág. 08).
Coincidentemente, o Anteprojeto de Código de Processo Penal, depois de analisado, minuciosamente, por todas as instituições jurídicas do País, optou, amadurecidamente, por um preceito que se identifica com esta posição doutrinária que temos defendido por mais de cinco lustros *(art. 9º, do Projeto Nº 633/75)*:
" Não será admitida ação penal pública ou privada sem a prova da existência do crime e indícios suficientes de sua autoria"
A ausência deste requisito básico tem levado os nossos Tribunais a conceder ordem de *habeas corpus* por falta de justa causa, trancando a ação penal que for exercida abusivamente ou que resultar de pura criação mental do acusador *(RF 150/393; RTJ 90/1014; RJ/TJRGS 98/32)*.
Assim, promover a instauração de processo penal sem prova pré-constituída da existência do fato e indícios da autoria, é promover *denúncia vazia*, destituída de qualquer suporte fático (CPP, arts. 12, 27, 39, § 5º), afrontando ao princípio da *presunção de inocência* não só no âmbito constitucional brasileiro (CF, art. 5º, LVII), mas também no plano internacional (DUDH, art. 11).
Eis por que convém sublinhar alguns esforços legislativos direcionados ao conceito de justa causa, aqui defendido:
* Em 1963, o Prof. HÉLIO BASTOS TORNAGHI registrou no seu Anteprojeto de Código este preceito no artigo 23:
"A denúncia terá de ser apresentada sempre que houver: *a) prova de fato que, em tese, constitua crime;*
b) prova que abone a suspeita de autoria" (g. n.).
* O Código de Processo Penal Militar (Decreto-Lei nº 1.002/69), inspirado no Projeto TORNAGHI, instituiu esta regra no seu artigo 30, estabelecendo, então, os limites legais da obrigatoriedade de denunciar:
"A denúncia deve ser apresentada sempre que houver:
a) prova de fato que, em tese, constitua crime;
b) indícios de autoria"(g. n.).
* E, na Câmara dos Deputados, durante a tramitação do Projeto nº 633/75, que instituía o Código de Processo Penal (o qual chegou a ser aprovado por unanimidade, mas quando tramitava no Senado Federal sob o nº 05/78, foi, lamentavelmente, retirado pelo Poder Executivo, através de Mensagem Presidencial de 30.08.78), *foram apresentadas duas importantes emendas:*
Emenda nº 8, de autoria do Deputado JOSÉ BONIFÁCIO NETO, equiparando a expressão *justa causa* a estes elementos:
"prova da existência do crime e indícios veementes da autoria" (g. n.);
Emenda nº 9, apresentada pelo Deputado LIDOVINO FANTON:
"Dê-se ao parágrafo único do art. 8º a seguinte redação: *Para que haja justa causa é necessário:*
a) prova de fato que, em tese, constitua crime; b) prova que abone fundada suspeita de autoria" (g. n.).

* Destas emendas, cabe destacar este tópico do Parecer proferido pelo Deputado SANTOS FILHO, Sub-Relator da Comissão Especial do Projeto: "A linguagem empregada pelo Projeto nos parece incensurável, *pois, em não havendo prova da existência do crime e indícios de autoria, não haverá justa causa para a ação penal*" (g. n.).
Saber, com clareza e precisão, em que consiste a imputação que lhe é feita, é, hoje, um direito indiscutido e indiscutível de todo e qualquer cidadão (RTJ 33/430), não apenas para poder bem se defender, mas para possibilitar a justa prestação jurisdicional da *res judicanda* no processo penal.
Por estas considerações, a nossa sistemática jurídica nos autoriza a dizer que o conceito de justa causa se assenta em dois sólidos pilares:
a) na prova da existência de uma hipótese delitiva;
e
b) na prova ou, pelo menos, em indícios idôneos de sua autoria.
IV - Crítica ao Sistema Brasileiro
Por outro lado, além do desleixo doutrinário na elucidação conceitual da justa causa, o próprio direito positivo brasileiro tem incentivado esta instabilidade processual, como se verifica de diversos dispositivos legais. Senão vejamos, exemplificativamente:
1 - *Código de Processo Penal*
A) "Art. 386 - O juiz absolverá o réu, mencionando a causa na parte dispositiva, desde que reconheça: (...) II - *não haver prova da existência do fato*" (g.n.). Idêntico preceito encontramos no artigo 439, letra *a* do Código de Processo Penal Militar.
É inconcebível que tal fundamento figure como *regra para toda sentença final*, admitindo-se, pois, que todo e qualquer processo possa ser instaurado *sem a prova da existência do fato*. Inexistindo, previamente, esta prova, o Magistrado não deverá sequer receber a peça inicial por falta de justa causa, ou melhor, por carência de ação.
No entanto, caso tenha recebido, desapercebidamente, a peça acusatória com esta gravíssima falha, o titular do poder jurisdicional há de ter a dignidade de reconsiderar a qualquer momento aquele despacho para o fim de rejeitá-la, ou, então, ter a coragem funcional de conceder *habeas corpus* de ofício com o mesmo objetivo, respeitada, apenas, a hierarquia judiciária.
Desta forma, quando se fizerem presentes os requisitos necessários à sua instauração, o processo será o meio legítimo para a aplicação do Direito e a realização da Justiça, assim como o instrumento adequado e seguro para garantir ao acusado a observância do princípio da ampla defesa e, até, para demonstrar a sua inocência, embora este *status* deva perdurar até o trânsito em julgamento da sentença penal condenatória (art. 5º, LVII, CF).
B) "*Art.* 513 - Nos crimes de responsabilidade dos funcionários públicos, cujo processo e julgamento competirão aos juízes de direito, *a queixa ou a denúncia será instruída com documentos ou justificação que façam presumir a existência do delito ou com declaração fundamentada da impossibilidade de apresentação de qualquer dessas provas*" (g. n.).
O texto ora transcrito não resiste à crítica mais elementar por permitir a propositura da ação penal, insuficientemente instruída com documentos que levam apenas à presunção *(e não à prova da certeza)* da existência do delito ou *(o que é mais reprovável)* com declaração da impossibilidade de

apresentação de qualquer dessas provas, isto é, tanto da que se refere à existência do fato quanto à dos indícios da autoria.

Admitir este absurdo é admitir denúncias vazias e processos fantasmas, fabricados para satisfazer interesses escusos e inescrupulosos, dando vazão à chicana e a constrangimentos ilegais até o pronunciamento jurisdicional, que, fatalmente, deverá levar à absolvição do acusado por não haver *prova* da existência do fato e por *não existir* prova ou indícios da autoria.

Este procedimento especial não só ignora as conquistas dos direitos individuais e das garantias processuais, como também estabelece forma retrógrada, anticientífica e altamente perigosa a qualquer servidor público federal, estadual ou municipal, que venha a ser acusado da prática de algum delito funcional (arts. 312/327, CP).

2 - *Lei nº 8069/90 (Estatuto da Criança e do Adolescente). Art. 182, § 2º* : "*A representação independe de prova pré-constituída da autoria e materialidade*"
A exemplo dos dois anteriores, este preceito é deplorável, pois admite que alguém possa ser processado sem qualquer prova da existência do fato e indícios da autoria.

A supracitada representação está equiparada à denúncia, de cujo processo poderá culminar a aplicação das sanções penais enumeradas no artigo 112 do ECA, além da pesada pena de sujeitar o adolescente a um *processo fictício*, que, nos termos desta lei, não precisa assentar-se na *prova* da materialidade e da autoria, mas em simples suposição, suspeição, presunção - e por que não dizer - na imaginação e na subjetividade de um acusador...
A mencionada regra - que coloca todo adolescente sob suspeita e, potencialmente, no banco dos réus - foi aprovada, desavisadamente, pelas duas Casas do Congresso Nacional e promulgada, desassessoradamente, pelo Presidente da República, retroagindo ao tempo do inquisitorialismo, pois foi esquecido por todos que o ônus da prova é de quem acusa (CPP, art. 156). Ademais, em se tratando de justa causa, como condição primeira para o exercício da ação penal, a análise da prova da materialidade e indícios da autoria deve ser feita *previamente*, por ocasião da instauração do processo *e não ao seu final* (art. 189, II), o que é mais uma impropriedade desta lei.
Mas, se houve *cochilo* do Legislativo, que elaborou esta norma, e do Executivo, que a sancionou, - o Judiciário, certamente, estará atento a esta incongruência para o fim de conceder *habeas corpus* voluntário ou de ofício, trancando eventual atuação acusatória, que se pretender, absurdamente, processar um adolescente sem qualquer elemento probatório da materialidade e da autoria. A propósito, o Desembargador SÉRGIO GISCHKOW PEREIRA, em recente julgamento (TJ/RGS PROC. nº 597009232), proferiu brilhante voto, do qual se transcreve este trecho: "Não entendo que a regra que faz independer a representação de prova pré-constituída da autoria e materialidade esteja em harmonia com essa absoluta priorização do respeito à liberdade, à dignidade do adolescente; e também não entendo que não esteja ocorrendo uma verdadeira discriminação aos menores(...), porque sabemos perfeitamente que da aplicação do Estatuto pode resultar, como providência, a internação do menor. Portanto, está em jogo o que diz com a liberdade. (...) Considero também que não atende ao requisito do respeito à dignidade do menor estarmos admitindo que ele seja submetido a um procedimento, quando não há nenhuma prova sequer da materialidade e também não há nenhum indício de autoria. (...) Acredito, portanto, que de

fato exorbitou, neste ponto, o Estatuto da Criança e do Adolescente e que a norma fere a Constituição Federal".
Organizado por OLÍRIO CAVALIERI, a Editora Forense publicou em 1995 o livro intitulado *"Falhas do Estatuto da Criança e do Adolescente"*, donde se retiram estes abalisados depoimentos:
- SAMUEL ALVES DE MELLO JÚNIOR: "O parágrafo 2º do art. 182 abre a possibilidade de o Ministério Público fazer uma 'denúncia' sem prova pré-constituída de autoria e da materialidade da infração, enquanto se fala em dar efetivas garantias constitucionais ao menor como cidadão. Onde, está, a tão apregoada garantia?";
- LIBORNE SIQUEIRA: "O art. 182, parágrafo 2º do Estatuto diz que a representação, entenda-se como denúncia, independe de prova pré-constituída da autoria e da materialidade. É norma fascista, arbitrária e hiperprocessual-penal, não aplicável nem mesmo para o adulto";
- ROSÂNGELA ZAGAGLIA: O preceito "fere princípios de proteção integral, indo além do Código de Processo Penal".
No mesmo sentido é o entendimento da Professora TÂNIA DA SILVA PEREIRA (*in* Revista Literária de Direito, nº 16, pág. 29)
Como se verifica, o mencionado preceito legal colide com a letra e com o espírito da nossa Carta Política, pois: *a)* Não se coaduna com o fato dos maiores de 18 anos disporem da garantia processual da justa causa, como condição *sine qua non* para o exercício da ação penal (podendo até ocorrer o seu trancamento, mediante a impetração de *habeas corpus*, cf. art. 648, I, CPP), e os menores terem de suportar um processo, cuja instauração carece de justa causa, havendo, pois, *manifesta desigualdade* em relação aos menores; *b)* Ter ciência dos termos da acusação e, sobretudo, *conhecer as provas* que a instruíram é imprescindível para poder exercer a amplitude do direito de defesa, (art. 5º, LV); *c)* A norma constitucional garante, *com absoluta prioridade, o pleno e formal conhecimento do ato infracional, a igualdade na relação processual e a defesa técnica ao adolescente* (art. 227, § 3º, IV); *d) e esta lei*, ao estabelecer que a instauração de processo contra o adolescente independe de prova da autoria e materialidade (art. 182, § 2º), *nega os compromissos instituídos pela nossa Lei Maior*.
Por estas razões, o preceito do parágrafo 2º do artigo 182 do ECA é *ilegítimo e inconstitucional*.
Por conseguinte - relembrando a memorável lição de RADBRUCH, para quem *"há leis que não são direitos e Direitos que estão acima das leis"* - é oportuno invocar a incidência do sábio brocardo latino *"Pro Jure Quamvis Contra Legem"* e dizer que, nestes casos, estamos Com o Direito Ainda que Contra a Lei.
V - *Direito Comparado: Hispano-Luso-Brasileiro*
Face a estas breves considerações em torno do nosso direito positivo, cabe registrar que à semelhança do que ocorre no Brasil, os demais países deste continente sofrem do mesmo mal: *carecem da garantia processual da justa causa e de uma adequada conceituação do instituto*.
Tal situação advém, primordialmente, da implantação do *sistema inquisitório* (instituído por Inocêncio III, no Concílio de Latrão, em 1215, e "codificado" em 1.484 por Inocêncio VIII), alastrando-se por todo o continente europeu, inclusive pelos tribunais civis, particularmente em Portugal e na

Espanha, onde se adotaram as práticas desumanas dessa filosofia, em que os acusados só tinham o direito de não ter direito algum.
Foram estes dois povos que transplantaram aquele regime para o continente latino-americano, regulando nossas relações jurídicas durante séculos e deixando a marca decisiva da influência do procedimento inquisitorial (J.F. MARQUES, in *Elementos de Direito Processual Penal*, Vol. I, pág. 89, Forense, 2ª edição).
A propósito desta influência, escreve o nosso JOÃO MENDES DE ALMEIDA JÚNIOR:
"Se no direito e no processo civil, prevaleceu o Direito Romano, o mesmo não aconteceu no processo criminal, onde as formas do Direito Canônico tiveram a mais decisiva preponderância, quer quanto ao pro-cesso escrito, quer quanto ao sistema inquisitório" (*in O Processo Criminal Brasileiro*, Vol. 1º, pág. 102, 3ª edição, Livraria Francisco Alves, 1920).
Como resultado, não só tivemos Códigos que já nasceram ultrapassados no tempo e no espaço, mas que ainda perduram por mais de um século (Código de Procedimentos em Matéria Criminal da Argentina, de 1888; Código de Procedimentos Penais do Paraguai, de 1890; e Código de Processo Criminal do Chile, de 1906), ignorando a evolução do direito processual penal e os avanços dos Direitos Humanos, especialmente da quase cinqüentenária Declaração Universal dos Direitos do Homem, cuja sessão histórica da ONU, em 10 de dezembro de 1948, foi presidida pelo brasileiro OSWALDO ARANHA.
E os citados povos, cujas legislações nos influenciaram decisivamente, ainda não se libertaram, de todo, do *sistema inquisitório*. A ESPANHA, com a *Ley de Enjuiciamiento Criminal* de 1882, continua determinando que os agentes do Ministério Fiscal devem promover *"todas las acciones penales que consideren procedentes"* (art. 105, LECRIM), sem estabelecer, contudo, os critérios objetivos desse entendimento e omitindo-se quanto à prova do fato e indícios da autoria; e PORTUGAL - mesmo tendo substituído o Código de Processo Penal de *1929* (Decreto nº 16.489, de 15.02.29) pelo de *1987* (Decreto-Lei nº 78, de 17.02.87) - ainda permite que alguém possa ser processado apenas por indícios, carecendo, pois, de justa causa:
Art. 283.
1. Se durante o inquérito tiverem sido recolhidos indícios suficientes de se ter verificado crime e de quem foi o seu agente, o Ministério Público deduz acusação contra aquele.
2. Consideram-se suficientes os indícios sempre que deles resultar uma possibilidade razoável de ao arguido vir a ser aplicada, por força deles, em julgamento, uma pena ou uma medida de segurança.
 Com se vê, a vetusta legislação espanhola *é omissa*, totalmente, a respeito; e a portuguesa é, no mínimo, *equívoca*; vigorando, em ambas, a interpretação eminentemente *subjetiva* do Ministério Público, que pode denunciar sem qualquer critério objetivo.
Como já foi acentuado, os indícios - idôneos ou suficientes - estão para a autoria e não para o fato, pois em relação a este é necessário *prova e não indício*. Neste ponto o atual Código Lusitano regrediu para bem antes do antigo Código de 1929, pois o artigo 345 do diploma revogado estatuía preceito mais consentâneo:

"Se não houver *prova bastante* dos elementos da infração ou de quem foram os seus agentes, aguardará o processo a produção de melhor prova..." (g.n.).

Os indícios *"suficientes"* do atual sistema português, assim como os *"procedentes"* do espanhol, resultam da convicção íntima do acusador e não de prova objetiva da materialidade. São preceitos que valorizam o arbítrio de quem acusa, carecendo de elementos concretos e objetivos.

Aqui no Brasil - uma ação penal promovida com base no artigo 283, nº 1, do CPPP, ou no artigo 105 da LECRIM - certamente seria trancada e extinto o processo pela concessão de *habeas corpus por falta de justa causa*, nos termos do artigo 648, inciso I, do nosso Código de Processo Penal.

Com efeito, o princípio da *presunção de inocência* - previsto tanto na Constituição Portuguesa (art. 32, nº 2), quanto na Espanhola (art. 24, nº 2) e na Brasileira (art. 5º, LVII) - só pode ser quebrado em duas únicas circunstâncias:

a) *materialmente*, com o trânsito em julgado da sentença penal condenatória;

b) *formalmente (ou processualmente)*, com a presença de justa causa para o exercício da ação penal.

No direito brasileiro, estando preso o indiciado, o inquérito policial deve ser concluído em *dez* (art. 10, CPP) ou em *quinze dias* (art. 66, Lei nº 5.010/66) e a inobservância deste prazo legitima a concessão de *habeas corpus* por excesso de prazo na formação da culpa (art. 648, II, CPP), cuja contagem deve ser feita *isoladamente* (RTJ 58/388). Em Portugal, é o Ministério Público que realiza o inquérito (art. 263 CPPP). E, estando o arguido preso ou em regime de prisão domiciliar (art. 276, CPPP), também cabe *habeas corpus* (art. 222, nº 2, letra *c*, CPPP) se houver excesso do longo prazo legal, que, no caso, é de *seis meses*. Convenhamos, é muito tempo para que alguém, presumido inocente pela Constituição, permança preso, enquanto são procurados apenas *indícios suficientes*, a juízo exclusivo do Ministério Público.

A propósito, o Centro de Estudos Judiciários de Portugal promoveu um Ciclo de Conferências sobre o Novo Código de Processo Penal, do que resultou a publicação de um livro contendo a Primeira Fase das Jornadas de Direito Processual Penal. Dentre os inúmeros trabalhos, é oportuno destacar esta lição do Doutor JOSÉ SOUTO DE MOURA:

"*O Código não parece ser muito exigente para que os indícios se reputem 'suficientes'. No artigo 283, nº 2, do Novo Código de Processo Penal, fala-se não em 'forte possibilidade' ou 'possiblidade séria' de condenação. Basta uma possibilidade 'razoável', a juízo do Ministério Público*". (Ed.Livraria Almedina, Coimbra, 1989, ob. cit., pág. 115).

Concluindo esta primeira parte, - Inobstante o aparecimento do sistema acusatório, valorizado pela Ordenação Francesa de 1539, bem como sua lenta, mas constante difusão; embora tenha surgido o sistema misto e com ele o *Code d'Instrucion Criminelle de 1808*, por influência da Declaração de Direitos de 1789; mesmo assim o sistema inquisitório sempre contou com o apoio de aliados inseparáveis, fortes e poderosos: os governos despóticos ou ditatoriais, que de tempos em tempos aparecem no curso da história para infelicitar a humanidade.

É por isso que, ainda hoje, encontramos nas diferentes legislações preceitos inspirados no inquisitorialismo, como resultado da pressão desta espécie de governantes, que, da mesma forma que esmagam, que usam e que escravizam o seu povo, procuram esmagar, usar e escravizar o Direito, não só para manterem os seus privilégios, mas para se perpetuarem no poder.

E objetivando a sonhada, mas difícil, varredura do inquisitorialismo do nosso Continente, estamos apresentando uma dupla proposição: 1ª) submeter o conceito de justa causa à judiciosa apreciação dos ilustrados juristas deste evento multinacional; e, 2ª) sugerir a adoção do instituto da justa causa, ou do seu conteúdo, como garantia processual do cidadão, a figurar na ordem jurídica de cada País.

VI - Justa Causa no Direito Penal

Cabe acrescentar, ainda, uma palavra sobre a *justa causa* no Direito Penal. Bem ao contrário do que ocorre no Processo Penal, onde se constatou, no mínimo, oito posições diferentes a respeito do instituto da justa causa, no Direito Penal as divergências são menores, podendo se afirmar, num primeiro momento, que o uso da expressão *"justa causa"* até tem significado convergente para um único direcionamento, ou seja, *para excluir a incidência penal na conduta do agente.*

Tanto é assim que os tipos penais não valorizam a expressão *"justa causa"*, e sim a alocução *"sem justa causa"* para a configuração de hipóteses delitivas. Vejamos, exemplificativamente, os preceitos dos artigos 135, 153, 154, 244, 246, 248 do Código Penal.

A mesma orientação é seguida pelo Código Penal Militar, nos artigos 201, 228, 230 e 349.

Como se vê, o emprego da expressão *"sem justa causa"* integra o tipo na configuração da conduta delitiva, ao passo que, *havendo justa causa,* a ação ou omissão fica excluída do mundo jurídico penal.

Por conseguinte, justa causa, considerada isoladamente em cada caso, equivaleria a uma excludente a mais no elenco de especificações do artigo 23 do Código Penal; e, visualizada de forma genérica, compreenderia todas as excludentes englobadamente, equiparando-se, assim, ao instituto da *inexigibilidade de conduta diversa,* concebida doutrinariamente e valorizada na legislação penal e processual penal militar (art. 39, *in fine,* CPM c/c art. 439, letra *d* CPPM).

Com efeito, as causas de exclusão da ilicitude - assim consideradas excludentes, justificativas ou descriminantes - podem ser divididas em duas grandes categorias: as *exemplificativas e as taxativas,* abrindo-se neste ponto, um inconciliável debate doutrinário.

As *primeiras* não se esgotam nas especificações legais, como ocorre no Código Penal Português de 1982, o qual contempla uma cláusula âmpla de justificação, admitindo que o *"facto não é criminalmente punível quando a sua ilicitude for excluída pela ordem jurídica considerada na sua totalidade"*(art. 31, nº 1).

As *segundas* estão enumeradas nos tipos penais permissivos, sujeitas ao princípio do *numerus clausus,* como, aparentemente, se dá com o Código Penal e o Código Penal Militar, nos artigos 23 e 42, respectivamente.

O Professor *PAULO JOSÉ DA COSTA JÚNIOR,* porém, considera o nosso sistema *omisso,* possibilitando o reconhecimento de causas extralegais de ilicitude (descriminantes tácitas ou não codificadas) e conclui:

"*As causas de justificação não são apenas aquelas que o Código enumera, porque a juridicidade ou a antijuridicidade deve ser encarada em face de todo o direito positivo, considerado unitariamente*" (in, Direito Penal Objetivo, pág. 62, 1º ed. FV).

A propósito, é oportuno sublinhar, entre outras, estas duas referências inseridas nos *Comentários ao Código Penal Brasileiro*:
- *Quanto à divulgação de segredo (arts. 153 e 154, CP)*, assim preleciona HUNGRIA, estreitando a sua compreensão:
"*Somente exclui o crime a justa causa, entendendo-se por tal toda causa explícita ou implicitamente, direta ou indiretamente, aprovada pela ordem jurídica.*
Assim, constituem justa causa: a) o consentimento do interessado (pois se trata, na espécie, de direito disponível); b) a faculdade de comunicação de crime de ação pública (art. 5º, § 3º, do Cód. de Proc. Penal); c) o dever de testemunho em juízo; d) a defesa de direito ou interesse legítimo; e) comprovação de crime ou sua autoria (art. 240, § 1º, letra *f*, do Cód. de Proc. Penal)". (Vol. VI, pág. 253, Forense, 4ª edição).
- *Quanto ao abandono intelectual (art. 146 CP)*, CÔRTES DE LACERDA adota posição mais flexível:
"*O texto legal acentua que a existência do crime está subordinada à ausência de justa causa. Todo impedimento de força maior é justa causa; mas não só: dificuldades de ordem econômica da família, quando, por exemplo, a escola fica longe e a família não dispõe de meios para pagar o transporte, podem constituir justa causa. Ao juiz compete aferir quando o dolo é excluído pela justa causa*". (Vol. VIII, pág. 446, Forense, 4ª edição).
Enquanto a concepção de HUNGRIA pode ser considerada restritiva, aproximando-se do entendimento de MICHELE LONGO (in *Comentários ao Código Penal Italiano*, pág. 499), - a posição de CÔRTES DE LACERDA é mais liberal, identificando-se com a lição do Mestre FLORIAN (apud N.Hungria, in Comentários ao Código Penal, Vol. VI, pág. 253, Nota 89, Forense, 4ª ed.):
"*A expressão justa causa é de se entender com maior amplitude, pois poderá haver causa justa não só na estrita previsão legal, mas também no âmbito da moral, do social, da política e da religião*".
Face à omissão do nosso sistema, que não impede o reconhecimento de causas extralegais de ilicitude, nos alinhamos com esta última corrente doutrinária, que alarga os horizontes da justa causa no Direito Penal.
E finalizando estas considerações, nos colocamos à disposição do plenário para debater os temas abordados e conceitos aqui emitidos.

---

[18] Segundo informam os autores, Carlos I - tido pelos súditos como perigoso papista e malquisto pela confiança com que distinguia o odioso duque de Buckinghan - teve aumentada a sua impopularidade quando dissolveu o Parlamento por quatro vezes sucessivas porque lhe recusara subsídios e também lhe fizera justas reclamações. Este clima foi agravado quando se lançou, sem autorização parlamentar, determinado imposto geral e compulsório - *Ship Money* - desencadeando uma reação nacional, especialmente com a adoção de toda sorte de ameaças, represálias e medidas violentas, culminando nesta situação: os homens do povo, quando se recusavam a "contribuir" eram levados à força para o serviço da marinha; os nobres

eram constrangidos a comparecer perante o Conselho Privado do rei, de onde eram remetidos, muitas vezes, para as prisões.
Dentre os nobres que assim foram tratados achavam-se os fidalgos Hampden, Corbet, Darnel e Heveningham, os quais, reagindo, impetraram um pedido de *habeas corpus*, que lhes foi concedido. No entanto, apresentada a ordem ao carcereiro, este respondeu que os fidalgos se encontravam presos por ordem especial do Conselho Privado do rei, negando-se a fornecer maiores informações porque o Conselho possuía motivos particulares para aquelas detenções, tratando-se, pois, de vontade especial de sua majestade.
"Daí surgiu a questão - escreve Pontes de Miranda - de se saber se tal resposta era bastante, em direito, para justificar a detenção sem justa causa ou sem comunicação, ou para que indivíduos detidos continuassem na prisão sem justa causa ou sem comunicação, ou mesmo para que indivíduos detidos continuassem na prisão sem meios de livramento. As atenções incidiram sobre o caso. Alvoroçaram-se os juristas. Todos sabiam que a detenção era o recurso e o castigo de que, em seu prurido de coação, lançavam mão os conselheiros para imporem o imposto arbitrário. Urgia a solução. Sabedores de leis explanaram os seus pareceres, estribados em máximas e em precedentes. Espíritos liberais viram na transparência verbal da Magna Carta a resposta irrecusável e cabal. Não pensavam assim os adeptos da prerrogativa. O privilégio fundamental de que todo homem livre deveria gozar - '*No free man shall be taken, or imprisoned*' - uma vez que não estivesse condenado por seus pares ou conforme a lei do país, nunca fora até esse tempo tão examinado, esmerilhado e controvertido. Nay Selden e outros advogados célebres do tempo patrocinavam a causa dos impetrantes. A Coroa teve na eloqüência ardilosa do Procurador-Geral Heath o seu poderoso defensor. Aqueles fundavam o pedido no Capítulo XXIX da Magna Carta: 'Nenhum homem livre será preso, nem detido, sem julgamento legal de seus pares e conforme a lei do país'. Articularam razões; ajustaram argumentos; afiaram terríveis processos de boa lógica; e trouxeram à discussão vários textos, que confirmavam o magno princípio invocado. Não se esforçara menos o oficial da defesa. A desobediência ao princípio do Capítulo XXIX do grande pacto, a que nem sempre se eximiram os Conselhos Privados dos reis, também servia de precedente.
O que ressalta é que de um lado e de outro se apresentaram interpretações importantes, originadas de épocas anteriores. No 25º ano do reinado de Eduardo III, por exemplo, se ordenara que ninguém fosse detido a mandado do rei, ou de seu Conselho, sem que houvesse acusação legal e procedente, ou *writ* de direito comum. Muitos legistas, já nesse tempo, pensavam que o Conselho devia e era obrigado a designar, nos mandados de prisão, as razões necessárias para esclarecer a Corte de Justiça. O que é certo, no entanto, é que, furtando-se capciosamente a isso, os detentores começaram a apresentar os pacientes como suspeitos de traição e várias vezes com as simples palavras - *ver speciale mandatum regis* - como se bastassem para legalizar e validar e ordem. Não se submetiam a esse processo ilegal, felizmente, muitos juízes, e um deles, MARKHAM, disse ao próprio Eduardo VI: 'O rei não pode prender homem suspeito de traição ou de felonia; e isso porque, se o rei comete uma injustiça com essa detenção (*if the arrest be illegal*), o paciente não tem remédio algum contra ele" (LORD MACAU-

LAY, *Critical and historical Essays*, 67). Um dos advogados, Selden, sustentava que nem a palavra, nem a ordem escrita, nem qualquer outro ato do rei eram suficientes, 'aos olhos da lei', para encarcerar ou deter qualquer de seus súditos, nem para dilatar o prazo das prisões.
A todos os partidários da liberdade individual, o Procurador-Geral Heat respondia com habilidade notável, joeirando e floreando o discurso de máximas sobre a prerrogativa, a querer sugerir que os juízes ali se achavam, não para decidir em casos tais, mas apenas para obedecer. 'Essa forma de prisão', sofismava Heath, 'não se subordina às vias legais e ordinárias, pois é conforme ordem expressa de nosso Rei e Senhor, o que implica, não simples detenção, mas detenção extraordinária, que dimana do fato e da vontade imediata de sua Majestade'. Estudou, em seguida, a natureza do poder absoluto do rei, acentuando a distinção entre esse poder e o emanado da lei. Frisou a preponderância daquele. O rei não podia malfazer: era infalível, uma vez que não tinha *de que prestar contas*. Mostrou precedentes; escandiu frases sentenciosas; discutiu questões afins; ajustou, confundiu; episodiou casos anteriormente resolvidos; e desses precedentes e da porção de fatos que historiara concluiu pela desnecessidade de razões ou de motivos em casos de prisão efetuada à ordem do rei, ou de seu Conselho Privado, em nome dele. Os juízes, depois de "serenidade superficial" (no dizer de H. HALLAM), decidiram em favor da Coroa, e os impetrantes sofreram a coação. Abrira-se, assim, mais uma vez, o lastimável precedente de que as quatro palavras - *per speciale mandatum regis* - eram suficientes para justificar a restrição da liberdade individual, ainda em se tratando de fidalgos. Era a violação clara, inocultável, do pacto conquistado pelos barões em 1215. Os Ingleses irritaram-se. A revolta contra Carlos I espraiou-se. Fez-se popular. Desde as gentes das cidades até a massa dos *freeholders*, ou pequenos proprietários, todos os súditos se puseram em decisiva oposição. Diante da situação, que se adivinhava crescente de gravidade, Carlos I convocou, a contragosto, o Parlamento, soltando, antes da reunião, muitos dos *gentlemen* e dos populares que se tinham recusado ao pagamento do imposto.
O parlamento de 1628 foi convocado com o intuito principal de amainar a reação; mas sob a condição expressa de não se falar, nele, do primeiro ministro. Buckingham era acusado de responsável pela guerra com a Espanha. Em vez de apagar, com habilidade e prudência, a desinteligência que havia entre o rei e as Câmaras, precipitou a guerra, querendo vingar-se daquela nação de que tinha ressentimentos pessoais. Prometida toda moderação, reuniu-se o Parlamento. Data desse tempo a Petição de Direitos (3 Car. I c. 1), em que os lordes, espirituais e temporais, bem como os Comuns reunidos em assembléia, requerem que - de acordo com estatuto do reinado de Eduardo I, conhecido pelo nome de estatuto de *tallagio non concedendo* - não se lançassem mais impostos sem o consentimento dos arcebispos, bispos, condes, barões, cavaleiros, burgueses e outros homens livres das comunas. Lembrava, outrossim, que o Parlamento convocado no 25º ano do reinado de Eduardo III declarara e estabelecera que ninguém poderia ser, de futuro, constrangido a dar dinheiro ao rei, porque isso seria contrário à razão e aos costumes do país. Verberava que, não obstante essas disposições autorizadas, bem como muitas outras leis do reino, recusando-se o povo ao pagamento do imposto, o obrigassem a comparecer perante

o Conselho Privado, contra todas as leis do país. Alguns eram presos, ou de qualquer modo coagidos. Invocava a respeito a grande Carta das liberdades e o estatuto do 28º ano do reinado de Eduardo III a propósito das prisões ilegais, e solicitava afinal: a) o restabelecimento irrecusável do *habeas corpus*; b) que ninguém pudesse mais ser constrangido a dar dinheiro, a pagar impostos, ou a fazer presentes, sem o consentimento necessário dado por lei do Parlamento *(act of Parliament)*; c) que em casos de recusa não se poderia prender, molestar, ou afligir quem quer que fosse. A situação, contudo, permanecia assaz grave. O próprio Strafford, que redigira a Petição, com rara combinação de audácia e de baixeza (JOHN LORD, Oliver Cromwell, *Modern Eloquence*, V, 793), já aconselhava o rei a preservar em seus instuitos... uma vez que era preciso o tal imposto. Queria, com isso, provocar maior indignação, acirrar os ódios e, conseqüentemente, tornar possível, se não inevitável, o assassínio de Buckingham, seu inimigo pessoal. O seu desígnio realizou-se. Tão extremada era a fúria e tão rancorosa a antipatia que pelo duque tinha o povo inglês, que Felton, o assassino, estava convencido do serviço que prestava 'à pátria, com esse crime'.

As datas principais, referentes à *Petition of Rights*, são: 8 de março de 1628, quando se discutiu não poderem ser violadas as leis de *habeas corpus*; 28 de maio, quando se pediu ao rei o seu consentimento para a Petição; e 7 de junho do mesmo ano, quando esse consentimento foi dado aos suplicantes." (*in Comentários à Constituição de 1967*, tomo V pp. 297/300, ed. RT).

Finalmente, é oportuno sublinhar que a Petição de Direitos - redigida por Thomas Wentworth, que depois tornou-se conhecido pelo nome de Strafford - não apresentava inovações em seu conteúdo, apenas solicitando nova confirmação das velhas liberdades inglesas para que se garantisse, no reinado de Carlos I, os mesmos direitos conquistados ao tempo Henrique I, Eduardo e João (com a Magna Carta). Por isso, ela trazia em quase todos os capítulos ou articulados estas expressões, secularmente conhecidas: *"os estatutos"; "as outras boas leis deste reino"; "as leis do país"; "os livres costumes";* etc.

[19] *Habeas Corpus Act*, de 1679: "1º Que, sobre queixa e requerimento por escrito, feito por um preso ou a favor de um preso, acusado de um crime qualquer, salvo felonia ou traição claramente declarado na ordem de prisão e salvo condenação pronunciada, o *lord chanceler* (ou qualquer dos doze juízes, em tempo de férias), à vista de uma cópia da ordem de prisão ou sob afirmação jurada e por escrito de ter sido recusada esta cópia, deve expedir a favor do preso um *writ* de *habeas corpus*, que será executado imediatamente; e se o caso admitir fiança, a parte será imediatamente admitida a prestar caução, dando fiadores do seu comparecimento em juízo;

2º Este *writ* deve ser assinado pelo magistrado que o expedir; e no verso deve ser declarado que é expedido em execução do estatuto;

3º O relatório ou informação em cumprimento do *writ* e a apresentação do preso, devem ser feitos em um tempo determinado em razão das distâncias, mas que, em caso algum, pode exceder de vinte dias;

4º Os prepostos e guardas que deixarem de dar o devido expediente ao ato e à informação, ou que não derem ao preso ou a um agente uma cópia da ordem de prisão, ou que transferirem o preso de uma prisão para outra sem razão ou autoridade suficiente (especificada no ato), serão condenados pela primeira vez a 100 libras e pela segunda a 200, pagáveis à parte agravada, além de serem declarados incapazes de exercer seu emprego.

5º A pessoa uma vez posta em liberdade em virtude de *habeas corpus* não poderá ser novamente presa pela mesma causa, sob pena de 500 libras de multa.

6º Toda a pessoa presa por traição ou felonia, deve se, o requerer na primeira semana do termo seguinte, ou no primeiro dia da sessão seguinte de *oyer e terminer*, ser apresentada perante o grande júri neste termo ou nesta sessão; se não o for, será admitida a caução, a menos que as testemunhas da parte pública não possam ser produzidas neste tempo; e se o preso é absolvido ou se o seu processo não passar ao grande e ao pequeno júri no segundo termo, a sessão, deve ele ser descarregado da pena de prisão pela ofensa que a motivou como lhe sendo imputada: mas nenhum preso pode ser solto por *habeas corpus*, após a abertura das *assises* para o condado no qual é ele detido, até que estas *assises* estejam terminadas; ele deve ser deixado ao julgamento dos juízes de *assise*.

7º Todo o preso, e então sem exceção alguma, pode apresentar petição motivada e obter *habeas corpus*, tanto da Cancelaria ou do Exchequer, como do *King's bench* ou da *Common Pleas*; e o *lord chanceler* ou os juízes que recusaram conceder este *habeas corpus* à vista da ordem de prisão, ou sob a afirmação da recusa da cópia desta ordem sofrerão cada um separadamente uma multa de 500 libras, pagável à parte agravada.

8º Este *writ* de *habeas corpus* será admitido nos condados palatinos, nos cinco portos e outros lugares privilegiados, e nas ilhas de Jersey e de Guernesey.

9º Nenhum habitante da Inglaterra (à exceção das pessoas que contratam para este efeito, ou que, condenados à morte, solicitam a pena da transportação, ou que cometerem algum crime capital no lugar para onde devem ser transportados) - poderá ser remetido preso para a Escócia, para a Irlanda, para Jersey ou Guernesey ou para qualquer outro lugar de além-mar, quer no domínio, quer fora do domínio do rei; sob pena para pessoa que isso tenha ordenado, assim como para seus conselheiros, auxiliares e outros que para isso tenham contribuído, de uma multa em proveito da parte lesada, que não poderá ser inferior a 500 libras e ao triplo das despesas, além de serem declaradas incapazes de ocupar nenhum emprego lucrativo ou de confiança e de incorrerem nas penas do *proemunire* (*); e isto sem recurso ao perdão do rei."

(*Determinados crimes especiais a que eram impostas penas de multa e desterro, cominadas através de um *writ*, que começava com esta expressão - *proemunire facias*...)

[20] Comentários, I, 239.

[21] "Quando, no decorrer dos negócios humanos, torna-se necessário a um povo romper os laços políticos que o ligam a outro e assumir, entre as potências da terra, a situação separada e igual a que os credencia as leis da

Natureza e da Natureza de Deus, o mero respeito pelas opiniões da Humanidade exige que se declarem as causas que o impelem à separação.

Sustentamos serem verdades evidentes por si mesmas que todos os homens nascem iguais, que são dotados pelo criador de certos direitos inalienáveis, e que entre estes estão a Vida, a Liberdade e a Busca da Felicidade. Que para concretizar esses direitos governos são instituídos entre os homens, derivando eles seus justos poderes do consentimento dos governados, e que, quando qualquer forma de governo se torna prejudicial a esses fins, constitui direito do povo modificá-lo ou aboli-lo e instituir novo governo, colocando-lhe os fundamentos sobre tais princípios, e organizando-lhes os poderes da forma que, com maior probabilidade, promova a sua segurança e felicidade. A prudência, realmente, aconselha que não devam ser mudados por motivos banais e transitórios os governos há longo tempo estabelecidos. A experiência tem, destarte, demonstrado que a Humanidade com maior probabilidade sofrerá, enquanto os males forem suportáveis, do que os corrigirá, com a abolição das formas de governo a que está acostumada. Mas, quando uma longa série de abusos e usurpações, perseguindo invariavelmente o mesmo objetivo, patenteia o intento de reduzi-lo à discreção do despotismo absoluto, é direito do povo, é dever do povo, derrubar tal governo e instalar novos guardiões de sua segurança futura. Tal foi a paciente tolerância destas colônias e tal é hoje a necessidade que as constrange a alterar suas antigas formas de governo. A história do atual Rei da Grã-Bretanha é uma história de repetidas injúrias e usurpações, todas ditadas pelo objetivo único de estabelecer a tirania absoluta sobre estes Estados. Para isto provar, submetemos os fatos ao julgamento imparcial do mundo. Recusou-se ele a dar seu assentimento a leis as mais sadias e necessárias para o bem público.

Proibiu a seus governadores que promulgassem leis da mais imediata e urgente necessidade, sob pena de suspender-lhe a vigência até obtido o assentimento real. E, quando suspensas, negou-se absolutamente a considerá-las.

Recusou-se a promulgar outras leis relativas à acomodação de grandes massas de indivíduos, a menos que esses indivíduos renunciassem ao direito de representação no Legislativo, direito para eles inestimável, mas temível para os tiranos.

Convocou corpos legislativos em lugares inesperados, incômodos, e distantes dos depositários dos seus registros públicos com a única intenção de, pela fadiga, obrigá-los a acatar-lhe as medidas.

Dissolveu repetidamente corpos representativos por terem se oposto, com viril firmeza, às usurpações dos direitos do povo.

Recusou-se durante longo tempo, depois de tais dissoluções, a promover a eleição de outras assembléias, em conseqüência do que, os poderes legislativos, incapazes de serem aniquilados, voltarem ao povo em geral, fonte do exercício do seu poder, permanecendo o Estado, entrementes, exposto aos perigos das invasões externas e das convulsões internas.

Esforçou-se para impedir o povoamento destes Estados, tendo, com este objetivo, obstruído as leis de naturalização de entrangeiros, recusado a promulgar outras que encorajariam a imigração, e elevado os requisitos de novas concessões de terras.

Obstruiu a administração da justiça, recusando assentimento a leis de estabelecimento dos poderes judiciários.

Tornou os juízes dependentes apenas de sua vontade no tocante aos mandatos e ao volume e pagamento dos seus salários.

Criou grande número de novos cargos e enviou a estes Estados um enxame de funcionários para molestar nosso povo e devorar-lhe a substância.

Manteve entre nós, em tempos de paz, exércitos permanentes, sem o consentimento de nossos legislativos.

Tornou os militares independentes e superiores ao Poder Civil.

Aliou-se a outros, a fim de sujeitar-nos a uma jurisdição estranha à nossa Constituição e não reconhecida por nossas leis, dando seu assentimento aos atos seguintes de pretensa legislação:

Aquartelando grandes contingentes de tropas armadas entre nós;

Protegendo esses soldados, por meio de falso julgamento, do castigo por assassinatos que porventura viessem a cometer contra habitantes destes Estados;

Interrompendo nosso comércio com todas as partes do mundo;

Impondo taxas sem nosso consentimento;

Privando-nos, em numerosos casos, do benefício do julgamento por júri;

Transportando-nos, através dos mares, para julgamento por supostos crimes;

Abolindo o livre sistema das leis inglesas em província vizinha, nela estabelecendo um governo arbitrário, e ampliando-lhe as fronteiras de modo a torná-la simultaneamente exemplo e instrumento útil à introdução do mesmo governo absoluto nestas colônias;

Revogando nossas Cartas-Patentes, abolindo nossas leis mais valiosas, e alterando fundamentalmente nossas formas de governo;

Suspendendo nossos Legislativos, declarando-nos à margem de sua proteção e declarando-nos guerra.

Pilhou ele nossos mares, trouxe a desolação às nossas costas, queimou nossas cidades e destruiu vidas entre nosso povo.

Neste momento, transporta grandes exércitos de mercenários estrangeiros para completar o trabalho de morte, desolação e tirania, já iniciado em circunstâncias de crueldade e perfídia, raramente encontradas nas épocas as mais bárbaras, e totalmente indignas do Chefe de uma nação civilizada.

Forçou nossos cidadãos capturados em alto-mar a pegar em armas contra seu próprio país, tomarem-se carrascos de seus amigos e irmãos, sob pena de caírem eles mesmos sob suas mãos.

Insuflou insurreições entre nós e tudo fez para lançar contra nós os habitantes de nossas fronteiras, os impiedosos índios selvagens, cuja conhecida norma de guerra é a destruição irrestrita de todas as idades, sexos e condições.

Em todos os casos, diante dessas manifestações de opressão, pleiteamos a reparação nos termos mais humildes. As nossas repetidas petições apenas ensejaram novas injúrias. Um Príncipe, cujo caráter está assim marcado por atos característicos do tirano, é indigno de governar um povo livre.

Tampouco fomos omissos em nossas atenções aos nossos irmãos britânicos. Em mais de uma ocasião, os advertimos das tentativas do seu Legislativo de estender-nos uma jurisdição injustificável. Recordamo-lhes as circunstâncias de nossa emigração e estabelecimento nestas colônias. Apelamos para sua justiça e magnanimidade natas e os conjuramos, em nome dos laços do parentesco comum, a desautorizar essas usurpações, que, inevitavelmente, interromperiam nossas conexões e correspondência. Eles também ficaram surdos à voz da justiça e da consangüinidade. Devemos, por conseguinte, dobrar-nos à Necessidade, que profetiza a nossa Separação, e considerá-los, como consideramos o resto da Humanidade, Inimigos na Guerra, Amigos na Paz.

Nós, os Representantes dos ESTADOS UNIDOS DA AMÉRICA, por conseguinte, reunidos em Congresso geral, tomando o Supremo Juiz do Mundo como testemunha da Retidão de nossas Intenções, solenemente Publicamos e Declaramos em Nome, e pela Autoridade do bom Povo destas Colônias, que estas Colônias Unidas são, e de Direito Devem Ser, ESTADOS LIVRES E INDEPENDENTES; que estão absolvidas de toda Lealdade à Coroa Britânica, e que todas as ligações políticas entre eles e o Estado da Grã-Bretanha são, e devem ser, totalmente dissolvidas; e que, como ESTADOS LIVRES E INDEPENDENTES, assumem todos os poderes de fazer a Guerra, negociar a Paz, contratar Alianças, estabelecer o Comércio e efetuar todos os Atos e Coisas que ESTADOS INDEPENDENTES podem, por direito, fazer. Em apoio desta Declaração, com firme Confiança na Proteção da Providência Divina, mutuamente comprometemos nossa Vida, Destino e Sagrada Honra."

[22] Declaração de Direitos da Virgínia: "Dos direitos que nos devem pertencer a nós e à nossa propriedade, e que devem ser considerados como o fundamento e a base do governo, feito pelos representantes do bom povo da Virgínia, reunidos em plena e livre convenção.
Williamsburgh, 12 de junho de 1776
Artigo 1º - Todos os homens nascem igualmente livres e independentes, têm direitos certos, essenciais e naturais dos quais não podem, por nenhum contrato, privar nem despojar sua posteridade: tais são o direito de gozar a vida e a liberdade com os meios de adquirir e possuir propriedades, de procurar obter a felicidade e a segurança.
Artigo 2º - Toda a autoridade pertence ao povo e por conseqüência dela se emana; os magistrados são seus mandatários, seus servidores, responsáveis perante ele em qualquer tempo.
Artigo 3º - O governo é ou deve ser instituído para o bem comum, para proteção e segurança do povo, da nação ou da comunidade. Dos diversos métodos ou formas, o melhor será o que possa garantir, no mais alto grau, a felicidade e a segurança e que mais realmente resguarde contra o perigo da má administração.
Todas as vezes que um governo seja incapaz de preencher essa finalidade, ou lhe seja contrário, a maioria da comunidade tem o direito indubitável, inalienável e imprescritível de o reformar, mudar ou abolir da maneira que julgar mais própria a proporcionar o benefício público.
Artigo 4º - Nenhum homem e nenhum colégio ou associação de homens pode ter outros títulos para obter vantagens ou prestígios particulares, exclusivos e distintos dos da comunidade, a não ser em consideração de serviços prestados ao público; e a este título, não serão nem transmissíveis

aos descendentes, nem hereditários; a idéia de que um homem nasça magistrado, legislador, ou juiz, é absurda e contrária à natureza.
Artigo 5º - O poder legislativo e o poder executivo do estado, devem ser distintos e separados da autoridade judiciária; e a fim de que, tendo também eles de suportar os encargos do povo e deles participar, possa ser reprimido todo o desejo de opressão dos membros dos dois primeiros, devem estes em tempo determinado, voltar à vida privada, reentrar no corpo da comunidade de onde foram originariamente tirados; e os lugares vagos deverão ser preenchidos por eleições freqüentes, certas e regulares.
Artigo 6º - As eleições dos membros que devem representar o povo nas assembléias serão livres; e todo o indivíduo que demonstre interesse permanente e o conseqüente zelo pelo bem geral da comunidade tem o direito ao sufrágio.
Artigo 7º - Nenhuma parte da propriedade de um vassalo pode ser tomada, nem empregada para uso público, sem seu próprio consentimento, ou de seus representantes legítimos; e o povo só está obrigado pelas leis, da forma por ele consentida para o bem comum.
Artigo 8º - Todo o poder de deferir as leis ou de embaraçar a sua execução, qualquer que seja a autoridade, sem consentimento dos representantes do povo, é um atentado aos seus direitos e não tem cabimento.
Artigo 9º - Todas as leis tendo efeito retroativo, feitas para punir delitos anteriores à sua existência, são opressivas, e é necessário evitar decretá-las.
Artigo 10 - Em todos os processos por crimes capitais ou outros, todo indivíduo tem direito de indagar da causa e da natureza da acusação que lhe é intentada; de ser acareado com os seus acusadores e com as testemunhas; de apresentar ou requerer a apresentação de testemunhas e de tudo que seja a seu favor, de exigir processo rápido por um júri imparcial de sua circunvizinhança, sem o consentimento unânime do qual ele não poderá ser declarado culpado. Não pode ser forçado a produzir provas contra si próprio; e nenhum indivíduo pode ser privado de sua liberdade, a não ser por julgamento de seus pares, em virtude da lei do país.
Artigo 11 - Não devem ser exigidas cauções excessivas, nem impostas multas demasiadamente fortes, nem aplicadas penas cruéis e desusadas.
Artigo 12 - Todas as ordens de prisão são vexatórias e opressivas se forem expedidas sem provas suficientes e se a ordem ou a requisição nelas transmitidas a um oficial ou mensageiro do Estado, para efetuar buscas em lugares suspeitos, deter uma ou várias pessoas, ou tomar seus bens, não contiver uma indicação e uma descrição especiais dos lugares, das pessoas ou das coisas que dela forem objeto; semelhantes ordens jamais devem ser concedidas.
Artigo 13 - Nas causas que interessem à propriedade e os negócios pessoais, a antiga forma de processo por jurados é preferível a qualquer outra, e deve ser considerada como sagrada.
Artigo 14 - A liberdade de imprensa é um dos mais fortes baluartes da liberdade do Estado e só pode ser restringida pelos governos despóticos.
Artigo 15 - Uma milícia disciplinada, tirada da massa do povo e habituada à guerra, é a defesa própria, natural e segura de um Estado livre; os exércitos permanentes e em tempos de paz devem ser evitados, como perigosos para a liberdade; em todo o caso, o militar deve ser mantido em uma subordinação rigorosa à autoridade civil e sempre governado por ela.

Artigo 16 - O povo tem direito a um governo uniforme; deste modo não deve legitimamente ser instituído nem organizado nenhum governo separado, nem independente da Virgínia, nos limites do Estado.
Artigo 17 - Um povo não pode conservar um governo livre e a felicidade da liberdade, a não ser pela adesão firme e constante às regras da justiça, da moderação, da temperança, da economia e da virtude e pelo apelo freqüente aos seus princípios fundamentais.
Artigo 18 - A religião ou o culto devido ao Criador, e a maneira de se desobrigar dele, devem ser dirigidos unicamente pela razão e pela convicção, e jamais pela força nem pela violência: donde se segue que todo homem deve gozar de inteira liberdade de consciência e também da mais completa liberdade na forma do culto ditado por sua consciência, e não deve ser embaraçado nem punido pelo magistrado, a menos que, sob pretexto de religião, ele perturbe a paz ou a segurança da sociedade. É dever recíproco de todos os cidadãos, praticar a tolerância cristã, o amor à caridade uns com os outros".

[23] Declaração dos Direitos do Homem e do Cidadão Francês, em 2 de outubro de 1789: "Os representantes do Povo Francês constituídos em Assembléia Nacional, considerando que a ignorância, o olvido e o menosprezo aos Direitos do Homem são a única causa dos males públicos e da corrupção dos governos, resolvem expor em uma declaração solene os direitos naturais, inalienáveis, imprescritíveis e sagrados do homem, a fim de que esta declaração, sempre presente a todos os membros do corpo social, permaneça constantemente atenta aos seus direitos e deveres; a fim de que os atos do Poder Legislativo e do Poder Executivo possam ser a cada momento comparados com o objetivo de toda instituição política e no intuito de serem por ela mais respeitados; para que as reclamações dos cidadãos fundamentadas daqui por diante em princípios simples e incontestáveis, venham a manter sempre a Constituição e o bem-estar de todos.
Em conseqüência, a Assembléia Nacional reconhece e declara em presença e sob os auspícios do Ser Supremo, os seguintes Direitos do Homem e do Cidadão:
I - Os homens nascem e ficam livres e iguais em direitos. As distinções sociais só podem ser fundadas na utilidade comum.
II - O fim de toda associação política é a conservação dos direitos naturais e imprescritíveis do homem. Estes direitos são a liberdade, a propriedade, a segurança e a resistência à opressão.
III - O princípio de toda a Soberania reside essencialmente na Nação; nenhuma corporação, nenhum indivíduo pode exercer autoridade que não emane diretamente dela.
IV - A liberdade consiste em poder fazer tudo quanto não incomode o próximo; assim o exercício dos direitos naturais de cada homem não tem limites senão nos que asseguram o gozo destes direitos. Estes limites não podem ser determinados senão pela lei.
V - A lei só tem o direito de proibir as ações prejudiciais à sociedade. Tudo quanto não é proibido pela lei não pode ser impedido e ninguém pode ser obrigado a fazer o que ela não ordena.

VI - A lei é a expressão da vontade geral. Todos os cidadãos têm o direito de concorrer pessoalmente ou por seus representantes à sua formação. Ela deve ser a mesma para todos, quer ela proteja, quer ela castigue. Todos os cidadãos sendo iguais aos seus olhos, sendo igualmente admissíveis a todas as dignidades, colocações e empregos públicos, segundo suas virtudes e seus talentos.

VII - Nenhum homem pode ser acusado, sentenciado, nem preso se não nos casos determinados pela lei e segundo as formas que ela tem prescrito. Os que solicitam, expedem, executam ou fazem executar ordens arbitrárias, devem ser castigados; mas todo cidadão chamado ou preso em virtude da lei, deve obedecer no mesmo instante; torna-se culpado pela resistência.

VIII - A lei não deve estabelecer senão penas estritamente e evidentemente necessárias e ninguém pode ser castigado senão em virtude de uma lei estabelecida e promulgada anteriormente ao delito e legalmente aplicada.

IX - Todo homem sendo julgado inocente até quando for declarado culpado, se é julgado indispensável detê-lo, qualquer rigor que não seria necessário para assegurar-se da sua pessoa deve ser severamente proibido pela lei.

X - Ninguém pode ser incomodado por causa das suas opiniões, mesmo religiosas, contanto que não perturbe a ordem pública estabelecida pela lei.

XI - A livre comunicação, de pensamentos e de opinião, é um dos direitos mais preciosos do homem, todo cidadão pode pois falar, escrever, imprimir livremente, salvo quando tiver de responder do abuso desta liberdade nos casos previstos pela lei.

XII - A garantia dos direitos do homem e do cidadão necessita da força pública; esta força é pois instituída pela vantagem de todos e não para utilidade particular daqueles aos quais foi confiada.

XIII - Para o sustento da força pública e para as despesas da administração, uma contribuição comum é indispensável. Ela deve ser igualmente repartida entre todos os cidadãos em razão de suas faculdades.

XIV - Cada cidadão tem o direito de constatar por ele mesmo ou por seus representantes a necessidade da contribuição pública, de consenti-la livremente, de acompanhar o seu emprego, de determinar a cota, a estabilidade, a cobrança e o tempo.

XV - A sociedade tem o direito de exigir contas a qualquer agente público da sua administração.

XVI - Qualquer sociedade na qual a garantia dos direitos não está em segurança, nem a separação dos poderes determinada, não tem constituição.

XVII - Sendo a propriedade, um direito inviolável e sagrado, ninguém pode ser dela privado, a não ser quando a necessidade pública, legalmente reconhecida, o exige evidentemente e sob a condição de uma justa e anterior indenização."

---

[24] "AS DECLARAÇÕES DE DIREITOS, FRANCESAS E AMERICANAS - Como se trata de ponto capital e para que se afaste toda a arraigada e falsíssima opinião de que a declaração de direitos seja obra da França, reproduzimos o quadro comparativo seguinte:

(1) *Declaration des droits de l'homme et du citoyen*, art. 1: "Les hommes naissent et demeurent libres et égaux en droits. Les distinctions sociales ne peuvent être fondées que sur l'utilité commune". Art. 2: "Le but de toute association politique est la conservation des droits naturels et imprescriptibles de l'homme. Ces droits sont: la liberté, la propriété, la sûreté et la résistence à la oppression".
(2) Virgínia, I. That all men are by nature equally, free and independent, and have certain inherents rights, of which, when they enter into a state of society, they cannot, by any compact, deprive or divest their posterity; namely the enjoyment of life and liberty with the means of acquiring and possessing property, and pursuing and obtaining happiness and safety.
Massachusetts, I. All men are born free and equal, and have certain natural, essential and unalienable rights.
Virgínia, IV. That no man, or set of men, are entitled to exclusive or separate emoluments or privileges from the community, but it consideration of public services.
Massachusetts, Preamble of the Constitution. The end of the Constitution, maintenance, and administration of government is to secure the existence of the body-politic, to protect it, and to furnish the individuals who compose it with the power of enjoying, in safety and tranquillity, their natural rights and the blessings of life.
Maryland, IV. The doctrine of non resistence, against arbitrary power and oppression, is absurd, slavish and destructive of the good and happiness of mankind.
(2) *Déclaration des droits de l'homme et du citoyen*, art. 3: "Le principe de tout souveraineté réside essentiellement dans la nation. Nul corps, nul individu ne peut exercer d'autorité qui n'en émane expressément". Art. 4: "La liberté consiste à faire tout ce qui nuit à autrui: ainsi l'exercice des droits naturels de chaque homme n'a de bornes que celles qui assurent aux autres membres de la société la jouissance de ces mêmes droits. Ces bornes ne peuvent être déterminées que par la loi". ("Dans la république, chacun est parfaitement libre en ce qui ne nuit pas aux autres", frase de D'ARGENSEN, citada em J.J. ROUSSEAU, *Contrat social*, IV 8).
(2) Virgínia, II. That all power is vested in, and consequently derived from, the people; that magistrates are their trustees and servants and at all time amenable to them.
Massachusetts. Preamble. The body-politic is formed by a voluntary association of individuals; it is a social compact by which the whole people convenants with each citizen and each citizen with the whole people that all shal be governed by certain laws for the commom good".
Massachusetts, X. Each individual of the society has a right to be protected by it in the enjoyment of his life, liberty, and property, according to standing laws.
(3) *Déclaration des droits de l'homme et du cutoyen*, art. 5: "La loi n'a le droit de défendre que les actions nuisibles à la societé. Tout ce qui n'est pas défendu par la loi ne peut étre empêché, et nul ne peut être contraint à faire ce qu'elle n'ordonne pas".
(3) Massachusetts, XI. Every subject of the commonwealth ought to find a certain remedy by having recurse to the laws, for all injuries and wrongs which he may receive in his person, property, or character.

North-Carolina, XIII. That every freeman, restrained of his liberty, is entitled to a remedy to inquire into the lawfulness thereof, and to remove the same, if unlawful; and that such remedy ought no to be denied or delayed.

Virgínia, VII. That all power of suspending laws, or the execution of laws, by any authority, without consent of the representatives of the people, is injurious to their rights, and ought not to be exercised (Compare *Bill of Rights* inglês, 1).

(1) *Déclaration des droits de l'homme et du citoyen*, art. 6: "*La loi est l'expression de la volonté générale*. Tous les citoyens ont le droit de concourir personnellement, ou par leurs réprésentants, à sa formation. Elle doit être la même pour tous, soit qu'elle protège, soit qu'elle punisse. Tous les citoyens étans égaux à ses yeux, sont également admissibles à toutes dignités, places et emplois publics, selon leur capacité, et sans autre distinction que celle de leurs vertus et de leurs talents".

(2) *Maryland*, V. That the right in the people to participate in the Legislature, is the best security of liberty, and the foundation of all free government.

Massachusetts, IX. All elections ought to be free; and all the inhabitants of this commonwealth, having such qualifications as they shall establish by their frame of government, have an equal right to elect officers, and to be elected, for public employments. Cp. *Bill of Rights* inglês, 8.

New-Hampshire, XII. Nor are the inhabitants of this state controllable by any other law than those to which they or their representative body have given their consent.

(5) *Déclaration des droits de l'homme et du citoyen*, art. 7: "Nul homme ne peut être accusé, arrêté, ni detenu que dans les cas déterminés par la loi, et selon les formes qu'elle a prescrites; ceux qui sollicitent expédient, exécutent ou font exécuter des ordres arbitraires, doivent être punis; mais tout citoyen appéle ou saisi en vertu de la loi doit obéir à l'instant; il se rend coupable par la résistence."

(5) *Massachsetts*, XIII. No subject shall be held to answer for any crimes or offence until the same is fully and plainly substantially and formally, described to him; or be compelled to accuse, or furnish evidence against himself; and every subject shall have a right to produce all proofs that may be favorable to him; to meet the witnesses against him face to face, and to be fully heard in his defence by himself or his counsel at his election. And no subject shall be arrested, imprisoned, despoiled, or deprived of his property immunities, or privileges, put out of the protection of the law, exiled or deprived of this life liberty or estate, but by the judgement of his peers, or the law of the land. Cf. *Magna Charta*, 39.

Virgínia, X. That general warrants, whereby and officer or messenger may be commanded to search suspected places without evidence of a fact committed, or to seize any person or persons not named, or whose offence is not particulary described and supported by evidence, are grievous and oppressive, and ought no to be guaranted.

(6) *Déclaration des droits de l'homme et du citoyen*, art. 8: "La loi ne doit établir que des peines strictement et évidemment nécessaires et nul ne peut être puni qu'en vertu d'une loi établie et promulguée antérieurement au délit, et légalement appliquée".

(6) *New-Hampshire*, XVIII. All penalties ought to be proportioned to the nature of the offence. Cf. *Magna Charta*, 20.
Maryland, XIV. That sanguinary laws ought to be avoided, as far as is consistent with the safety of the State: and no law, to inflict cruel and unusual pains and penalties, ought to be made in any case, oar at any time hereafter.
Maryland, XV. That retrospective laws, punishing facts committed before the existence of such laws, and by them only declared, criminal, are oppressive, unjust, and incompatible with liberty; wherefore no *ex post facto* law ought to be made. Comp., acima, Massachusetts.
(7) *Déclaration des droits de l'homme et du citoyen*, art. 9: "Tout homme étant présumé innocent jusqu'à ce qu'il ait été déclaré coupable, s'il est jugé indispensable de l'arrêter, toute rigueur qui ne serait pas nécessaire pour s'assurer de sa personne doit être sévèrement réprimé par la loi".
(7) *Massachusetts*, XIV. Every subject has a right to be secure from all unreasonable searches and seizures of his person, his houses, his papers, and all his possessions.
Massachusetts, XXVI. No magistrate or court of law shall demand excessive bail or sureties, impose excessive fines. Cf. *Bill of Rights*, 10.
(8) *Déclaration des droits de l'homme el du citoyen*, art. 10: "Nul ne doit être inquieté pour ses opinions même religieuses, pourvu que leur manifestation ne trouble pas l'ordre public étabile par la loi".
2. *New-Hampshire*, V. Every individual has a natural and inalienable right to worship God according to the dictates of his own conscience and reason; and no subject shall be hurt, molested or restrained in his person, liberty or estate for worshipping God, in the manner and reason most agreeable to the dictates of his own conscience, or for his religious profession, sentiments or persuasion; provided he does not disturb the public peace, or disturb others, in their religious worship.
(9) *Déclaration des droits de l'homme et du citoyen*, art. 11: "La libre communication des pensées et des opinions est un des droits le plus précieux de l'homme. Tout citoyen peut donc parler, écrire, imprimer librement, sauf à répondre de l'abus de cette liberté dans les cas déterminés par la loi".
(9) *Virgínia*, XII. That the freedom of the press is one of the great bulwarks of liberty, and can never be restrained by despotic governments.
Pensilvânia, XII. That the people have a right to freedom of speech, and of writing, and publishing their sentiments.
(10) *Déclaration des droits de l'homme et du cutoyen*, art. 12: "La garantie des droits de l'homme et du citoyen nécessite une force publique: cette force est donc instituée pour l'avantage de tous et non pour l'utilité particulière de ceux auxquels elle est confiée".
(10) *Pensilvânia*, V. That government is, or ought to be, instituted for the common benefit, protection and security of the people, nation or community; and not for the particular emolument or advantage of any single man, family, or set of men, who are a part, only of that community.
(11) *Déclaration des droits de l'homme et du citoyen*, art. 13: "Pour l'entretien de la force publique et pour les défenses d'administration, une contribuition commune est indispensable. Elle doit être également répartie êntre tous les citoyens, en raison de leurs facultés".

(11) *Massachusetts*, X. Each individual of the society has a right to be protected by it in the enjoyment of his life, liberty and property according to standing laws. He is obliged, consequently, to contribute his share to the expense of this protection, to give his personal service, or an equivalent, when necessary.
(12) *Déclaration des droits de l'homme et du citoyen*, art. 14: "Chaque citoyen a le droit, par lui-même ou par ses représentants, de constater la nécessité de la *contribution publique*, de la consentir librement, d'en suivre l'emploi, et d'en déterminer la qualité, l'assiette, le recouvrement et la durée".
(12) *Massachusetts*, XXIII. No subsidy charge, tax, impost, or duties, ought to be established, fixed, laid or levied, under any pretext whatsoever, without the consent of the people, or their representatives in the legislature. Ver Virgínia, II.
(13) *Déclaration des droits de l'homme et du citoyen*, art. 15: "La societé a le droit de demander compte à tout agent public de son administration".
(13) *Massachusetts*, V. All power residing originally in the people, and being derived from them, the several magistrates and officers of government vested with authority whether legislative, executive, or judicial, are the substitutes and agents, and are at all times accountable to them.
(14) *Déclaration des droits de l'homme et du citoyen*, art. 16: "Toute societé dans laquelle la garantie des droits n'est pas assurée, ni la separation des pouvoirs déterminée, n'a pas de constitution".
(14) *New-Hampshire*. III - When men enter into a state of society they surrender up some of their natural rights to that society, in order to insure the protection of others; and without such an equivalent, the surrender is void.
Massachusetts, XXX. In the government of this commonwealth, the legislative department shall never exercise the executive and judicial powers, or either of them; the executive shall never exercise the legislative and judicial powers, or either of them; the judicial shall never exercise the legislative and executive powers, or either of them; to end it may government of laws and not of men.
(15) *Déclaration des droits de l'homme et du citoyen*, art. 17: "La proprieté étant un droit inviolable et sacré, nul ne peut en être privé, si ce n'est lorsque la nécessité publique, légalement constatée, l'exige évidemment, et sous la condition d'une juste et préalable indemnité".
(15) *Massachusetts*, X... but no part of the property of any individual can, with justice, be taken from him, or applied to public uses, without his own consent, or that of the representative body of the people... And whenever the public exigencies require that the property of any individual should be appropriated to public uses, he shall receive a reasonable compensation therefor.
Vermont. II. That private property ought to be subservient to public uses, when necessity requires it; nevertheless, whe never any particular man's property is taken for the use of the public, the owner ought to receive an equivalent in money."

[25] Ver nota 9.

[26] Decreto de 23 de maio de 1821: "Vendo que nem a Constituição da Monarquia Portuguesa, nem as disposições expressas da Ordenação do Reino, nem mesmo a Lei da Reformação da Justiça de 1582, com todos os outros Alvarás, Cartas Régias e Decretos de meus Augustos Avós, tem podido afirmar de um modo inalterável como é de Direito Natural, a segurança das pessoas;

"E constatando-se que alguns Governadores, Juízes Criminais e Magistrados, violando o sagrado depósito da jurisdição que se lhes confiou, mandam prender por mero arbítrio, e antes de culpa formada, pretextando denúncias em segredo, suspeitas veementes e outros motivos horrorosos à humanidade, para impunemente conservar em masmorras, vergados com o peso de ferros, homens que se congregaram por bens que lhes oferecera a instituição das sociedades civis, o primeiro dos quais é sem dúvida a segurança individual;

"E sendo do meu primeiro dever e desempenho de minha palavra o promover o mais austero respeito à lei e antecipar quanto ser possa os benefícios de uma Constituição liberal:

"Hei por bem exercitar pela maneira mais eficaz e rigorosa a observância da sobremencionada legislação, ampliando-a e ordenando, como por este Decreto ordeno:

"1º Que desde a sua data em diante nenhuma pessoa livre no Brasil possa jamais ser presa sem ordem por escrito do juiz ou magistrado criminal do território, exceto somente o caso de flagrante delito, em que qualquer do povo deve prender o delinqüente.

"2º Que nenhum juiz ou magistrado criminal possa expedir ordem de prisão sem preceder culpa formada por inquirição sumária de três testemunhas, duas das quais jurem contestes, assim o fato que a lei expressa seja declarado culposo, como designação individual de culpado; escrevendo sempre sentença interlocutória que o obrigue à prisão e livramento, a qual se guardará em segredo até que possa verificar-se a prisão do que assim tiver sido pronunciado delinqüente.

"3º Que quando se acharem presos os que assim forem indiciados criminosos, se lhes faça imediata e sucessivamente o processo, que deve findar dentro de quarenta e oito horas peremptórias, improrrogáveis, e contadas do momento da prisão, principiando-se sempre que possa ser, por a confrontação dos réus com as testemunhas que os culparam, e ficando abertas e públicas todas as provas que houver, para assim facilitar os meios de defesa, que a ninguém se deve dificultar ou tolher, excetuando-se por ora das disposições deste parágrafo os casos que provados, merecem por Leis do Reino pena de morte acerca dos quais se procederá infalivelmente nos termos dos §§ 1º e 2º do Alvará de 31 de março de 1742.

"4º Que, em caso nenhum, possa alguém ser lançado em segredo ou masmorra estreita, escura, ou infecta, pois que a prisão deve só servir para guardar as pessoas e nunca para as adoecer e flagelar; ficando implicitamente abolido para sempre o uso de correntes, algemas, grilhões e outros quaisquer ferros inventados para martirizar homens ainda não julgados a sofrer qualquer pena aflitiva por sentença final; entendendo-se, todavia, que os juízes e magistrados criminais poderão conservar por algum tempo em casos gravíssimos, incomunicáveis os delinqüentes, contanto que seja em casas arejadas e cômodas e nunca manietados ou sofrendo espécie de tormento.

"5º Determino, finalmente, que a contravenção, legalmente provada, das disposições do presente Decreto, seja irremissivelmente punida com o perdimento do emprego e inabilidade perpétua para qualquer outro em que haja exercício de jurisdição".

A propósito do Decreto de 23 de maio de 1821, bem como das garantias nele consagradas e, ainda, do remédio jurídico do *habeas corpus*, - desviamos transcrever este depoimento de PONTES DE MIRANDA: "E, como se vê, a nossa 'Magna Charta', o primeiro grande marco histórico das nossas liberdades. Com o atraso de alguns séculos. Mas era um Brasil que nascia e tem reagido, como possível, às violações dos textos constitucionais, que são devidas, quase sempre, a planos estrangeiros para se evitar que o Brasil cedo chegue à altura a que há de chegar.

Quando se procura investigar a causa da diferença do trato da liberdade entre os povos da Europa, verdadeiramente só uma se encontra, de ordem filosófica. A Inglaterra teve o influxo de Oxford, Universidade fundada por frades franciscanos, nominalistas; Paris teve a sua Universidade que recebeu, no nascedouro, a mesma filosofia. Portugal dos séculos passados, desde a fundação da Universidade de Lisboa.

O texto da Constituição do Império do Brasil, artigo 179, inciso 8; era de liberalismo que continha, implicitamente, o remédio jurídico a que chamamos hoje, *habeas corpus*: 'Ninguém poderá ser preso sem culpa formada, exceto nos casos declarados em lei e nestes, dentro de vinte e quatro horas, contadas da entrada na prisão, sendo em cidades, vilas ou outras povoações próximas aos lugares da residência do juiz, e nos lugares remotos, dentro de um prazo razoável, que a lei marcará, atenta à extensão do território, o juiz por uma nota por ele assinada fará constar ao réu o motivo da prisão, o nome de seu acusador e os das testemunhas, havendo-as'.

A Constituição monárquica era tão liberal que, ao fazer-se a República, em 1889, menos aos Estados Unidos da América pedimos que a nós mesmos. Comparemos as três cartas, e ficaremos convictos de que somente no que concernia à forma federativa, ao direito federal propriamente dito e à justiça da União nos deviam servir de fontes principais as leis constitucionais e a exuberante jurisprudência americanas.

O Código do Processo Criminal de 1832 regulou o processo do *habeas corpus*, inspirando-se nos *Habeas Corpus Acts* ingleses de 1679 e 1816; mas, repitamos o que dissemos no livro *História e Prática do Habeas Corpus* (Tomo I, 7ª ed., 133), o processo do *habeas corpus* que se pôs no Código de 1832 adquiriu feitura característica e - por que não o dizer? - excelentemente nacional.

Houve pequenas modificações no tocante à legislação do *habeas corpus*, às vezes devido à própria jurisprudência.

A Lei de 29 de novembro de 1832 (Código do Processo Criminal) não conhecia nenhum recurso de decisão de *habeas corpus*, quer em caso da concessão, quer de denegação. Somente havia uma instância; e o juiz decidia definitiva, irrecorrível, soberanamente. Aliás, é assaz compreensível todo o liberalismo do primeiro ato legislativo referente a *habeas corpus*: o Brasil então se achava em plena *ação liberal*, ainda no período da Regência.

O Código não admitia recursos senão os que nele se declaravam (artigo 292). Veio, depois, a Lei de 3 de dezembro de 1841, lei de *reação conservadora*, que então se nomeava como de salvação do Estado, e no entanto, apenas explicou ser a competência sempre do juiz superior ao que decretou a prisão e criou o recurso *ex officio* da decisão concessiva. Nota-se, porém, que aquelas nobres almas não tinham por fito cercear o remédio, nem o embaraçar e muito menos o dificultar; mas, simplesmente, evitar perturbações irrecorríveis na defesa pública. Tanto assim foi que não cogitaram de dar efeito suspensivo ao recurso de ofício. Na república, o Decreto nº 848, de 11 de outubro de 1890, que organizou a Justiça Federal, voltou ao sistema do Código do Processo Criminal, e, no que concerne a recurso, tomou o caminho oposto ao da Lei de 3 de dezembro de 1841: só admitiu o recurso da decisão denegatória. *Nova reação liberal*. E assim se fez o Regimento Interno do Supremo Tribunal Federal, de 20 de novembro de 1894. Se considerarmos o regime do Código do Processo Criminal como da *ausência de recurso* e, pois, analiticamente, 0, o da Lei de 3 de dezembro de 1841 será - 1 (isto é, em favor do espírito de ordem pública e repressão), e o do Decreto nº 848, de 1890, + 1 (isto é, em favor do espírito liberal). Tese, antítese, antiantítese. Duas tendências nacionais como que se degladiavam, e a solução da Lei nº 1748, de 17 de outubro de 1907, representa a conciliação delas: + 1 - 1. Desde aí, tivemos o recurso da decisão denegatória (+ 1) e o da decisão concessiva (-1). Ficamos, pois, no quarto sistema de recursos em assunto de *habeas corpus*: o primeiro período, caracterizado pela carência deles; o segundo, com o recurso de ofício da sentença concessiva; o terceiro, com o recurso da decisão negativa, sem o recurso de ofício da que concede; quarto o que se inaugurou em 1907: recurso de ofício, nos casos de concessão; voluntários, nos de denegação.

Nunca tivemos - e oxalá nunca se lembre, dizíamos em 1916 de tal absurdo o legislador brasileiro - o recurso com efeito suspensivo em ação de *habeas corpus*.

Quanto a embargos, nunca foram embargáveis as sentenças de *habeas corpus*; nem nunca jamais houve recurso da sentença proferida pelo Supremo Tribunal Federal. Nos Estados Unidos da América discutiu-se a natureza do processo do *habeas corpus*; seria ação ou processo especial sem ação? Mas certo é que nele aparecem autor e réu, como veremos adiante. Não se precisa recorrer a argumentos indiretos para se mostrar a irrecorribilidade da sentença final de *habeas corpus* isto é sentença proferida pela *última* ou pela *única* instância. A decisão somente é revogável nos casos de recurso legal de ofício, ou voluntário. Fora disso, não. Em todo o caso, na hipótese de denegação o pedido pode ser renovado indefinidamente: *"a refusal to discharge on one writ is not a bar to the issuance of a new writ"*, tal é a lição inglesa e a norte-americana; não era preciso que a lei brasileira o declarasse.
Não cabe apelação das sentenças favoráveis de *habeas corpus*.

Em vez da primitiva adjetivação, a que se limitava o *habeas corpus*, simples remédio processual, passou a ser, na República, o direito público subjetivo, e essa nova situação de substantividade criou ao texto constitucional inigualável importância na economia do nosso sistema político.

O liberalismo brasileiro chegou a criticar que só juiz superior ao que decretou a prisão pudesse dar *habeas corpus*. Em 1868 fundou-se o Club da Reforma, em cujo programa estão as "garantias individuais":

"8º. Em caso nenhum o carcereiro, guarda ou administrador, ou qualquer pessoa receberá preso algum sem que seja acompanhado de ordem ou mandado escrito da autoridade competente.
9º Compete o *habeas corpus* no caso de qualquer constrangimento ilegal, iminente ou efetivo, exercido por qualquer autoridade administrativa ou judiciária. Excetua-se a prisão militar, e não se considera prisão militar senão a daquele que já é soldado.
10º A ordem de *habeas corpus* poderá ser concedida, mesmo havendo processo e pronúnica; nunca porém, será concedida ao cidadão condenado por sentença irrevogável. Todavia, o *habeas corpus* não induz coisa julgada em relação ao processo existente ou superveniente, o qual seguirá seus termos. Em todo o caso, o réu solto por *habeas corpus*, não será preso pelo mesmo crime, senão depois de condenado definitivamente. O princípio da hierarquia estabelecido pelo artigo 69, § 1º, da Lei de 3 de dezembro de 1841, refere-se à autoridade judiciária. O *habeas corpus* pode ser concedido pelo juiz ou tribunal, ainda que a prisão seja à ordem de autoridade administrativa a mais graduada (com certeza, com tal galicismo, queria o Programa incluir o Imperador); porque nenhuma autoridade administrativa tem o direito por si mesma de prender o cidadão. Ficará suprimida a prisão civil, qualquer que seja o motivo dela".
O texto acima, que é de citação, foi invocado perante o Supremo Tribunal Federal, como se fosse nosso, e o relator não reparou em que se tratava de Programa político de 1868. O *habeas corpus* somente impede a prisão futura se ela foi feita, ou vai fazer-se com o fundamento que a decisão no processo de *habeas corpus* reputará injusta (ilegal). Fora daí, não. No caso, o acórdão do Supremo Tribunal Federal, a 5 de agosto de 1963 (D. da J. de 26 de setembro), foi acertado.
Adveio a Lei nº 2.033, de 20 de setembro de 1871, cujo artigo 18, § 2º, levou a não se dar *habeas corpus* nos casos de pronúncia ou de condenação. O Supremo Tribunal Federal concedia *habeas corpus* mesmo nos casos de *habeas corpus*.
De 1832 a 1871, o *habeas corpus* parecia ser privilégio de brasileiros. O Código do Processo Criminal (Lei de 29 de novembro de 1832 apenas estabelecia no artigo 340: "Todo o *cidadão* que entender que ele ou outrem sofre uma prisão ou constrangimento ilegal em sua liberdade tem direito de pedir uma ordem de *habeas corpus* em seu favor". Em 1871, porém, a Lei nº 2.033, de 20 de setembro de 1871, estatuiu no artigo 18, parágrafo 8º: "Não é vedado ao estrangeiro requerer para si ordem de *habeas corpus*, nos casos em que esta tem lugar". Era a concepção do remédio jurídico do *habeas corpus* como ligado à personalidade física. Seria absurdo proteger-se a liberdade de ir, ficar e vir, que é essencial ao homem, com qualquer discriminação.
Se o processo é nulo *ex causa efficiente*, isto é, por exemplo, se o juiz era incompetente, se a pessoa a que se refere a pronúncia ou a condenação é outra pessoa que o paciente, ou se o processo é nulo *ex causa materiali*, como se a lei não aponta o ato imputado como crime, cabe o *habeas corpus*. Se o ato é tido pela lei como crime, e apenas não houve prova, ou a classificação foi errônea, não cabe *habeas corpus* (Supremo Tribunal Federal, 11 de agosto de 1897). Se a nulidade do processo é *ex causa formali* e evidente, seria

desacertado não se deferir pedido de *habeas corpus* (v.g. pronúncia sem ter havido testemunha, ou documento suficiente).

Depois de ter transitado em julgado sentença condenatória, a Redação da Corte, a 18 de julho de 1884 (O.D., 35,407), deferiu o pedido de *habeas corpus* por ter sido incompetente o juiz que proferiu a sentença (o acusado, juiz municipal, tinha de ser julgado pela Relação do Distrito, e não pelo suplente do juiz municipal). Cf. Relação de Ouro Preto, 18 de janeiro de 1896. Se o juiz lavra decisão que não corresponde às respostas do júri, cabe *habeas corpus* (Supremo Tribunal Federal, 18 de janeiro de 1897).

Desde aí, esse instituto começou de ser, *claramente* (em verdade, já antes), como era da sua essência, a pretensão conferida pela lei a todo homem, nacional, ou estrangeiro, para impedir ou fazer cessar prisão ou constrangimento ilegal em sua liberdade - isto é: ordem-remédio para acudir os indivíduos ilegalmente coarctados em sua liberdade física.

Surge um problema, que assaz interessa ao sistema jurídico brasileiro, de antes e de hoje. O estrangeiro, que não reside no Brasil (isto é, nem é domiciliado, nem residente) pode pedir *habeas corpus*. Os que vêem no artigo 153, pr. da Constituição de 1967, com a Emenda nº 1, como no artigo 72 da Constituição de 1891, no artigo 122 da Constituição de 1937, e no artigo 141, pr., da Constituição de 1946, onde só há referência a "estrangeiros residentes", o afastamento da proteção constitucional a estrangeiros não-residentes no Brasil, cometem erro grave. Quem está no Brasil e vai sofrer constrangimento legal, ou já o sofre, pode pedir *habeas corpus*. Trata-se de direito constitucional ao *habeas corpus*, que o artigo 153, parágrafo 20, da Constituição de 1967, com a Emenda nº 1, conferiu a quem quer que seja. (De passagem, frisemos que a Constituição de 1934, art. 113, pr., havia retirado o adjetivo "residentes". Porém isso não tem relevância, porque os textos constitucionais a cada momento abstraem da residência. Seria absurdo que só se garantisse a propriedade a estrangeiros "residentes").

Passemos a mencionar o que ocorreu na Constituição de 1934 e depois. A carta de 1937, apenas outorgada, longe estava de aceitar a liberdade física e as demais liberdade com *direitos do homem*. A regressão psicológica, que ela traduzia (e bem se explica aos que lerem o que expusemos, sobre tais "voltas ao passado", no livro *Democracia, Liberdade, Igualdade, os três caminhos*, não lhe permitia ver a dimensão da liberdade como o resultado da evolução do homem ocidental, a começar de vinte e cinco séculos atrás. Tivemos o ensejo de zurzi-la de críticas, nos Comentários, que lhe fizemos nos dois volumes que conseguiram ser publicados. Nela continuava a dizer-se (artigo 122, inciso 16): "Dar-se-á *habeas corpus* sempre que alguém sofrer ou se achar em iminência de sofrer violência ou coação ilegal, na sua liberdade de ir e vir, salvo nos casos de punição disciplinar". Tratava-se porém, de Constituição que possuía os artigos 166 - 173, e, no art. 186, ela mesma já enunciava: É declarado em todo o país o estado de emergência". Dois ministros do Supremo Tribunal Federal sustentaram que a decretação de estado de guerra ou de emergência excluía, de modo geral, isto é, para quaisquer casos, o remédio do *habeas corpus* (Bento de Faria e Barros Barreto). Porém outros ministros, da corrente liberal, e dois mesmo da reacionária (Castro Nunes, José Linhares), repeliram a tremenda interpretação (D. J., 3 de julho de 1943, no *Habeas Corpus* nº 28.313, da Bahia).

Com a Constituição de 1946, a estrutura tradicional do Brasil, ferida em 1925 - 1926 e espedaçada em 1930 e 1937, recompôs-se. Voltou aos trilhos, pelo menos no propósito popular, o aparelho que três vezes descarrilhara. O texto sobre estado de sítio foi minudente e sábio. Ouviu 1891 e 1934; pesou experiências.

Na Constituição de 1891, artigo 72, parágrafo 22, disse-se: "Dar-se-á o *habeas corpus* sempre que o indivíduo sofrer ou se achar em iminente perigo de sofrer violência, ou coação, por ilegalidade, ou abuso do poder".

Na Constituição de 1967, com a Emenda nº 1, artigo 153, parágrafo 20, está explícito: "Dar-se-á *habeas corpus* sempre que alguém sofrer ou se achar ameaçado de sofrer violência ou coação em sua liberdade de locomoção, por ilegalidade ou abuso do poder. Nas transgressões disciplinares não caberá *habeas corpus*".

Ao Supremo Tribunal Federal compete processar e julgar, originariamente, o *habeas corpus*, quando o coator ou o paciente for Tribunal, autoridade ou funcionários, cujos atos estejam sujeitos diretamente à jurisdição do Supremo Tribunal Federal, ou se tratar de crime sujeito à mesma jurisdição em única instância (artigo 119, I, *h*). Também lhe cabe julgar em recurso ordinário os *habeas corpus* decididos em única ou última instância pelos tribunais federais ou tribunais de justiça dos Estados-membros, se denegatória a decisão, não podendo o recurso ser substituído por pedido originário (artigo 119, II, *c*). Aos Tribunais Eleitorais atribuem-se o processo e julgamento dos *habeas corpus* em matéria eleitoral (artigo 137, VII). O recurso, em caso de denegação, é para o Superior Tribunal Eleitoral (artigo 138, IV). Sem se afastar, entenda-se, novo recurso para o Supremo Tribunal Federal (artigos 119, II, *c* e 139).

Em caso de estado de sítio, só o Congresso Nacional, mediante lei, pode determinar a suspensão de garantias constitucionais (artigo 157). As imunidades dos deputados federais e dos senadores só podem ser suspensas durante o estado de sítio por deliberação da Casa a que eles pertencem (artigo 157, parágrafo único). No artigo 159, explicitamente se estatuiu: "A inobservância de qualquer das prescrições relativas ao estado de sítio tornará ilegal a coação e permitirá ao paciente recorrer ao Poder Judiciário".

Lia-se no artigo 143 da Constituição de 1946: "O Governo Federal poderá expulsar do território nacional o estrangeiro nocivo à ordem pública, salvo se o seu cônjuge for brasileiro, e se tiver filho brasileiro (artigo 129, nºs I e II), dependendo da economia paterna".

Na Constituição de 1967, antes da Emenda nº 1, o artigo 150, parágrafo 11, estatuía: "Não haverá pena de morte, de prisão perpétua, de banimento, nem de confisco. Quanto à pena de morte, fica ressalvada a legislação militar aplicável em caso de guerra externa. A lei disporá sobre o perdimento de bens por danos causados ao erário ou no caso de enriquecimento ilícito no exercício de função pública". A emenda nº 1, que deu ao texto outro número do artigo (artigo 153, § 11), foi sem a ressalva da nacionalidade brasileira e tratou como iguais os estrangeiros e os brasileiros, para o efeito da expulsabilidade: "Não haverá pena de morte, de prisão perpétua, de banimento, ou confisco, salvo nos casos de guerra externa, psicológica adversa, ou revolucionária ou subversiva, nos termos que a lei determinar. Esta disporá, também, sobre o perdimento de bens por danos

causados ao erário, ou no caso de enriquecimento ilícito no exercício do cargo, função ou emprego na Administração Pública, direta ou indireta".
Qual a *ratio legis* da exceção à inexpulsabilidade dos brasileiros, ou dos estrangeiros, com filho brasileiro, que havia na Constituição de 1946? Se o crime fora tão grave, caberia a pena de morte, ou a de confisco? Expulsar estrangeiros, compreende-se: seria integrar no povo brasileiro quem não o mereceria. Era acertada a ressalva para os que têm filhos brasileiros. Expulsar brasileiros, porque tomam parte em revolução, constituiria contradição para os que tomaram parte em revoluções. (Nunca admiti que me incluíssem nos grupos revolucionários que venceram a partir de 1930. Mesmo quando me pediam para futuras juntas de governo. O Brasil muito cresceria se compreendesse que todas as revoluções são provocadas, no Brasil, por temas de fora). Confiemos em que o governo de hoje, faça voltar à sabedoria jurídica de 1891, com as correções até 1946.
Apesar de tão claras regras jurídicas, que refletem o pensamento do povo brasileiro, com o do povo luso-brasileiro, desde o descobrimento do Brasil, puseram nas Disposições Gerais e Transitórias os artigos 181 e 182. Artigo 181: "Ficam aprovados e excluídos de apreciação judicial os atos praticados pelo Comando Supremo da Revolução de 31 de março de 1964, assim como: I - os atos do Governo Federal, com base nos Atos Institucionais e nos Atos Complementares e seus efeitos, bem como todos os atos dos Ministros Militares e seus efeitos, quando no exercício temporário da Presidência da República, com base no Ato Institucional nº 12, de 31 de agosto de 1969; II - as resoluções, fundadas em Atos Institucionais, das Assembléias Legislativas e Câmaras Municipais que hajam cassado mandatos eletivos ou declarado o impedimento de governadores, deputados, prefeitos e vereadores quando no exercício dos referidos cargos; e III - os atos de natureza legislativa expedidos com base nos Atos Institucionais e Complementares indicados no item I". Artigo 182: "Continua em vigor o Ato Institucional nº 5, de 13 de dezembro de 1968, e os demais Atos posteriormente baixados". parágrafo único: "O presidente da República, ouvido o Conselho de Segurança Nacional, poderá decretar a cessação da vigência de qualquer desses Atos ou dos seus dispositivos que forem considerados desnecessários".
Tais atos funcionam como se fossem fósforo com que se queimaram os melhores textos da Constituição e se fizeram no povo brasileiro, exceto os governantes, mais de cem milhões de escravos, a despeito da abolição da escravatura dos pretos, no fim do Império. Não se voltou ao que havia, mas a algo de semelhante, extensivo a toda a população, do Rio Grande do Sul ao Amazonas.
No Ato Institucional nº 5, de 13 de dezembro de 1968, diz o artigo 10: "Fica suspensa a garantia de *habeas corpus*, nos casos de crimes políticos, contra a segurança nacional, a ordem econômica e social e a economia popular". E o artigo 11: "Excluem-se de qualquer apreciação judicial todos os atos praticados de acordo com este Ato Institucional e seus Atos Complementares, bem como os respectivos feitos".
Pelo que acima mostramos, ressalta que 1969 foi um golpe profundo na personalidade dos brasileiros e da tradição, de típica ditadura, que nunca existiu no Brasil.
Para quem, há mais de sessenta anos, se dedicou à *História e Prática do Habeas Corpus*, e há quase meio século, em 1932, lançou livros sobre os

direitos humanos, três volumes publicados *(Novos Direitos do Homem, Direito à Subsistência* e *Direito ao Trabalho, Direito à Educação)* e dois volumes queimados por ordem de alguém do governo *(Direito à Assistência, Direito ao Ideal)*, é grande sofrimento, no fim da vida, em vez de ver respeitar-se o que tal pessoa sustentou antes da declaração universal dos direitos humanos, assistir a um decênio de retorno a mais de cinco séculos da nossa herança jurídica, política e moral. Espero, antes de morrer, ver deixar-se o Brasil voltar a ser o que foi e direito do povo é". (Comunicação sobre o *Habeas Corpus*, encaminhada à VII Conferência Nacional da Ordem dos Advogados do Brasil, levada a efeito na cidade de Curitiba, em maio de 1978).

[27] Apud Plínio de Oliveira Corrêa, *in Legitimidade da Prisão no Direito Brasileiro*, pp. 77 e segs. ed. UFRGS, 1984: A Constituição de 1891 inaugurou, no plano constitucional brasileiro, o instituto do *habeas corpus*, como se vê pela redação do 22, do art. 72: "Dar-se-á o *habeas corpus*, sempre que o indivíduo sofrer ou se achar em iminente perigo de sofrer violência ou coação por ilegalidade ou abuso de poder".

As interpretações deste texto, porém, foram agrupadas em duas grandes correntes tendo à frente dois gigantes da cultura jurídica nacional: *Ruy Barbosa* e *Pedro Lessa*. O primeiro sustentava uma interpretação liberal, ampla e ilimitada do preceito; o segundo o fazia de modo restrito ao âmbito da liberdade física e relativo ao direito de locomoção.

O pensamento de Ruy pode ser resumido pelo conteúdo de um artigo publicado no *Jornal do Brasil*, em 15 de agosto de 1893, e reforçado num discurso memorável pronunciado no Senado da República em 22 de janeiro de 1915: "Não é de hoje, Sr. Presidente, que os homens da força, os que se exageraram na autoridade, que os espíritos revessos às garantias liberais reagem contra a do *Habeas Corpus*, buscando pôr inteiramente fora do seu alcance os abusos do poder.

Já sob o Império, em 1851, em 1878 e 1883, se procurava estabelecer a doutrina de que a garantia do *habeas corpus* se não estendia às prisões administrativas, às prisões determinadas pelo governo imperial.

Sobre este assunto consultou com o seu parecer, entretanto, em 1873, o Conselho de Estado, e três notáveis estadistas do Império, os Srs. Dantas, Abaeté e Lafayette, firmaram o grande princípio de que o *habeas corpus* abrangia todas as prisões, excetuadas unicamente as prisões militares e as prisões para recrutamento.

Deste assunto se teve de ocupar em 1878 e em 1883, em alguns editoriais memoráveis, o *Jornal do Comércio*, folha que naqueles tempos não intervinha senão nas grandes crises, para trazer sempre, no meio da luta dos partidos, uma palavra de serenidade, a solução justa e a decisão liberal.

Interveio em 1878 e 1883, nesta questão o *Jornal do Comércio* para reagir contra os ministros que pretendiam considerar imunes as garantias do *habeas corpus* às prisões administrativas. É a mesma objeção, o mesmo espírito de resistência contra a velha e sagrada garantia liberal, a que a liberdade, neste país, tantos serviços tem devido.

Ainda restringida às proporções em que a mantém a legislação imperial, essa garantia afirmava ao espírito exageradamente conservador e aos libe-

rais, esquecidos do bom espírito das crenças, um obstáculo insuperável à existência da autoridade e ao exercício ordinário dos atos do poder.
Agora temos a reação contra o *habeas corpus* firmada em outro terreno, depois que essa instituição passou pela transformação ampliativa que recebeu com o novo regime. Agora uma escola de índole restritiva o pretende circunscrever a uma esfera limitada como a sua antiga esfera, reduzindo-o às condições de um recurso utilizado unicamente nos casos em que se trate de acudir à liberdade de locomoção, de manter o que se chama a liberdade corporal, de assegurar ao indivíduo a sua faculdade ordinária e legal de se mover, de ir e vir, de entrar e sair. Eis ao que se reduzira o *habeas corpus*, amesquinhado pela interpretação constitucional com que alguns espíritos o interpretam no texto da carta republicana.
Ora, Srs. senadores, em apoio dessa hermenêutica eu não vejo senão a autoridade muito respeitável, mas susceptível de erro como todas as autoridades, de alguns homens eminentes, um dos quais me merece especial consideração, como um dos mestres cujo saber, cuja competência jurídica ilustram o Supremo Tribunal Federal.
Sr. Presidente, a questão não se dá de resolver pela autoridade; a questão revolve-se pela evidência literal dos textos. A questão está revolvida pelo confronto da letra das instituições republicanas com a letra das instituições imperiais.
Se a Constituição de 1891 pretendesse manter no Brasil o *habeas corpus* com os mesmos limites dessa garantia durante o Império, a Constituição de 1891 teria procedido em relação ao *habeas corpus* como procedeu relativamente à instituição do júri. A respeito do júri diz formalmente o texto constitucional: 'É mantida a instituição do júri'.
O alcance dessa proposição na sua simplicidade é transparente. Quando se mantém uma instituição mantém-se o que existe, mantém-se o que se acha estabelecido, mantém-se o que se encontra, consolida-se o que estava. É por isto, Sr. Presidente, que, defendendo a instituição do júri, já contra a legislação de alguns Estados, já contra certas leis republicanas, eu as considerei sempre como inconstitucionais, porque, à vista dos termos com que se exprime a nossa declaração constitucional de direitos, entendia e entendo não ser lícito ao legislador ordinário submeter o júri a qualquer alteração que o modifique substancialmente, que altere as suas feições antigas, que mude a sua natureza definida pelo texto da legislação imperial. Tudo isto que a Constituição de 24 de fevereiro estabeleceu foi mantido na instituição do júri.
Não foi deste modo que procedeu a Constituição Republicana no tocante ao *habeas corpus*. No Império, bem sabem os nobres senadores, o *habeas corpus* não tinha instituição constitucional. Ele nasceu do Código do Processo, pelo art. 340, que definiu o *habeas corpus* nestes termos: 'Todo o cidadão que entender que ele ou outrem sofre uma prisão ou constrangimento ilegal em sua liberdade, tem direito de pedir uma ordem de *habeas corpus* em seu favor.'
A proposição é clara: tem o cidadão o direito de pedir uma ordem de *habeas corpus* em favor daquele que estiver sofrendo uma prisão ou um constrangimento ilegal em sua liberdade. Aqui se acha claramente definida a natureza material da lesão a que o *habeas corpus*, no antigo regime, tinha de acudir com o seu remédio tutelar. Este recurso estava confiado ao acaso em

que a liberdade sofresse por um constrangimento material, constrangimento que se definiu especialmente com a fórmula da prisão. Era prisão pública ou privada a situação de ilegalidade a que o *habeas corpus* no antigo regime devia socorrer.
Estritamente na mesma ordem de idéias a Lei nº 2033, de 1871, que acabou de dar a essa instituição a sua forma definitiva, sob o antigo regime, determinada no art. 18:
'Os juízes de direito poderão expedir ordens de *habeas corpus* a favor dos que estiverem ilegalmente presos, ainda quando o façam por determinação do chefe de polícia, ou de qualquer outra autoridade administrativa, e sem exclusão dos detidos a título de recrutamento, não estando ainda alistados. Parágrafo 1º. Tem lugar o pedido de concessão de ordem de *habeas corpus*, ainda quando o impetrante não tenha chegado a sofrer o constrangimento corporal.'
O constrangimento corporal era, portanto, sob o Império, a condição *sine qua non* da concessão do *habeas corpus*.
Ora, se o pensamento constituinte republicano fosse o de conservar o *habeas corpus* na sua proposição primitiva, análoga à das legislações inglesa e americana, não tinha a Constituição Republicana mais do que dizer do mesmo modo que disse em relação ao júri:
'Fica mantida a instituição do *habeas corpus*'.
Nesse caso não haveria questão, estaria o *habeas corpus* definido pelas leis imperiais. Que fez, porém, o legislador constituinte neste regime? Rompeu abertamente, pela fórmula que adotou na Carta Republicana, com a estreiteza da concepção do *habeas corpus* sob o regime antigo.
A definição do *habeas corpus* na Constituição vigente é esta:
'Dar-se-á o *habeas corpus*, sempre que o indivíduo sofrer ou se achar em iminente perigo de sofrer *violência* ou *coação*, por ilegalidade ou abuso do poder.'
Não se fala em prisão, não se fala em constrangimentos corporais. Fala-se amplamente, indeterminadamente, absolutamente, em coação e violência; de modo que, onde quer que surja, onde quer que se manifeste a violência ou a coação, por um desses meios, aí está estabelecido o caso constitucional do *habeas corpus*. Quais são os meios indicados? Quais são as origens da coação e da violência, que devem concorrer para que se estabeleça o caso legítimo de *habeas corpus*? Ilegalidade ou abuso de poder. Se de um lado existe a coação ou a violência e de outro lado a ilegalidade ou o abuso de poder; se a coação ou violência resulta de ilegalidade ou abuso de poder, qualquer que seja a violência, qualquer que seja a coação, desde que resulte de abuso de poder, seja qual ele for ou de ilegalidade, qualquer que ela seja, é inegável o recurso do *habeas corpus*.
Srs. Senadores, que é que se chama coação? Que é que se denomina violência? Coação, definirei eu, é a pressão empregada em condições de eficácia contra a liberdade no exercício de um direito, qualquer que esse seja. Desde que no exercício de um direito meu, qualquer que ele for, intervém uma coação externa sob cuja pressão eu me sinto embaraçado ou tolhido para usar desse direito, na liberdade plena de seu exercício, estou debaixo daquilo que, em direito, se considera coação.

E violência? Violência é o uso da força material ou oficial, debaixo de qualquer das duas formas, em grau eficiente para evitar, contrariar ou dominar o exercício de um direito.
Creio que a definição não é incorreta.
Toda a vez que a ação do que se chama força, ou seja a das armas, ou seja a da violência, ou seja a de um decreto do poder, me contraria, me ameaça, ou me domina no exercício do meu direito, estou sujeito à força no sentido que em direito pode receber esse nome.
Essa força pode se exercer sobre todos os indivíduos, não só em caráter privado, mas igualmente em caráter político, uma vez que o direito exista, que seja verificado, que seja indiscutível e que o paciente se apresenta com o seu título ao tribunal detentor da autoridade para conceder-lhe a ordem preservadora.
Logo, Srs. senadores, o *habeas corpus* hoje não está circunscrito aos casos de constrangimento corporal; o *habeas corpus* hoje se estende a todos os casos em que um direito nosso, qualquer direito, estiver ameaçado, manietado, impossibilitado no seu exercício pela intervenção de um abuso de poder ou de uma ilegalidade.
Desde que a Constituição, Srs. senadores, não particularizou os direitos que, com o *habeas corpus*, queria proteger contra a coação ou contra a violência, claro está que o seu propósito era escudar contra a violência e a coação todo e qualquer direito que elas podiam tolher e lesar nas suas manifestações. Limitar a disposição aos direitos de caráter privado é ir de encontro à boa hermenêutica nas suas regras fundamentais:
1º porque não é lícito distinguir onde a lei não distingue. *Ubi lex non distinguit nec nos distinguere possumus.*
2º porque a mesma norma que manda interpretar restritivamente as disposições restritivas do direito estabelece que as disposições a ele favoráveis se devem entender liberalmente. *Odiosa restringenda, favorabilia amplianda.*
3º porque, em se oferecendo alguma dúvida, a lei se entende sempre a favor da liberdade. *Quotiens dubia interpretatio libertatis est, secundum libertatem respondendum erit.* (Pomponio, Fr. 20, Dig. de Regulis Juris).
A liberdade, segundo a jurisprudência americana, abrange, entre outros direitos, o de exercer os cargos em que somos investidos. É o que Story demonstrou, no seu discurso de 1834, sobre a ciência do governo. Eis as suas palavras:
'Se as liberdades públicas de um indivíduo, como homem e cidadão, *as a man and a citizen*, o seu direito de votar, o seu direito de exercer as funções do seu cargo, *his right to hold office*... se esses direitos estiverem à mercê do primeiro demagogo ou do ídolo popular do dia, de que lhe valerá a esse indivíduo deixarem-no saborear gozos que de um momento para outro lhe podem ser arrebatados ou ter imunidades cujo preço mais sensível nos é, quando as perdemos, do que quando as desfrutamos?' (Story; Miscellaneous Writings, 1852, p. 620).
E ainda, Srs. senadores, o que Cooley sustentou no caso *People ex-rel.* Lev. Hurlbut (25 Michigan 44, 9 Am. Rep. 103), nestas memoráveis palavras. Vou ler o texto no seu original:
'Mr. Justice Story has well shown that constitucional freedom means something more than liberty permitted; it consists in the civil and political rights,

which are absolutely guaranteed, assured and guarded; in one's liberties as a man and a citizen - his right to vote, his right to hold office...'

Isto é, senhores, o juiz Story demonstrou perfeitamente que a liberdade constitucional significa alguma coisa mais do que a simples liberdade ordinária; ela consiste nos direitos civis e políticos, que são absolutamente garantidos, assegurados e preservados; nas liberdades dos indivíduos como homens e cidadãos nos seus direitos de voto e nos seus direitos de ocuparem os cargos que exercerem... É o que o juiz Harlan desenvolveu no pleito Taylor v. Beckham (178, U.S., 603, 44 L. ed. 1210).

Se é, pois, de uma disposição a favor da liberdade que se trata na disposição da Carta brasileira, onde se consagra o *habeas corpus*, este texto se há de tomar amplamente como garantia dada a todas as liberdades, inclusive as liberdades de ordem pública, as liberdades políticas, uma das quais é a de ocupar os cargos para cujo exercício nos mostramos habilitados à justiça com exibição de um título legal.

Eis, Srs. senadores, o que me parece decorrente com a maior evidência do texto constitucional, em que o *habeas corpus* recebeu a consagração que antigamente não tinha, de uma das instituições fundamentais do país, porque até então essa medida tutelar, esse recurso liberal não passava de uma concessão das leis ordinárias, outorgada um dia pela disposição passageira das maiorias de momento, e no dia seguinte, recusada, eliminada ou transformada, sob a influência da índole menos liberal de outra maioria. Agora, não. Agora entre as instituições nas quais nenhum dos poderes do Estado pode tocar sem sacrilégio, está a do *habeas corpus*, definida, ampliada, garantida pelos termos de um grande texto, de um texto claro, de um texto iniludível, de um texto que, pela sua amplitude, não podia ser apoucado senão intervindo o arbítrio individual, o arbítrio injurídico na interpretação de uma lei evidente, para lhe alterar o espírito, a natureza e o limite.

Não compreendo que, se nas questões de direito privado no princípio que recusa ao intérprete o direito de entender restritamente as medidas liberais é um princípio correntio e incontestável, esse princípio deixe de subsistir quando se trata das grandes questões de direito público e direito político, das questões que interessam às grandes instituições nacionais. Muito menos o compreendo, em uma República da natureza da nossa e em uma ocasião como a que atravessa neste momento a República Brasileira, na qual, mais do que nunca necessário é dar a todos as garantias liberais na sua plenitude mais ampla e abroquelá-las por todos os meios contra as invasões onímodas, contra as invasões recrescentes do poder nesse terreno sagrado. O que eu vejo nos Estados Unidos, o que a história americana me mostra é o desenvolvimento contínuo da Constituição da República, em uma evolução constante, pela influência progressiva e liberal das decisões da Suprema Corte.

A Constituição dos Estados Unidos - notem bem isto aqueles que, entre nós, não pensam hoje senão em esmagar a justiça, em amesquinhar-lhe o papel - a Constituição americana não é a que deixaram feita os patriarcas da independência no fim do século XVIII. Não é a Constituição de Washington, de Jefferson, de Madison e de Hamilton, é a Constituição de Marshall, de Taney, de todos os grandes juízes que em uma sucessão memorável como a dos grandes sacerdotes, a dos grandes pontificados, têm

renovado constantemente o espírito republicano daquela grande Carta, introduzindo-lhe cada dia um espírito novo, acomodando-a sempre às novas exigências do meio atual e revestindo sempre a liberdade de novas garantias, toda a vez que o ambiente exterior a ameaça.
Seria, portanto, ir ao contra-apelo do rumo indicado pelo exemplo da jurisprudência americana ou estreitarmos as garantias liberais e reduzirmos e cercearmos os *habeas corpus*, precisamente em uma época em que acabamos de sair de um governo militar e nos achamos ainda em um meio, criado por ele, de um sistema de arbítrio sem limites, sem garantias, sem responsabilidades.
Felizmente, Srs. senadores, felizmente a jurisprudência do Supremo Tribunal tem corrido entre nós na mesma direção do progresso, ao menos quanto à inteligência desse grande recurso constitucional, sua importância, seu alcance, sua esfera de ação e sua utilidade.
Não tivemos ontem, porventura, o *habeas corpus* concedido, *habeas corpus* preventivo, à requisição do Tribunal Superior do Amazonas, que se considerava ameaçado pelo receio de uma reforma inconstitucional, em que os mais altos juízes daquele Estado perdessem os seus cargos?
Não tivemos aqui a série de *habeas corpus* concedida ao Conselho Municipal deste Distrito pela nossa grande magistratura?
E do que se tratava nesses casos, Srs. senadores, era simplesmente de garantir contra a coação corporal os membros do Tribunal do Amazonas ou os conselheiros municipais deste Distrito? Era simplesmente de lhes dar o direito de entrar e sair do recinto do seu Conselho?
É levar muito longe a elasticidade das ficções, e colocá-los assim em contradição material com a realidade, o que se assegurava em um e em outro caso. Ali, aos membros de um alto Tribunal Judiciário; aqui, ao de uma magistratura popular o direito de exercer o seu mandato, de se desempenhar das suas funções.
Agora outro exemplo: Pois não foi o Supremo Tribunal Federal quem me concedeu, como membro desta casa, o direito de assegurar a publicação do meu discurso, bem como a publicação dos discursos de todos os membros do Congresso Nacional na imprensa brasileira?
Foi esse ato benemérito do Supremo Tribunal Federal que burlou, na sua substância, o último estado de sítio que se destinava a ser um sistema de asfixia completa.
De mordaça absoluta, de estrangulação total, imposta não só aos indivíduos na população desta cidade, mas ao Congresso Nacional, ao Poder Legislativo, ao Senado e à Câmara dos Deputados por um ato da polícia, naturalmente autorizado ou determinado pelos seus superiores, que, não se poderia imaginar na polícia uma audácia tal, sem que contasse com as costas quentes do apoio dos que mandaram. Por um simples ato da polícia se determinou que só o Diário Oficial poderia publicar os discursos por mim proferidos nesta casa.
E foi necessário ir bater à porta do Supremo Tribunal Federal, para que tivéssemos o direito constitucional de levar os nossos atos e palavras neste recinto e na outra casa do Congresso ao conhecimento público.
Ora, pergunto eu: Foi o constrangimento corporal que se acudiu nesta casa? Foi o direito de ordem, o direito de conhecer o que se assegurou, ou foi a

autoridade moral, política, de exercer livremente o mandato senatório, o mandato legislativo?
Em caso de fisionomia bem diversa ainda podemos colocar o exemplo...
É o que se deu quando me vi obrigado a reclamar contra as condições da prisão de um jornalista, que eu entendia estar sendo sujeito à detenção pessoal, em um lugar destinado a réus de crimes comuns, contra o que a Constituição positivamente exige.
Ora, é claro que neste caso não se tratava de remover um constrangimento pessoal. Trata-se unicamente de uma escolha entre prisão e prisão. Prisão em certa ou prisão em outra localidade. A diferença entre uma e outra não é senão que a prisão destinada aos réus de crimes comuns confunde os arbitrariamente detidos durante o estado de sítio com os criminosos processados ou condenados. E, portanto, um sofrimento moral o que neste caso se impõe ao detento, preso em um caso como no outro, mas em um caso preso de modo mais humilhante do que em outro caso. E para remover esta condição humilhante, que o deixava nas mesmas condições de privação na sua liberdade pessoal, é que tivemos de intentar o recurso de *habeas corpus*, que o Supremo Tribunal deferiu.
Eis aí, portanto, ainda neste caso, uma hipótese de *habeas corpus* requerido e outorgado, não para remover o constrangimento corporal, mas para atalhar uma coação moral que a lei não autorizava.
Tenho ouvido, Sr. Presidente, a propósito deste *habeas corpus*, algumas outras teorias que não devo deixar passar também sem o meu fraco embargo. Para se facilitar a desobediência ao ato do Supremo Tribunal, se costuma dizer, se tem dito, que o *habeas corpus* não é uma sentença, é uma ordem. Parece que deste modo, se alivia a carga do atentado, se facilita a aventura da infração da lei. Como se, afinal de contas, uma ordem, quando é legal, quando baixada da autoridade competente, quando tem as condições de evidência que a juridicidade lhe imprime, não fosse tão sagrada, tão respeitada e se não se impusesse à evidência de todos como um ato qualquer de outra autoridade conhecida por um nome mais elevado na nomenclatura dos atos do poder.
Mas, senhores, por que é que a ordem de *habeas corpus*, na realidade, se não há de considerar como sentença? Se não é, no rigor do uso técnico, da linguagem...
O Sr. Adolpho Gordo - É uma verdadeira sentença.
O Sr. Ruy Barbosa - É incontestavelmente, como muito bem acaba de dizer o honrado senador por São Paulo, uma verdadeira sentença...
O Sr. Adolpho Gordo - Uma decisão.
O Sr. Ruy Barbosa -... uma decisão muitas vezes definitiva, que muitas vezes põe termo a processos, resolve altas questões pendentes, questões da maior importância jurídica possível. Se sentença não fosse, como explicariam os nobres senadores que da ordem de *habeas corpus* houvesse recurso de instâncias, do Juízo Seccional para o Supremo Tribunal, só das sentenças se conhece recurso em matéria judicial. Os recursos no sentido próprio, técnico, geral, da palavra, não são senão os meios de provocar contra uma sentença de um tribunal inferior a decisão de um tribunal superior.
Mas - dizem - o *habeas corpus* não resolve; é um incidente jurídico, que a autoridade legislativa pode facilmente remover. Não se trataria de revogar uma sentença ou desobedecer; tratar-se-ia de evitar a sua execução.

Evidentemente. A própria decisão interlocutória, enquanto não reformada, tem direito à obediência. Mas nem de uma decisão interlocutória se trata, porque a interlocutória não revolve senão incidente do processo; o *habeas corpus* pode ser um incidente em certos processos, quando se trata de formação da culpa, quando se trata de prisão ilegal, por violação de qualquer das condições postas à prisão leis brasileiras - nesses casos o *habeas corpus* suspende a prisão decretada, sem assegurar ao paciente o direito definitivo de não ser preso, porque com o andamento do processo, com sentença de pronúncia se verificam as condições legais em que a prisão se verifica juridicamente.

Mas, Sr. Presidente, casos há em que o *habeas corpus*, sendo uma sentença, é a sentença definitiva. (Apoiados.)

Quando, por exemplo, mesmo em um processo ordinário, o *habeas corpus* se concede por incompetência do juiz processante ou sumariamente, nessa hipótese, a ordem de *habeas corpus* tem efeito definitivo. Todo o processo para diante daquela autoridade.

Figuremos, Sr. Presidente, outro caso - e destes casos temos nós precedente na jurisprudência dos Estados Unidos. Foi em mil, oitocentos e sessenta e tantos, em 1867, creio, que se verificou nos Estados Unidos o caso Milligham em que Dudley Field, um dos maiores juristas americanos, o autor da codificação do Direito Internacional, comparecendo ante a Suprema Corte Americana, presidida por Taney para solicitar a garantia de vida em favor desse americano, que acabava de ser condenado por um tribunal militar à pena de morte. A Corte Suprema, aceitando o pedido, concedeu o *habeas corpus*.

É um caso que entre nós se pode dar. Figuremos a hipótese da organização, entre nós, de tribunais de exceção, de juízos militares, que condenassem um brasileiro ou um estrangeiro residente entre nós, à pena de morte, diante da nossa Constituição que não admite senão em casos de guerra. Qual o recurso ao ameaçado para salvar a sua vida, para arrancá-la dos juízes que o condenavam a perdê-la, qual senão o recurso do *habeas corpus*? Haveria um tribunal federal que o recusasse? Mas nesta hipótese o *habeas corpus* seria uma sentença definitiva que poria termo a um processo concluído.

Aqui está, Srs. senadores, o em que me fundo eu para sustentar o cabimento jurídico do habeas corpus *no caso de que se trata. RUY BARBOSA."*

A posição de Pedro Lessa pode ser apresentada pelo voto que proferiu no Supremo Tribunal, no *habeas corpus* nº 3.567, julgado em 1º de julho de 1914 e, logo depois, transposta para o livro que publicava em 1915:

"A doutrina que acerca do *habeas corpus* invariavelmente tenho sustentado, aplicando-a sempre como juiz, é clara, simples e assenta em expressas disposições do direito pátrio. Dela nunca me afastei uma só vez. Importa recordá-la, posto que resumidamente. Freqüentemente, todos os dias, se requerem ordens de *habeas corpus*, alegando os pacientes que estão presos, ou ameaçados de prisão, e pedindo que lhes seja restituída, ou garantida, a liberdade individual. Nessas condições, não declaram, nem precisam declarar, quais os direitos cujo exercício lhes foi tolhido, ou está ameaçado; porquanto, a prisão obsta ao exercício de quase todos os direitos do indivíduo. A liberdade individual é um direito fundamental, condição do exercício de um sem-número de direitos: para trabalhar, para cuidar de seus negócios, para tratar de sua saúde, para praticar os atos de seu culto religioso, para cultivar seu espírito, aprendendo qualquer ciência, para se distrair, para desenvolver seu sentimento, para tudo, em suma, precisa o homem de liberdade de locomoção, do direito de ir e vir. Além de inútil, fora difícil, se não impossível, enumerar todos os direitos que o indivíduo fica impossibilitado de exercer pela privação da liberdade individual; pela prisão, pela detenção, ou pelo exílio. A impetração do *habeas corpus* para fazer cessar a prisão, ou para a prevenir, é o que se vê diariamente.

Algumas vezes, entretanto, a ilegalidade de que se queixa o paciente, não importa a completa privação da liberdade individual. Limita-se a coação ilegal a ser verdade unicamente a liberdade individual, quando esta tem por fim próximo o exercício de um determinado direito. Não está o paciente preso, nem detido, nem exilado, nem ameaçado de imediatamente o ser. Apenas o impedem de ir, por exemplo, a uma praça pública, onde se deve realizar uma reunião com intuitos políticos; a uma casa comercial, ou a uma fábrica, na qual é empregado; a uma repartição pública, onde se tem de desempenhar uma função, ou promover um interesse; à casa em que reside, ao seu domicílio.

Na primeira hipótese figurada, a que se realiza constantemente, cifra-se a tarefa processual do juiz em averiguar se o paciente está preso ou ameaçado de prisão; se está condenado ou pronunciado; se é competente o juiz que decretou a prisão ou a pronúncia.

Na segunda, expressamente consagrada no artigo 72, 22, da Constituição Federal, que manda conceder o *habeas corpus*, sempre que o indivíduo sofrer qualquer coação à sua liberdade individual, nem restringe, nem distingue a coação, que é destinado a impedir, assume diversa modalidade a indagação a que é obrigado o juiz: o que a este cumpre, é verificar se o direito que o paciente quer exercer, e do qual a liberdade física é uma condição necessária; um meio indispensável para se atingir o fim; um caminho cuja impraticabilidade inibe que se chegue ao termo almejado; o que cumpre verificar é se esse direito é contestável, líquido, se o seu titular não está de qualquer modo privado de exercê-lo, embora temporariamente. Esta investigação se impõe ao juiz; porquanto o processo do *habeas corpus* é de andamento rápido, não tem forma, nem figura de juízo, e conseguintemente não comporta o exame, nem a decisão de qualquer outra questão judicial, que se lhe queira anexar, ou que nele se pretenda inserir. Desde que apurada esteja a posição jurídica manifesta, a situação legal inquestionável, de quem é vítima de uma coação, que constitui o único obstáculo ao exercício de um direito incontestável, não é lícito negar o *habeas corpus*. Nem de outro modo fora possível respeitar o preceito da Constituição, amplo, vasto, perfeitamente liberal, mais adiantado (e isto ressalta dos seus próprios termos) que o preceito similar dos países mais cultos.

Pouco importa a espécie de direitos que o paciente precisa ou deseja exercer. Seja-lhe necessária a liberdade de locomoção para pôr em prática um direito de ordem civil, ou de ordem comercial, ou de ordem constitucional, ou de ordem administrativa, de ver ser-lhe concedido o *habeas corpus*, sob a cláusula exclusiva de ser juridicamente indiscutível este último direito, o direito escopo. Para recolher à casa paterna o impúbere transviado, para fazer um contrato ou um testamento, para receber um laudêmio, ou para construir uma hipoteca; para exercitar a indústria de transporte, ou para protestar uma letra; para ir votar, ou para desempenhar uma função política eletiva; para avaliar um prédio e coletá-lo, ou para proceder ao expurgo higiênico de qualquer habitação; se é necessário garantir a um indivíduo a liberdade de locomoção, porque uma ofensa, ou uma ameaça, a essa liberdade foi embaraço a que exercesse qualquer desses direitos, não lhe pode ser negado *habeas corpus*. Que juiz, digno desse nome, indeferiria o pedido de *habeas corpus* em favor do cidadão que, estando no gozo dos seus direitos políticos, não pudesse chegar até a mesa eleitoral, porque lho vedasse a violência de qualquer esbirro, ou de qualquer autoridade energúmena?

Nesse ponto releva espancar uma confusão, em que têm incidido, até na imprensa diária, alguns espíritos que não atentam bem na função do *habeas corpus*. E esse, dizem, um remédio judicial adequado à exclusiva proteção da liberdade individual, entendida embora esta expressão - liberdade individual - no sentido amplo, que abrange, além da liberdade de locomoção, a imprensa, de associação, de representação, a inviolabilidade do domicílio. Manifesto erro! É exclusiva missão do *habeas corpus* garantir a liberdade individual na acepção restrita, a liberdade física, a liberdade de locomoção. O único direito em favor do qual se pode invocar o *habeas corpus* é a liberdade de locomoção e de acordo com este conceito tenho sempre julgado. Evidente engano fora supor que pelo *habeas corpus* se pode sempre defender a liberdade de imprensa. Quando a imprensa é violentada, porque ao redator de um jornal, por exemplo, não se permite ir ao escritório da folha, e lá escrever e corrigir os seus artigos, ou porque ao entregador, ou ao vendedor, se tolhe o direito de percorrer a cidade entregando ou vendendo o jornal, não há dúvida que o caso é de *habeas corpus*. Mas este caso é de *habeas corpus*, exatamente pelo fato de ter sido violada a liberdade de locomoção. Quando a imprensa é violentada, porque, por exemplo, se dá a apreensão do material tipográfico, ou dos números do jornal, ou dos exemplares de um livro, por certo ninguém se lembraria de requerer uma ordem de *habeas corpus* como meio de fazer cessar a violação do direito. Quando se ofende a liberdade religiosa, obstando a que alguém penetre no templo da sua seita, ou saia a praticar atos de culto externo da sua confissão, incontestavelmente tem cabimento o recurso de *habeas corpus*, visto como foi embaraçando a liberdade de locomoção que se feriu a liberdade religiosa. Quando se ofende a liberdade religiosa, porque se arrasam as igrejas, ou se destroem os objetos do culto, a nenhum jurista principiante ocorreria a idéia de requerer um *habeas corpus*, remédio aplicado somente às pessoas, e nunca às coisas. Além da liberdade de locomoção, nenhuma outra há defensável pelo *habeas corpus*. Absurda é qualquer extensão, qualquer elasticidade, que se dê ao *habeas corpus* nesse sentido. A liberdade de locomoção constitui uma condição, um meio, um caminho, para o exercício não só de outros direitos individuais, como de direitos secundários, direitos meramente civis, políticos ou administrativos.

Para garantir a liberdade individual, não há remédio sucedâneo do *habeas corpus*, nem a este comparável no que toca à rapidez da aplicação. Demais, é um remédio que nenhum mal produz, que se pode usar em larga escala, sem o menor inconveniente. O que importa muito, e somente, é saber administrá-lo. Conhecidos os limites do *habeas corpus*, não há motivo algum para recear que por ele se substitua qualquer outro processo judicial; que

se lance mão do *habeas corpus*, quando diverso é o meio processual competente, apropriado; que se transfiram para o *habeas corpus* as funções de outra qualquer ação, como por exemplo, as da ação especial do artigo 13 da Lei nº 221, de 20 de novembro de 1894. Refiro-me expressamente à ação mencionada, porque já se tem dito e escrito, que no caso do Conselho Municipal desta cidade se deverá ter aplicado essa forma processual, em vez do *habeas corpus*.
O erro é grosseiro, e a sua refutação já está feita em linhas anteriores. Para os que compreendem a natureza jurídica do *habeas corpus*, e da ação especial do artigo 13 da Lei nº 221, não há confusão possível entre os dois meios judiciais. O *habeas corpus* por ser um processo de rito muito rápido, sem forma nem figura de juízo, não comporta o exame, nem a prova, nem a decisão de questões que exijam um estudo algum tanto detido. Se se requer o *habeas corpus* para pôr termo a uma prisão ilegal, ou para evitar esse abuso, ao juiz só cumpre indagar, antes de proferir a sua decisão, se há uma sentença condenatória, ou um despacho de pronúncia, e se é competente o juízo que condenou ou pronunciou. É isso o que se faz, em regra.
Se se requer *habeas corpus*, para prevenir, ou remover a coação, que se traduz, não em prisão ou detenção, mas na impossibilidade de exercer um direito qualquer, de praticar um ato legal, ao juiz, que não pode envolver no processo do *habeas corpus* qualquer questão que deva ser processada e julgada em ação própria, incumbe verificar se o direito que o paciente quer exercer é incontestável, líquido, não é objeto de controvérsia, não está sujeito a um litígio. Somente no caso de concluir que manifestamente legal é a posição do paciente, que a este foi vedada a prática de um ato que tinha inquestionavelmente o direito de praticar, deve o juiz conceder a ordem impetrada. Para hipótese diversa foi criada a ação especial do artigo 13 da Lei nº 221: desde que há uma controvérsia juridicamente possível, desde que se levanta uma contestação acerca de um direito, e se faz mister exibir provas e discutir a questão, para o fim de anular um ato administrativo, já incabível é o *habeas corpus*, e adequada a ação especial referida." (*In do Poder Judiciário*, Editora Livraria Francisco Alves, Rio de Janeiro. pp. 284-90).
A polêmica entre estes dois imortais jurisconsultos enalteceu as letras jurídicas brasileiras, despertando, inclusive, para a necessidade e conveniência da criação de um novo instituto: *o mandado de segurança*. A idéia de sua inclusão no nosso sistema foi do Ministro Edmundo Muniz Barreto, em relatório apresentado ao Congresso em 1922. Esta tese, porém, foi desenvolvida pelo Deputado Gudesteo Pires, com a apresentação de um projeto, em 1926, o qual tinha por objeto a matéria expurgada do âmbito do *habeas corpus*, pela reforma constitucional desse ano. A Assembléia Constituinte de 1934, no entanto, soube aproveitar e recolher os estudos até então realizados para, finalmente, instituí-lo no nº 33 do artigo 113 da Constituição: "Dar-se-á mandado de segurança para a defesa de direito certo e incontestável, ameaçado ou violado por ato manifestamente inconstitucional ou ilegal, de qualquer autoridade. O processo será o mesmo do *habeas corpus*, devendo ser sempre ouvida a pessoa de direito público interessada. O mandado não prejudica as ações petitórias competentes".
É oportuno registrar este entendimento de PONTES DE MIRANDA (*in História e Prática do Habeas Corpus*, pág. 21 , Borsói, 4ª ed.):

"*Habeas corpus* eram as palavras iniciais da fórmula no mandado que o Tribunal concedia, endereçado a quantos tivessem em seu poder, ou guarda, o corpo do detido. A ordem era do teor seguinte: "Toma (literalmente: tome, no subjuntivo, *habeas*, de *habeo*, de *habere*, ter, exibir, tomar, trazer, etc.) o corpo deste detido e vem submeter ao Tribunal o homem e o caso". Por onde se vê que era preciso produzir e apresentar à Côrte o homem e o negócio, para que pudesse a justiça, convenientemente instruída, estatuir, com justiça, sobre a questão, e velar pelo indivíduo.

O fim era evitar, ou remediar, quando impetrado, a prisão injusta, aos opressões e as detenções excessivamente prolongadas. Também nesse tempo, em caso de prisão preventiva, o acusado não devia ser tratado como os indivíduos já condenados, recusando-se à prisão o caráter de pena. Por isso mesmo, o paciente havia de comparecer à justiça com as mãos e os pés livres: "*Custodes poenam sibi commissorum non augeant, nec eos torqueant; sed omni saevitia remonta pietateque adhibita, iudicia debit exsequantur*".

[28] Constituição da República Federativa do Brasil:
- art. 102, inciso I, letras *d* e *e*; inciso II, letra *a*;
- art. 105, inciso I, letra *c*; inciso II, letra *a*;
- art. 108, inciso I, letra *d*;
- art. 109, inciso VII.

[29] Código de Processo Penal Brasileiro:
Art. 647 - Dar-se-á *habeas corpus* sempre que alguém sofrer ou se achar na iminência de sofrer violência ou coação ilegal na sua liberdade de ir e vir, salvo nos casos de punição disciplinar.
Art. 648 - A coação considerar-se-á ilegal:
I - quando não houver justa causa;
II - quando alguém estiver preso por mais tempo do que determina a lei;
III - quando quem ordenar a coação não tiver competência para fazê-lo;
IV - quando houver cessado o motivo que autorizou a coação;
V - quando não for alguém admitido a prestar fiança, nos casos em que a lei autoriza;
VI - quando o processo for manifestado nulo;
VII - quando extinta a punibilidade.
Art. 649 - O juiz ou o tribunal, dentro dos limites da sua jurisdição, fará passar imediatamente a ordem impetrada, nos casos em que tenha cabimento, seja qual for a autoridade coatora.
Art. 650 - Competirá conhecer, originariamente, do pedido de *habeas corpus* (ver nota 2):
I - ao Supremo Tribunal Federal, nos casos previstos no art. 101, I, *g*, da Constituição;
II - aos Tribunais de Apelação, sempre que os atos de violência ou coação forem atribuídos aos governadores ou interventores dos Estados ou Territórios e ao prefeito do Distrito Federal, ou a seus secretários, ou aos chefes de polícia.
Parágrafo 1º - A competência do juiz cessará sempre que a violência ou coação provier de autoridade judiciária de igual ou superior jurisdição.

Parágrafo 2º - Não cabe o *habeas corpus* contra a prisão administrativa, atual ou iminente, dos responsáveis por dinheiro ou valor pertencente à Fazenda Pública, alcançados ou omissos em fazer o seu recolhimento nos prazos legais, salvo se o pedido for acompanhado de prova de quitação ou depósito do alcance verificado, ou se a prisão exceder o prazo legal. (ver art. 5º, LXI, CF)

Art. 651 - A concessão do *habeas corpus* não obstará, nem porá termo ao processo, desde que este não esteja em conflito com os fundamentos daquela.

Art. 652 - Se o *habeas corpus* for concedido em virtude de nulidade do processo, este será renovado.

Art. 653 - Ordenada a soltura do paciente em virtude de *habeas corpus*, será condenada nas custas a autoridade que, por má-fé ou evidente abuso de poder, tiver determinado a coação.

Parágrafo único - Neste caso, será remetida ao Ministério Público cópia das peças necessárias para ser promovida a responsabilidade da autoridade.

Art. 654 - O *habeas corpus* poderá ser impetrado por qualquer pessoa, em seu favor ou de outrem, bem como pelo Ministério Público.

Parágrafo 1º - A petição de *habeas corpus* conterá:

a) o nome da pessoa que sofre ou está ameaçada de sofrer violência ou coação e o de quem exercer a violência, coação ou ameaça;

b) a declaração da espécie de constrangimento ou, em caso de simples ameaça de coação, as razões em que funda o seu temor;

c) a assinatura do impetrante, ou de alguém a seu rogo, quando não souber ou não puder escrever, e a designação das respectivas residências.

Parágrafo 2º - Os juízes e os tribunais têm competência para expedir de ofício ordem de *habeas corpus*, quando no curso de processo verificarem que alguém sofre ou está na iminência de sofrer coação ilegal.

Art. 655 - O carcereiro ou o diretor da prisão, o escrivão, o oficial de justiça ou a autoridade judiciária ou policial que embaraçar ou procrastinar a expedição de ordem de *habeas corpus*, as informações sobre a causa da prisão, a condução e apresentação do paciente, ou a sua soltura, será multado na quantia de duzentos mil-réis a um conto de réis, sem prejuízo das penas em que incorrer. As multas serão impostas pelo juiz do tribunal que julgar o *habeas corpus*, salvo quando se tratar de autoridade judiciária, caso em que caberá ao Supremo Tribunal Federal ou ao Tribunal de Apelação impor as multas.

Art. 656 - Recebida a petição de *habeas corpus*, o juiz, se julgar necessário, e estiver preso o paciente, mandará que este lhe seja imediatamente apresentado em dia e hora que designar.

Parágrafo único - Em caso de desobediência, será expedido mandado de prisão contra o detentor, que será processado na forma da lei, e o juiz providenciará para que o paciente seja tirado da prisão e apresentado em juízo.

Art. 657 - Se o paciente estiver preso, nenhum motivo escusará a sua apresentação, salvo:

I - grave enfermidade do paciente;

II - não estar ele sob a guarda da pessoa a quem se atribui a detenção;

III - se o comparecimento não tiver sido determinado pelo juiz ou pelo tribunal.

Parágrafo único - O juiz poderá ir ao local em que o paciente se encontrar, se este não puder ser apresentado por motivo de doença.

Art. 658 - O detentor declarará à ordem de quem o paciente estiver preso.

Art. 659 - Se o juiz ou o tribunal verificar que já cessou a violência ou coação ilegal, julgará prejudicado o pedido.

Art. 660 - Efetuadas as diligências, e interrogado o paciente, o juiz decidirá, fundamentalmente, dentro de 24 (vinte e quatro) horas.

Parágrafo 1º - Se a decisão for favorável ao paciente, será logo posto em liberdade, salvo se por outro motivo dever ser mantido na prisão.

Parágrafo 2º - Se os documentos que instruírem a petição evidenciarem a ilegalidade da coação, o juiz ou o tribunal ordenará que cesse imediatamente o constrangimento.

Parágrafo 3º - Se a ilegalidade decorrer do fato de não ter sido o paciente admitido a prestar fiança, o juiz arbitrará o valor desta, que poderá ser prestada perante ele, remetendo, neste caso, à autoridade os respectivos autos, para serem anexados aos do inquérito policial ou aos do processo judicial.

Parágrafo 4º - Se a ordem de *habeas corpus* for concedida para evitar ameaça de violência ou coação ilegal, dar-se-á ao paciente salvo-conduto assinado pelo juiz.

Parágrafo 5º - Será incontinenti enviada cópia da decisão à autoridade que tiver ordenado a prisão ou tiver o paciente à sua disposição, a fim de juntar-se aos autos do processo.

Parágrafo 6º - Quando o paciente estiver preso em lugar que não seja o da sede do juízo ou do tribunal que conceder a ordem, o alvará de soltura será expedido pelo telégrafo, se houver, observadas as formalidades estabelecidas no art. 289, parágrafo único, *in fine,* ou por via postal.

Art. 661 - Em caso de competência originária do Tribunal de Apelação, a petição de *habeas corpus* será apresentada ao secretário, que enviará imediatamente ao presidente do tribunal, ou da câmara criminal, ou da turma, que estiver reunida, ou primeiro tiver de reunir-se.

Art. 662 - Se a petição contiver os requisitos do art. 654, Parágrafo 1º, o presidente, se necessário, requisitará da autoridade indicada como coatora informações por escrito. Faltando, porém, qualquer daqueles requisitos, o presidente mandará preenchê-lo, logo que lhe for apresentada a petição.

Art. 663 - As diligências do artigo anterior são ordenadas, se o presidente entender que o *habeas corpus* deva ser indeferido *in limine.* Nesse caso, levará a petição ao tribunal, câmara ou turma, para que delibere a respeito.

Art. 664 - Recebidas as informações, ou dispensadas, o *habeas corpus* será julgado na primeira sessão, podendo, entretanto, adiar-se o julgamento para a sessão seguinte.

Parágrafo único - A decisão será tomada por maioria de votos. Havendo empate, se o presidente não tiver tomado parte na votação, proferirá voto de desempate; no caso contrário, prevalecerá a decisão mais favorável ao paciente.

Art. 665 - O secretário do tribunal lavrará a ordem que, assinada pelo presidente do tribunal, câmara ou turma, será dirigida, por ofício ou telegrama, ao detentor, ao carcereiro ou autoridade que exercer ou ameaçar exercer o constrangimento.

Parágrafo único - A ordem transmitida por telegrama obedecerá ao disposto no art. 289, parágrafo único, *in fine.*
Art. 666 - Os regimentos dos Tribunais de Apelação estabelecerão as normas complementares para o processo e julgamento do pedido de *habeas corpus* de sua competência originária.
Art. 667 - No processo e julgamento de *habeas corpus* de competência originária do Supremo Tribunal Federal, bem como nos de recurso das decisões de última ou única instância, denegatórias de *habeas corpus*, observar-se-á, no que lhes for aplicável, o disposto nos artigos anteriores, devendo o regimento interno do tribunal estabelecer as regras complementares.

[30] *Código de Processo Penal Militar:*
Art. 466 - Dar-se-á *habeas corpus* sempre que alguém sofrer ou se achar ameaçado de sofrer violência ou coação em sua liberdade de locomoção, por ilegalidade ou abuso de poder.
Parágrafo único - Excetuam-se, todavia, os casos em que a ameaça ou a coação resultar:
a) de punição aplicada de acordo com os Regulamentos Disciplinares das Forças Armadas;
b) de punição aplicada aos oficiais e praças das Polícias e dos Corpos de Bombeiros, Militares, de acordo com os respectivos Regulamentos Disciplinares;
c) da prisão administrativa, nos termos da legislação em vigor, de funcionário civil responsável para com a Fazenda Nacional, perante a administração militar;
d) da aplicação de medidas que a constituição do Brasil autoriza durante o estado de sítio;
e) nos casos especiais previstos em disposição de caráter constitucional.
Art. 467 - Haverá ilegalidade ou abuso de poder:
a) quando o cerceamento da liberdade for ordenado por quem não tinha competência para tal;
b) quando ordenado ou efetuado sem as formalidades legais;
c) quando não houver justa causa para a coação ou constrangimento;
d) quando a liberdade de ir e vir for cerceada fora dos casos previstos em lei;
e) quando cessado o motivo que autorizava o cerceamento;
f) quando alguém estiver preso por mais tempo do que determina a lei;
g) quando alguém estiver processado por fato que não constitua crime em tese;
h) quando estiver extinta a punibilidade;
1) quando o processo estiver evidentemente nulo.
Art. 468 - Poderá ser concedido *habeas corpus*, não obstante já ter havido sentença condenatória:
a) quando o fato imputado, tal como estiver narrado na denúncia, não constituir infração penal;
b) quando a ação ou condenação já estiver prescrita;
c) quando o processo for manifestamente nulo;
d) quando for incompetente o juiz que proferiu a condenação.

Art. 469 - Compete ao Superior Tribunal Militar o conhecimento do pedido de *habeas corpus*.
Art. 470 - O *habeas corpus* pode ser impetrado por qualquer pessoa em seu favor ou de outrem, bem como pelo Ministério Público. O Superior Tribunal Militar pode concedê-lo de ofício, se, no curso do processo submetido à sua apreciação, verificar a existência de qualquer dos motivos no art. 467.
Parágrafo 1º - O pedido será rejeitado se o paciente a ele se opuser.
Parágrafo 2º - Durante as férias do Superior Tribunal Militar seu presidente terá competência para conhecer e deferir a impetração, ad referendum *do Tribunal, após as mesmas férias, ouvindo o representante do Ministério Público.*
Art. 471 - A petição de *habeas corpus* conterá:
a) o nome da pessoa que sofre ou está ameaçada de sofrer violência ou coação e o de quem é responsável pelo exercício da violência, coação ou ameaça;
b) a declaração da espécie de constrangimento ou, em caso de ameaça de coação, as razões em que o impetrante funda o seu temor;
c) assinatura do impetrante, ou de alguém a seu rogo, quando não souber ou não puder escrever, e a designação das respectivas residências.
Parágrafo único - O pedido de *habeas corpus* pode ser feito por telegrama, com as indicações enumeradas neste artigo e a transcrição literal do reconhecimento da firma do impetrante, por tabelião.
Art. 472 - Despachada a petição e distribuída, serão, pelo relator, requisitadas imediatamente informações ao detentor ou a quem fizer a ameaça, que deverá prestá-las dentro do prazo de cinco dias, contados da data do recebimento da requisição.
Parágrafo 1º - Se o detentor informar que o paciente está preso por determinação de autoridade superior, deverá indicá-la, para que a esta sejam requisitadas as informações, a fim de prestá-las na forma mencionada no preâmbulo deste artigo.
Parágrafo 2º - Se informar que não é mais detentor do paciente, deverá esclarecer se este já foi solto ou removido para outra prisão. No primeiro caso, dirá em que dia e hora; no segundo, qual o local da nova prisão.
Parágrafo 3º - Imediatamente após as informações, o relator, se as julgar satisfatórias, dará vista do processo, por quarenta e oito horas, ao procurador-geral.
Art. 473 - Recebido de volta o processo, o relator apresenta-lo-á em mesa, sem demora, para o julgamento, que obedecerá ao disposto no Regimento Interno do Tribunal.
Art. 474 - O relator ou o Tribunal poderá determinar as diligências que entender necessárias, inclusive a requisição do processo e a apresentação do paciente, em dia e hora que designar.
Art. 475 - Se o paciente estiver preso, nenhum motivo escusará o detentor de apresentá-lo, salvo:
a) enfermidade que lhe impeça a locomoção ou a não aconselhe, por perigo de agravamento do seu estado mórbido;
b) não estar sob a guarda da pessoa a quem se atribui a detenção.
Parágrafo único - Se o paciente não puder ser apresentado por motivo de enfermidade, o relator poderá ir ao local em que ele se encontrar; ou, por proposta sua, o Tribunal, mediante ordem escrita, poderá determinar que ali compareça o seu secretário ou, fora da Circunscrição Judiciária de sua

sede, o auditor que designar, os quais prestarão as informações necessárias, que constarão do processo.

Art. 476 - A concessão de *habeas corpus* não obstará o processo nem lhe porá termo, desde que não conflite com os fundamentos da concessão.

Art. 477 - Se o *habeas corpus* for concedido em virtude de nulidade do processo, será este renovado, salvo se do seu exame se tornar evidente a inexistência de crime.

Art. 478 - As decisões do Tribunal sobre *habeas corpus* serão lançadas em forma de sentença nos autos. As ordens necessárias ao seu cumprimento serão, pelo secretário do Tribunal, expedidas em nome do seu presidente.

Art. 479 - Se a ordem de *habeas corpus* for concedida para frustrar ameaça de violência ou coação ilegal, dar-se-á ao paciente salvo-conduto, assinado pelo presidente do Tribunal.

Art. 480 - O detentor do preso ou responsável pela detenção ou quem que, sem justa causa, embarace ou procrastine a expedição de ordem de *habeas corpus*, as informações sobre a causa da prisão, a condução e apresentação do paciente, ou desrespeite salvo-conduto expedido de acordo com o artigo anterior, ficará sujeito a processo pelo crime de desobediência à decisão judicial.

Parágrafo único - Para esse fim, o presidente do Tribunal oficiará ao procurador-geral para que este promova ou determine a ação penal, nos termos do art. 28, letra c.

Do recurso das Decisões Denegatórias de *Habeas Corpus*.

Art. 568 - O recurso da decisão denegatória de *habeas corpus* é ordinário e deverá ser interposto nos próprios autos em que houver sido lançada a decisão recorrida.

Art. 569 - Os autos subirão ao Supremo Tribunal Federal logo depois de lavrado o termo de recurso, com os documentos que o recorrente juntar à sua petição, dentro do prazo de quinze dias, contando da intimação do despacho, e com os esclarecimentos que ao presidente do Superior Tribunal Militar ou ao procurador-geral parecerem convenientes.

[31] Regimento Interno do Supremo Tribunal Federal:

Art. 188 - Dar-se-á *habeas corpus* sempre que alguém sofrer ou se achar ameaçado de sofrer violência ou coação em sua liberdade de locomoção, por ilegalidade ou abuso de poder.

Art. 189 - O *habeas corpus* pode ser impetrado:
I - por qualquer pessoa, em seu favor ou de outrem;
II - pelo Ministério Público.

Art. 190 - A petição de *habeas corpus* deverá conter:
I - o nome do impetrante, bem como o do paciente e do coator;
II - os motivos do pedido e, quando possível, a prova documental dos fatos alegados;
III - a assinatura do impetrante ou de alguém a seu rogo, se não souber escrever.

Art. 191 - O Relator requisitará informações do apontado coator e, sem prejuízo do disposto no art. 21, IV e V, poderá:
I - sendo relevante a matéria, nomear advogado para acompanhar e defender oralmente o pedido, se o impetrante não for diplomado em direito;

II - ordenar diligências necessárias à instrução do pedido, no prazo que estabelecer, se a deficiência deste não for imputável ao impetrante;
III - determinar a apresentação do paciente à sessão do julgamento, se entender conveniente;
IV - no *habeas corpus* preventivo, expedir salvo-conduto em favor do paciente, até decisão do feito, se houver grave risco de consumar-se a violência.
Art. 192 - Instruído o processo e ouvido o Procurador-Geral, em dois dias, o Relator o colocará em mesa para julgamento na primeira sessão da Turma ou do Plenário, observando-se, quanto à votação, o disposto nos arts. 146, parágrafo único, e 150, § 3º.
Parágrafo único - Não se conhecerá do pedido se desautorizado pelo paciente.
Art. 193 - O Tribunal poderá, de ofício:
I - usar da faculdade prevista no art. 191, III;
II - expedir ordem de *habeas corpus* quando, no curso de qualquer processo, verificar que alguém sofre ou se acha ameaçado de sofrer violência ou coação em sua liberdade de locomoção, por ilegalidade ou abuso de poder.
Art. 194 - A decisão concessiva de *habeas corpus* será imediatamente comunicada às autoridades a quem couber cumpri-la, sem prejuízo da remessa de cópia autenticada do acórdão.
Parágrafo único - A comunicação mediante ofício, telegrama ou radiograma, bem como o salvo-conduto, em casos de ameaça de violência ou coação, serão firmados pelo Presidente do Tribunal ou da Turma.
Art. 195 - Ordenada a soltura do paciente, em virtude de *habeas corpus*, a autoridade que, por má-fé ou evidente abuso de poder tiver determinado a coação, será condenado nas custas, remetendo-se ao Ministério Público translado das peças necessárias à apuração de sua responsabilidade penal.
Art. 196 - O carcereiro ou o diretor da prisão, o escrivão, o oficial de justiça ou a autoridade judiciária, policial ou militar que embaraçarem ou procrastinarem o encaminhamento do pedido de *habeas corpus*, as informações sobre a causa da violência, coação ou ameaça ou a condução e apresentação do paciente, serão multados na forma da legislação processual vigente, sem prejuízo de outras sanções penais e administrativas.
Art. 197 - Havendo desobediência ou retardamento abusivo no cumprimento da ordem de *habeas corpus*, por parte do detentor ou carcereiro, o Presidente do Tribunal expedirá mandado de prisão contra o desobediente e oficiará ao Ministério Público, a fim de que promova a ação penal.
Parágrafo Único - Na hipótese deste artigo, o Tribunal ou o seu Presidente tomarão as providências necessárias ao cumprimento da decisão, com emprego dos meios legais cabíveis, e determinarão, se necessário, a apresentação do paciente ao Relator ou a magistrado local por ele designado.
Art. 198 - As fianças que se tiverem de prestar perante o Tribunal, em virtude de *habeas corpus*, serão processadas pelo Relator, a menos que este delegue essa atribuição a outro magistrado.
Art. 199 - Se pendente o processo de *habeas corpus*, cessar a violência ou coação, julgar-se-á prejudicado o pedido, podendo, porém, o Tribunal declarar a ilegalidade do ato e tomar as providências cabíveis para punição do responsável.
Do Recurso de *Habeas Corpus*:

Art. 310 - O recurso ordinário para o Tribunal, das decisões denegatórias de *habeas corpus*, será interposto no prazo de cinco dias, nos próprios autos em que se houver proferido a decisão recorrida, com as razões do pedido de reforma.
Art. 311 - Distribuído o recurso, a Secretaria, imediatamente, fará os autos com vista ao Procurador-Geral, pelo prazo de dois dias. Conclusos ao Relator, este submeterá o feito a julgamento do Plenário ou da Turma, conforme o caso.
Art. 312 - Aplicar-se-á, no que couber, ao processamento do recurso o disposto com relação ao pedido originário de *habeas corpus*.

Regimento Interno do Superior Tribunal de Justiça:
Art. 201 - O relator requisitará informações do apontado coator, no prazo que fixar, podendo, ainda:
I - nomear advogado para acompanhar e defender oralmente o pedido, se o impetrante não for bacharel em Direito;
II - ordenar diligências necessárias à instrução do pedido;
III - se convier ouvir o paciente, determinar sua apresentação à sessão do julgamento;
IV - no *habeas corpus* preventivo, expedir salvo-conduto em favor do paciente, até decisão do feito, se houver grave risco de consumar-se a violência.
Art. 202 - Instruído o processo e ouvido o Ministério Público, em dois dias, o relator o colocará em mesa para julgamento, na primeira sessão da Turma, da Seção ou da Corte Especial
§ 1º - Opondo-se o paciente, não se conhecerá do pedido.
§ 2º - Às comunicações de prisão aplica-se o procedimento previsto neste artigo e, no que couber, as disposições do presente capítulo.
Art. 203 - O Tribunal poderá, de ofício:
I - se convier ouvir o paciente, determinar sua apresentação à sessão de julgamento;
II - expedir ordem de *habeas corpus*, quando, no curso de qualquer processo, verificar que alguém sofre ou está na iminência de sofrer coação ilegal.
Art. 204 - A decisão concessiva de *habeas corpus* será imediatamente comunicada às autoridades a quem couber cumpri-la, sem prejuízo da remessa de cópia do acórdão.
§ 1º - A comunicação, mediante ofício ou telegrama, bem como o salvo-conduto, em caso de ameaça de violência ou coação, serão firmados pelo Presidente do órgão julgador que tiver concedido a ordem.
§ 2º - Na hipótese de anulação do processo, poderá o Tribunal ou o Juiz aguardar o recebimento da cópia do acórdão para o efeito de renovação dos atos processuais.
Art. 205 - Ordenada a soltura do paciente, em virtude de *habeas corpus*, a autoridade que, por má-fé ou evidente abuso de poder, tiver determinado a coação, será condenada nas custas, remetendo-se ao Ministério Público translado das peças necessárias à propositura da ação penal.
Art. 206 - O carcereiro ou diretor da prisão, o escrivão, o oficial de justiça ou a autoridade judiciária, policial ou militar, que embaraçarem ou procrastinarem o encaminhamento do pedido de *habeas corpus*, ou as informações sobre a causa da violência, coação ou ameaça, serão multados na forma

da legislação vigente, sem prejuízo de outras sanções penais ou administrativas.
Art. 207 - Havendo desobediência ou retardamento abusivo no cumprimento da ordem de *habeas corpus*, de parte do detentor ou carcereiro, o Presidente do Tribunal, Seção ou da Turma expedirá mandado contra o desobediente e oficiará ao Ministério Público, a fim de que promova a ação penal.
Parágrafo único - Na hipótese deste artigo, a Seção, a Turma ou respectivo Presidente tomará as providências necessárias ao cumprimento da decisão, com emprego dos meios legais cabíveis, e determinará, se necessário, a apresentação do paciente ao relator ou ao juiz por ele designado.
Art. 208 - As fianças que tiverem de ser prestadas perante o Tribunal serão processadas e julgadas pelo relator, a menos que este delegue essa atribuição a outro magistrado.
Art. 209 - Se, pendente o processo de *habeas corpus*, cessar a violência ou coação, julgar-se-á prejudicado o pedido, podendo, porém, o Tribunal declarar a ilegalidade do ato e tomar as providências cabíveis para punição do responsável.
Art. 210. - Quando o pedido for manifestamente incabível, ou for manifesta a incompetência do Tribunal para dele tomar conhecimento originariamente, ou for reiteração de outro com os mesmos fundamentos, o relator o indeferirá liminarmente.
Do Recurso Ordinário em *Habeas Corpus*:
Art. 244 - O recurso ordinário em *habeas corpus* será interposto na forma e no prazo estabelecidos na legislação processual vigente.
Art. 245 - Distribuído o recurso, a Secretaria fará os autos com vista ao Ministério Público pelo prazo de dois dias.
Parágrafo único - Conclusos os autos ao relator, este submeterá o feito a julgamento na primeira sessão que se seguir à data da conclusão.
Art. 246 - Será aplicado, no que couber, ao processo e julgamento do recurso, o disposto com relação ao pedido originário de *habeas corpus* (arts. 201 e seguintes).

Regimento Interno do Superior Tribunal Militar:
Art. 95 - O *habeas corpus* pode ser impetrado:
I - por qualquer pessoa, em seu favor ou de outrem;
II - pelo Ministério Público.
Parágrafo único - O pedido será rejeitado se o paciente a ele se opuser.
Art. 96 - O Relator solicitará imediatamente informações à autoridade apontada como coatora, que as prestará no prazo de cinco dias, podendo, ainda:
I - sendo relevante a matéria, nomear advogado para acompanhar e defender oralmente o pedido, se o impetrante não for bacharel em Direito;
II - ordenar diligências necessárias à instrução do pedido, se a deficiência deste não for imputável ao impetrante;
III - se convier, ouvir o paciente, e determinar a sua apresentação à sessão de julgamento.
Art. 97 - Instruído o processo e ouvido o Procurador-Geral, que se manifestará em 48 horas, o Relator o colocará em mesa para julgamento na primeira sessão do Tribunal que se seguir.

Art. 98 - A decisão concessiva de *habeas corpus* será imediatamente comunicada, pelo Secretário do Tribunal, às autoridades a quem couber cumpri-la.

Regimento Interno do Tribunal de Justiça do Rio Grande do Sul:
Art. 272 - O *habeas corpus* poderá ser impetrado por qualquer pessoa, em seu favor ou de outrem, bem como pelo Ministério Público.
Art. 273 - Os órgãos julgadores do Tribunal têm competência para expedir de ofício ordem de *habeas corpus*, quando no curso do processo verificarem que alguém sofre ou está na iminência de sofrer coação ilegal.
Art. 274 - O Relator, ou o Tribunal, se julgar necessário, determinará a apresentação do paciente para interrogá-lo.
Parágrafo único - Em caso de desobediência, será expedido mandado de prisão contra o detentor, que será processado na forma da lei, e o Relator providenciará para que o paciente seja tirado da prisão e apresentado em sessão.
Art. 275 - Se o paciente estiver preso, nenhum motivo escusará a apresentação, salvo se gravemente enfermo ou não se encontrar sob a guarda da pessoa a quem se atribuir a prisão.
Art. 276 - O Relator poderá ir ao local em que se encontrar o paciente, se este não puder ser apresentado por motivo de doença, podendo delegar o cumprimento da diligência a Juiz criminal de primeira instância.
Art. 277 - Recebidas ou dispensadas as informações, ouvido o Ministério Público, o *habeas corpus* será julgado na primeira sessão, podendo, entretanto, adiar-se o julgamento para a sessão seguinte.
Parágrafo único - O Relator poderá conceder medida liminar em favor do paciente até decisão do feito se houver grave risco de violência, convocando-se sessão especial, se necessário.
Art. 278 - Ao Ministério Público, ao advogado do impetrante do curador e do autor da ação privada é assegurado o direito de sustentar e impugnar oralmente o pedido, no prazo de dez (10) minutos para cada um.
Art. 279 - Concedido o *habeas corpus*, será expedida a respectiva ordem ao detentor, ao carcereiro ou à autoridade que exercer ou ameaçar exercer o constrangimento.
§ 1º - Será utilizado o meio mais rápido para a sua transmissão.
§ 2º - A ordem transmitida por telegrama terá a assinatura do Presidente ou do Relator autenticada no original levado à agência expedidora, no qual se mencionará essa circunstância.
§ 3º - Quando se tratar de *habeas corpus* preventivo, além da ordem à autoridade coatora, será expedido salvo-conduto ao paciente, assinado pelo Presidente ou pelo Relator.
Art. 280 - Se a ilegalidade decorrer do fato de não ter sido o paciente admitido a prestar fiança, esta será arbitrada na decisão.
Art. 281 - Verificada a cessação de violência ou coação ilegal, o pedido será julgado prejudicado, podendo, porém, o Tribunal declarar a ilegalidade do ato e tomar as providências cabíveis para punição do responsável.
Art. 339 - O recurso ordinário para o Superior Tribunal de Justiça, das decisões denegatórias de *habeas corpus*, será interposto no prazo de cinco (5) dias, nos próprios autos em que se houver proferido a decisão recorrida, com as razões do pedido de reforma.

Art. 340 - A petição de interposição do recurso, com o despacho do Relator, será, até o dia seguinte ao último do prazo, entregue ao Secretário, que certificará, no termo de juntada, a data da entrega.
Art. 341 - Interposto o recurso por termo, o Secretário fará conclusos os autos ao Relator, até o dia seguinte ao último do prazo.
Art. 342 - Admitido o recurso, terá vista dos autos, por quarenta e oito (48) horas, o representante do Ministério Público.
Art. 343 - Conclusos os autos, o Relator determinará a respectiva remessa ao Superior Tribunal de Justiça, dentro de cinco (5) dias.

Regimento Interno do Tribunal de Alçada do Rio Grande do Sul:
Art. 168 - O *habeas corpus* poderá ser impetrado por qualquer pessoa, em seu favor ou de outrem, bem como pelo Ministério Público.
Art. 169 - A petição de *habeas corpus* conterá:
I - O nome da pessoa que sofre ou está ameaçada de sofrer violência ou coação e o de quem exercer a violência, coação ou ameaça;
II - a declaração da espécie de constrangimento ou, em caso de simples ameaça de coação, as razões em que funda o seu temor;
III - a assinatura do impetrante, ou de alguém a seu rogo, quando não souber ou não puder escrever, e a designação das respectivas residências.
Art. 170 - Os órgãos julgadores do Tribunal têm competência para expedir de ofício ordem de *habeas corpus*, quando no curso do processo verificarem que alguém sofre ou está na iminência de sofrer coação ilegal.
Art. 171 - O Relator, ou o Tribunal, se julgar necessário, determinará a apresentação do paciente para interrogá-lo.
Parágrafo único - Em caso de desobediência, será expedido mandado de prisão contra o detentor que será processado na forma da lei, e o Relator providenciará para que o paciente seja tirado da prisão e apresentado em sessão.
Art. 172 - Se o paciente estiver preso, nenhum motivo escusará a apresentação, salvo se gravemente enfermo ou não se encontrar sob a guarda da pessoa a quem se atribuir a prisão.
Art. 173 - O Relator poderá ir ao local em que se encontrar o paciente, se este não puder ser apresentado por motivo de doença, podendo delegar o cumprimento da diligência a Juiz de primeira instância.
Art. 174 - Recebidas ou dispensadas as informações, ouvido o Ministério Público, o *habeas corpus* será julgado na primeira sessão, podendo, no entretanto, adiar-se o julgamento para a sessão seguinte, havendo motivo justificado.
Parágrafo único - Quando relevante o fundamento, e a demora puder tornar ineficaz a sua ulterior concessão, o Relator poderá liminarmente conceder a ordem impetrada.
Art. 175 - Ao Ministério Público, ao advogado do impetrante, do curador e do autor da ação privada é assegurado o direito de sustentar e impugnar oralmente o pedido, no prazo de dez minutos para cada um.
Art. 176 - Concedido o *habeas corpus*, será expedida a respectiva ordem ao detentor, ao carcereiro ou à autoridade que exercer ou ameaçar exercer o constrangimento.
§ 1º - Será utilizado o meio mais rápido para a sua transmissão.

§ 2º - A ordem transmitida por telegrama ou radiograma terá a assinatura do Presidente ou do Relator autenticada no original levado à agência expedidora, na qual se mencionará essa circunstância.
§ 3º - Quando se tratar de *habeas corpus* preventivo, além da ordem à autoridade coatora, será expedido salvo-conduto ao paciente, assinado pelo Presidente ou pelo Relator.
Art. 177 - Se a ilegalidade decorrer do fato de não ter sido o paciente admitido a prestar fiança, esta será arbitrada na decisão.
Art. 178 - Verificada a cessação de violência ou coação ilegal, o pedido será julgado prejudicado, podendo, porém, o Tribunal declarar a ilegalidade do ato e tomar as providências cabíveis para punição do responsável.

Do Recurso Ordinário das Decisões Denegatórias de Habeas Corpus:
Art. 221 - O recurso ordinário para o Superior Tribunal de Justiça, das decisões denegatórias de *habeas corpus*, será interposto no prazo de cinco dias, nos próprios autos em que se houver proferido a decisão recorrida, com as razões do pedido de reforma.
Art. 222 - O recurso poderá ser interposto por termo nos autos assinado pelo recorrente ou por seu representante (Código de Processo Penal, art. 578), deduzidos os fundamentos do pedido de reforma da decisão. Não sabendo ou não podendo o recorrente assinar, o termo será assinado por alguém a seu rogo, na presença de duas testemunhas. A petição de interposição do recurso com o despacho do Presidente será, até o dia seguinte ao último prazo, entregue ao Chefe do Serviço Processual, que mencionará, no termo da juntada, a data da entrega.
Art. 223 - Interposto o recurso por termo, o Chefe do Serviço Processual fará conclusos os autos ao Presidente até o dia seguinte ao último do prazo.
Art. 224 - Admitido o recurso, terá vista dos autos, por quarenta e oito horas, o Ministério Público.
Art. 225 - Conclusos os autos, o Presidente determinará suba o recurso ao Superior Tribunal de Justiça dentro de cinco dias.

Regimento Interno do Tribunal Militar do Estado do Rio Grande do Sul:
Do *Habeas Corpus*
Art. 104 - Dar-se-á *habeas corpus* sempre que alguém sofrer ou se achar ameaçado de sofrer violência ou coação ilegal na sua liberdade de locomoção por ilegalidade ou abuso de poder, ressalvados os casos de punição disciplinar.
Art. 105 - Apresentada a petição à Secretaria do Tribunal, será autuada e conclusa ao Presidente. Este examinará se a petição está devidamente instruída e, no caso negativo, ordenará a instrução, por seu despacho.
§ 1º - Estando devidamente instruída a petição, o Relator, verificando não ser caso de *habeas corpus* por manifestamente incompetente o Tribunal ou achando-se o paciente solto, submeterá, sem demora, o processo a julgamento.
§ 2º - Verificando ser caso de *habeas corpus*, requisitará, imediatamente, se necessário, da autoridade indicada como coatora, as informações relativas aos fatos alegados, marcando prazo razoável para a resposta e podendo determinar a apresentação do paciente.

§ 3º - Recebendo as informações, o Relator, se as julgar satisfatórias, dará vista do processo, por quarenta e oito (48) horas, ao Procurador da Justiça.

§ 4º - Se o paciente estiver presente à sessão, o Relator lhe fará as perguntas que julgar necessárias ou que forem requeridas por qualquer dos Juízes ou pelo Procurador da Justiça.

§ 5º - O julgamento obedecerá às regras estabelecidas neste Regimento Interno.

§ 6º - Se o Tribunal resolver qualquer diligência, o julgamento ficará adiado até a sua execução; no caso contrário, far-se-á logo, devendo essa restringir-se ao ponto de vista da legalidade ou da ilegalidade do ato.

§ 7º- As requisições que se fizerem por determinação do Tribunal serão assinadas pelo Presidente.

§ 8º - A presença do paciente poderá ser ordenada, se não for inconveniente aos interesses da disciplina ou da ordem pública.

§ 9º - É permitido ao paciente, ou a seu advogado, sustentar, oralmente, durante quinze (15) minutos, o pedido, logo depois do relatório.

Art. 106 - Compete ao Tribunal Militar o conhecimento do pedido de *habeas corpus*.

Art. 107 - O salvo-conduto, em caso de *habeas corpus* preventivo, será imediatamente expedido pelo Presidente do Tribunal, independente de acórdão.

Art. 108 - Ao paciente fora da Capital do Estado é facultado requerer *habeas corpus*, por telegrama, quando, pelo iminente perigo de se consumar a violência, não for possível ser formulado por petição, obedecidas as formalidades do artigo 471, do CPPM.

Art. 109 - Em todos os casos em que o Tribunal, concedendo a ordem de *habeas corpus*, reconhecer que houve evidente violação ou coação, por ilegalidade ou abuso de poder, deverá, conforme for da sua competência, fazer efetiva, ordenar ou requisitar a responsabilidade da autoridade que a tiver praticado.

Art. 110 - Durante as férias do Tribunal Militar, seu Presidente terá competência para conhecer e decidir a impetração, *ad referendum* do mesmo, após as férias, ouvido o representante do Ministério Público.

Do Recurso Ordinário:

Art. 156 - O recurso da decisão denegatória de *habeas corpus* é ordinário e deverá ser interposto, nos próprios autos em que houver sido lançada a decisão recorrida, com as razões do pedido da reforma, no prazo de cinco (5) dias.

Art. 157 - Os autos subirão ao Supremo Tribunal Federal logo depois de lavrado o termo de recurso, com os documentos que o recorrente juntar à sua petição dentro do prazo de quinze (15) dias, contados da intimação do despacho, e com os esclarecimentos que ao Presidente do Tribunal ou ao Procurador da Justiça parecerem convenientes.

---

[32] *Declaração Universal dos Direitos do Homem,* aprovada em 10 de dezembro de 1948, pela III Sessão Ordinária da Assembléia Geral das Nações Unidas: "Considerando que o reconhecimento da dignidade inerente a todos os membros da família humana e de seus direitos iguais e inalienáveis é o fundamento da liberdade, da justiça e da paz no mundo.

Considerando que o desrespeito pelos direitos do homem resultaram em atos bárbaros que ultrajaram a consciência da Humanidade e que advento de um mundo em que os homens gozem de liberdade de palavra, de crença e da liberdade de viverem a salvo do temor e da necessidade foi proclamado como a mais alta aspiração do homem comum;
Considerando ser essencial que os direitos do homem sejam protegidos pelo império da lei, para que o homem não seja compelido, como último recurso, à rebelião contra a tirania e a opressão;
Considerando ser essencial promover o desenvolvimento de relações amistosas entre as nações;
Considerando que os povos das Nações reafirmaram, na Carta, sua fé nos direitos fundamentais do homem, na dignidade e no valor da pessoa humana a na igualdade de direitos do homem e da mulher, e que decidiram promover o progresso social e melhores condições de vida em uma liberdade mais ampla;
Considerando que os Estados-Membros se comprometeram a promover, em cooperação com as Nações Unidas, o respeito universal aos direitos e liberdades fundamentais do homem e a observância desses direitos e liberdades;
Considerando que uma compreensão comum desses direitos e liberdades é da mais alta importância para o pleno cumprimento desse compromisso;
Agora, portanto, *A ASSEMBLÉIA GERAL PROCLAMA: A PRESENTE DECLARAÇÃO UNIVERSAL DOS DIREITOS DO HOMEM* como o ideal comum a ser atingido por todos os povos e todas as nações, como o objetivo de cada indivíduo e cada órgão da sociedade, tendo sempre em mente esta Declaração, se esforce, através do ensino e da educação, por promover o respeito a esses direitos e liberdades, e, pela adoção de medidas progressivas de caráter nacional e internacional, por assegurar o seu reconhecimento e a sua observância universais e efetivos, tanto entre os povos dos próprios Estados-Membros, como entre os povos dos territórios sob sua jurisdição.
Art. 1º. Todos os homens nascem livres e iguais em dignidade e direitos. São dotados de razão e consciência e devem agir em relação uns aos outros com espírito de fraternidade.
Art. 2º. 1 - Todo o homem tem capacidade para gozar dos direitos e das liberdades estabelecidas nesta Declaração, sem distinção de qualquer espécie, seja de raça, cor, sexo, língua, religião, opinião política ou de outra natureza, origem nacional ou social, riqueza, nascimento, ou qualquer outra condição. 2 - Não será também feita nenhuma distinção, fundada na condição política, jurídica ou internacional do país ou território independente, sob tutela, sem governo próprio, quer sujeito a qualquer outra limitação de soberania.
Art. 3º. Todo homem tem direito à vida, à liberdade e à segurança pessoal.
Art. 4º. Ninguém será mantido em escravidão ou servidão; a escravidão e o tráfico de escravos serão proibidos em todas as suas formas.
Art. 5º. Ninguém será submetido a tortura, nem tratamento ou castigo cruel, desumano ou degradante.
Art. 6º. Todo homem tem direito de ser, em todos os lugares, reconhecido como pessoa perante a lei.

Art. 7º. Todos são iguais perante a lei e têm direito, sem qualquer distinção, igual à proteção da lei. Todos têm direito à igual proteção contra qualquer discriminação que viole a presente Declaração e contra qualquer incitamento a tal discriminação.

Art. 8º. Todo homem tem direito a receber dos tribunais nacionais competentes recurso efetivo para os atos que violem os direitos fundamentais que lhe sejam reconhecidos pela Constituição ou pela lei.

Art. 9º. Ninguém será arbitrariamente preso, detido ou exilado.

Art. 10. Todo homem tem direito, em plena igualdade, a uma justa e pública audiência por parte de um tribunal independente e imparcial, para decidir de seus direitos e deveres ou do fundamento de qualquer acusação criminal contra ele.

Art. 11. 1 - Todo homem acusado de um ato delituoso tem o direito de ser presumido inocente até que a sua culpabilidade tenha sido provada de acordo com a lei, em julgamento público no qual lhe tenham sido asseguradas todas as garantias necessárias à sua defesa. 2 - Ninguém poderá ser culpado por qualquer ação ou omissão que, no momento, não constituíam delito perante o direito nacional ou internacional. Também não será imposta pena mais forte do que aquela que, no momento da prática, era aplicável ao ato delituoso.

Art. 12. Ninguém será sujeito a interferência na sua vida privada, na sua família, no seu lar ou na sua correspondência, nem a ataques à sua honra e reputação. Todo homem tem direito à proteção da lei contra tais interferências ou ataques.

Art. 13. 1 - Todo homem tem direito à liberdade de locomoção e residência dentro das fronteiras de cada Estado. 2 - Todo homem tem o direito de deixar qualquer país, inclusive o próprio, e a este regressar.

Art. 14. 1 - Todo homem, vítima de perseguição, tem o direito de procurar e de gozar asilo em outros países. 2 - Este direito não pode ser invocado em caso de perseguição legitimamente motivada por crimes de direito comum ou por atos contrários aos objetivos e princípios das Nações Unidas.

Art. 15. 1 - Todo homem tem direito a uma nacionalidade. 2 - Ninguém será arbitrariamente privado de sua nacionalidade, nem do direito de mudar de nacionalidade.

Art. 16. 1 - Os homens e mulheres de maior idade, sem qualquer restrição de raça, nacionalidade ou religião, têm o direito de contrair matrimônio e fundar uma família. Gozam de iguais direitos em relação ao casamento, sua duração e sua dissolução. 2 - O casamento não será válido senão com o livre e pleno consentimento dos nubentes. 3 - A família é o núcleo natural e fundamental da sociedade e tem direito à proteção da sociedade e do Estado.

Art. 17. 1 - Todo homem tem direito à propriedade, só ou em sociedade com outros. 2 - Ninguém será arbitrariamente privado de sua propriedade.

Art. 18. Todo homem tem direito à liberdade de pensamento, consciência e religião; este direito inclui a liberdade de mudar de religião ou crença e a liberdade de manifestar essa religião ou crença, pelo ensino, pela prática, pelo culto e pela observância isolada ou coletivamente, em público ou em particular.

Art. 19. Todo homem tem direito à liberdade de opinião e expressão, direito esse que inclui a liberdade de, sem interferência, ter opiniões e de procurar, receber e transmitir informações e idéias por quaisquer meios e independentemente de fronteiras.
Art. 20. 1 - Todo homem tem direito à liberdade de reunião e associação pacíficas. 2 - Ninguém pode ser obrigado a fazer parte de uma associação.
Art. 21. 1 - Todo homem tem o direito de tomar parte do governo de seu país, diretamente ou por intermédio de representantes livremente escolhidos. 2 - Todo homem tem direito de acesso ao serviço público do seu país. 3 - A vontade do povo será a base da autoridade do governo; esta vontade será expressa em eleições periódicas e legítimas, por sufrágio universal, por voto secreto ou processo equivalente que assegure a liberdade de voto.
Art. 22. Todo homem, como membro da sociedade, tem direito à previdência social e à realização pelo esforço nacional, pela cooperação internacional e de acordo com a organização e recursos de cada Estado, dos direitos econômicos, sociais e culturais indispensáveis à sua dignidade e ao livre desenvolvimento de sua personalidade.
Art. 23. 1 - Todo homem tem direito ao trabalho, à livre escolha de emprego, a condições justas e favoráveis de trabalho e à proteção contra o desemprego. 2 - Todo homem, sem distinção qualquer, tem direito a igual remuneração por igual trabalho. 3 - Todo homem que trabalha tem direito a uma remuneração justa e satisfatória, que lhe assegure, assim como à sua família, uma existência compatível com a dignidade humana, e a que se acrescentarão, se necessário, outros meios de proteção social. 4 - Todo homem tem direito a organizar sindicatos e a nestes ingressar para proteção de seus interesses.
Art. 24. Todo homem tem direito a repouso e lazer, inclusive a limitação razoável das horas de trabalho e a férias remuneradas periódicas.
Art. 25. 1 - Todo homem tem direito a um padrão de vida capaz de assegurar-lhe e à sua família saúde e bem-estar, inclusive alimentação, vestuário, habitação, cuidados médicos e os serviços sociais indispensáveis, e o direito à previdência em caso de desemprego, doença, invalidez, viuvez, velhice ou outros casos de perda dos meios de subsistência em circunstâncias fora de seu controle. 2 - A maternidade e a infância têm direito a cuidados e assistência especiais. Todas as crianças, nascidas dentro ou fora do matrimônio, gozarão da mesma proteção social.
Art. 26. 1 - Todo homem tem direito à instrução. A instrução será gratuita, pelo menos nos graus elementares e fundamentais. A instrução elementar será obrigatória. A instrução técnico-profissional será acessível a todos, bem como a instrução superior, esta baseada no mérito. 2 - A instrução será orientada no sentido do pleno desenvolvimento da personalidade humana e do fortalecimento do respeito pelos direitos do homem e pelas liberdades fundamentais. A instrução promoverá a compreensão, a tolerância e amizade entre todas as noções e grupos raciais ou religiosos, e coadjuvará as atividades das Nações Unidas em prol da manutenção da paz. 3 - Os pais têm prioridade de direito na escolha do gênero de instrução que será ministrada a seus filhos.
Art. 27. 1 - Todo homem tem o direito de participar livremente da vida cultural da comunidade, de fruir as artes e de participar do progresso científico e de seus benefícios. 2 - Todo homem tem direito à proteção dos

interesses morais e materiais decorrentes de qualquer produção científica, literária ou artística da qual seja autor.

Art. 28. Todo homem tem direito a uma ordem social e internacional em que os direitos e liberdades estabelecidos na presente Declaração possam ser plenamente realizados.

Art. 29. 1 - Todo homem tem deveres para com a comunidade, na qual o livre e pleno desenvolvimento da sua personalidade é possível. 2 - No exercício de seus direitos e liberdades, todo homem estará sujeito apenas às limitações determinadas pela lei, exclusivamente com o fim de assegurar o devido reconhecimento e respeito dos direitos e liberdades de outrem e de satisfazer às justas exigências da moral, da ordem pública e do bem-estar de uma sociedade democrática. 3 - Esses direitos e liberdades não podem, em hipótese alguma, ser exercidos contrariamente aos objetivos e princípios das Nações Unidas.

Art. 30. Nenhuma disposição da presente Declaração pode ser interpretada como o reconhecimento a qualquer Estado, grupo ou pessoa, do direito de exercer qualquer atividade ou praticar qualquer ato destinado a destruição de quaisquer dos direitos e liberdades aqui estabelecidos."

[33] *Lei nº 7.960, de 21.12.89:*

Art. 1º - Caberá prisão temporária:

I - quando imprescindível para as investigações do inquérito policial;

II - quando o indiciado não tiver residência fixa ou não fornecer elementos necessários ao esclarecimento de sua identidade;

III - quando houver fundadas razões, de acordo com qualquer prova admitida na legislação penal, de autoria ou participação do indiciado nos seguintes crimes:

a) homicídio doloso (art. 121, *caput*, e seu § 2º.);

b) seqüestro ou cárcere privado (art. 148, *caput*, e seus §§ 1º e 2º.);

c) roubo (art. 157, *caput*, e seus §§ 1º, 2º e 3º);

d) extorsão (art. 158, *caput*, e seus §§ 1º e 2º.);

e) extorsão mediante seqüestro (art. 159, *caput*, e seus §§ 1º, 2º e 3º);

f) estupro (art. 213, *caput*, e sua combinação com o art. 223, *caput*, e parágrafo único);

g) atentado violento ao pudor (art. 214, *caput*, e sua combinação com o art. 223, *caput*, e parágrafo único);

h) rapto violento (art. 219, e sua combinação com o art. 223, *caput*, e parágrafo único);

i) epidemia com resultado de morte (art. 267, § 1º.);

j) envenenamento de água potável ou substância alimentícia ou medicinal qualificado pela morte (art. 270, *caput*, combinado com o art. 285);

1) quadrilha ou bando (art. 288), todos do Código Penal;

m) genocídio (arts. 1º, 2º e 3º da Lei nº 2.889, de 1º de outubro de 1956), em qualquer de suas formas típicas;

n) tráfico de drogas (art. 12 da Lei nº 6.368, de 21 de outubro de 1976);

o) crimes contra o sistema financeiro (Lei nº 7.492, de 16 de junho de 1986);

Art. 2º - A prisão temporária será decretada pelo juiz, em face da representação da autoridade policial ou de requerimento do Ministério Público, e terá o prazo de 5 (cinco) dias, prorrogável por igual período em caso de extrema e comprovada necessidade.

§ 1º - Na hipótese de representação da autoridade policial, o juiz, antes de decidir, ouvirá o Ministério Público.

§ 2º - O despacho que decretar a prisão temporária deverá ser fundamentado e prolatado dentro do prazo de 24 (vinte e quatro) horas, contadas a partir do recebimento da representação ou do requerimento.

§ 3º - O juiz poderá, de ofício, ou a requerimento do Ministério Público e do Advogado, determinar que o preso lhe seja apresentado, solicitar informações e esclarecimentos da autoridade policial e submetê-lo a exame de corpo de delito.

§ 4º - Decretada a prisão temporária, expedir-se-á mandado de prisão, em duas vias, uma das quais será entregue ao indiciado e servirá como nota de culpa.

§ 5º - A prisão somente poderá ser executada depois da expedição de mandado judicial.

§ 6º - Efetuada a prisão, a autoridade policial informará o preso dos direitos previstos no art. 5º da Constituição Federal.

§ 7º - Decorrido o prazo de 5 (cinco) dias de detenção, o preso deverá ser posto imediatamente em liberdade, salvo se já tiver sido decretada sua prisão preventiva.

Art. 3º - Os presos temporários deverão permanecer, obrigatoriamente, separados dos demais detentos.

Art. 4º - O art. 4º da Lei nº 4.898, de 9 de dezembro de 1965, fica acrescido da alínea *i*, com a seguinte redação:

Art. 5º - Em todas as comarcas e seções judiciárias haverá um plantão permanente de 24 (vinte e quatro) horas do Poder Judiciário e do Ministério Público para apreciação dos pedidos de prisão temporária.

Art. 6º - Esta Lei entra em vigor na data de sua publicação.

Art. 7º - Revogam-se as disposições em contrário.

Lei nº 8.072, de 25/07/90:

Art. 1º - São considerados hediondos os seguintes crimes, todos tipificados no Decreto-Lei nº 2.848, de 07 de dezembro de 1940 - Código Penal, consumados ou tentados:

I - homicídio (art. 121), quando praticado em atividade típica de grupo de extermínio, ainda que cometido por um só agente, e homicídio qualificado (art. 121, § 2º, I, II, III, IV e V);

II - latrocínio (art. 157, § 3º, *in fine*);

III - extorsão qualificada pela morte (art. 158, § 2º);

IV - extorsão mediante seqüestro e na forma qualificada (art. 159, *caput* e §§ 1º, 2º e 3º);

V - estupro (art. 213, e sua combinação com o art. 223, *caput* e parágrafo único);

VI - atentado violento ao pudor (art. 214 e sua combinação com o art. 223, *caput* e parágrafo único);

VII - epidemia com resultado morte (art. 267, § 1º);

Parágrafo único. Considera-se também hediondo o crime de genocídio previsto nos arts. 1º, 2º e 3º da Lei nº 2889, de 1º de outubro de 1956, tentado ou consumado.

Art. 2º - Os crimes hediondos, a prática da tortura, o tráfico ilícito de entorpecentes e drogas afins e o terrorismo são insuscetíveis de:
I - anistia, graça e indulto;
II - fiança e liberdade provisória.
§ 1º - A pena por crime previsto neste artigo será cumprida integralmente em regime fechado.
§ 2º - Em caso de sentença condenatória, o juiz decidirá fundamentadamente se o réu poderá apelar em liberdade.
§ 3º - A prisão temporária, sobre a qual dispõe a Lei nº 7.960, de 21 de dezembro de 1989, nos crimes previstos neste artigo, terá o prazo de 30 (trinta) dias, prorrogável por igual período em caso de extrema e comprovada necessidade.

[34] *Código de Processo Penal:*
Art. 311 - Em qualquer fase do inquérito policial ou da instrução criminal, caberá a prisão preventiva decretada pelo juiz, de ofício, a requerimento do Ministério Público, ou do querelante, ou mediante representação da autoridade policial.
Art. 312 - A prisão preventiva poderá ser decretada como garantia da ordem pública, por conveniência da instrução criminal ou para assegurar a aplicação da lei penal, quando houver prova de existência do crime e indícios suficientes da autoria.
Art. 313 - Em qualquer das circunstâncias, previstas no artigo anterior, será admitida a decretação da prisão preventiva nos crimes dolosos:
I - punidos com reclusão;
II - punidos com detenção, quando se apurar que o indiciado é vadio ou, havendo dúvida sobre a sua identidade, não fornecer ou não indicar elementos para esclarecê-la;
III - se o réu tiver sido condenado por outro crime doloso, em sentença transitada em julgado, ressalvado o disposto no parágrafo único do art. 46 do Código Penal.
Art. 314 - A prisão preventiva em nenhum caso será decretada se o juiz verificar pela provas constantes dos autos ter o agente praticado o fato nas condições do art. 19, I, II ou III, do Código Penal.
Art. 315 - O despacho que decretar ou denegar a prisão preventiva será sempre fundamentado.
Art. 316 - O juiz poderá revogar a prisão preventiva, se no correr do processo, verificar a falta de motivo para que subsista, bem como de novo decretá-la, se sobrevierem razões que a justifiquem.

Lei nº 7492, de 16/06/86 (Define os crimes contra o sistema financeiro nacional):
Art. 30 - Sem prejuízo do disposto no art. 312 do Código de Processo Penal, aprovado pelo Decreto-Lei nº 3.689, de 3 de outubro de 1941, a prisão preventiva do acusado da prática de crime previsto nesta Lei poderá ser decretada em razão da magnitude da lesão causada.

[35] *Código de Processo Penal:*
Art. 408 - Se o juiz se convencer da existência do crime e de indícios de que o réu seja o seu autor, pronunciá-lo-á, dando os motivos do seu convencimento.
§ 1º - Na sentença de pronúncia o juiz declarará o dispositivo legal em cuja sanção julgar incurso, o réu, mandará lançar-lhe o nome no rol dos culpados, recomendá-lo-á na prisão em que se achar, ou expedirá as ordens necessárias para sua captura.
§ 2º - Se o réu for primário e de bons antecedentes, poderá o juiz deixar de decretar-lhe a prisão ou revogá-la, caso já se encontre preso.

[36] *Código de Processo Penal:*
Art. 393 - São efeitos da sentença condenatória recorrível:
I - ser o réu preso ou conservado na prisão, assim nas infrações inafiançáveis, como nas afiançáveis, enquanto não prestar fiança;
Art. 594 - o réu não poderá apelar sem recolher-se à prisão, ou prestar fiança, salvo se for primário e de bons antecedentes, assim reconhecido na sentença condenatória, ou condenado por crime de que se livre solto.

Lei nº 7.492, de 16/06 /86:
Art. 31 - Nos crimes previstos nesta Lei e punidos com pena de reclusão, o réu não poderá prestar fiança, nem apelar antes de ser recolhido à prisão, ainda que primário e de bons antecedentes, se estiver configurada situação que autoriza a prisão preventiva.

[37] *Constituição Federal:*
Art. 5º, inciso LXVII:
"Não haverá prisão civil por dívida, salvo a do responsável pelo inadimplemento voluntário e inescusável de obrigação alimentícia e a do depositário infiel";

[38] *Constituição Federal:*
Art. 5º, inciso LXVII:
"Não haverá prisão civil por dívida, salvo a do responsável pelo inadimplemento voluntário e inescusável de obrigação alimentícia e a do depositário infiel";

[38 "A"] Regulamentos Militares:
Regulamento Disciplinar da Aeronáutica
Art. 15 - "As punições disciplinares previstas neste regulamento são:
'Parágrafo único: A prisão, em separado, aplicável em casos especiais, será sempre sem fazer serviço'.
Art. 16 - 'As transgressões, segundo sua gravidade, corresponderão às seguintes punições disciplinares:
1 - *Para oficial da ativa:*
a) repreensão;
b) detenção;
c) prisão;

2 - *Para oficiais reformados e da reserva remunerada, as do nº 1 e ainda:*
a) proibição do uso de uniforme.
3 - *Para aspirante-a-oficial e para os praças com estabilidade assegurada, as do nº 1 e ainda:*
a) exclusão a bem da disciplina.
4 - *Para os praças sem estabilidade assegurada, as do nº 1 e ainda:*
a) licenciamento a bem da disciplina.
5 - *Para cadetes, alunos das demais escolas de formação e preparação, as do nº 1 e ainda:*
a) desligamento do curso;
b) licenciamento a bem da disciplina;
c) exclusão a bem da disciplina'."

Regulamento Disciplinar do Exército
Art. 22 - "Segundo a classificação resultante do julgamento de transgressão, as punições a que estão sujeitos os militares são, em ordem de gravidade crescente:
1 - advertência;
2 - repreensão;
3 - detenção;
4 - prisão e prisão em separado;
5 - licenciamento e exclusão a bem da disciplina.
Parágrafo único: 'As punições disciplinares de detenção e prisão não podem ultrapassar trinta dias'."

Regulamento Disciplinar da Marinha
Art. 13 - "As penas disciplinares são as seguintes:
a) para oficiais da ativa:
1 - repreensão;
2 - prisão simples até 10 dias;
3 - prisão rigorosa até 10 dias;
b) para oficiais das reservas e reformados, que exerçam funções de atividade:
1 - repreensão;
2 - prisão simples até 10 dias;
3 - prisão rigorosa até 10 dias;
4 - dispensa das funções de atividade.
c) para oficiais da reserva remunerada e reformados, não compreendidos na alínea anterior e os da reserva não remunerada e reformados, quando fardados:
1 - repreensão;
2 - prisão simples até 10 dias;
3 - prisão rigorosa até 10 dias;
4 - proibição do uso de uniformes.
d) para suboficiais:
1 - repreensão;
2 - prisão simples até 10 dias;
3 - prisão rigorosa até 10 dias;
e) para sargentos:
1 - repreensão;
2 - impedimento até 30 dias;
3 - prisão simples até 10 dias;

4 - prisão rigorosa até 10 dias;
5 - exclusão do serviço da Marinha.
f) para cabos, marinheiros, taifeiros, grumetes e soldados:
1 - repreensão;
2 - impedimentos até 30 dias;
3 - serviço extraordinário até 10 dias;
4 - prisão simples até 10 dias;
5 - prisão rigorosa até 10 dias;
6 - exclusão do serviço da Marinha".
Parágrafo único: "Aos praças da reserva ou reformados aplicam-se as mesmas penas estabelecidas nas alíneas d a f deste artigo, de acordo com a respectiva graduação e situação".

[39] Plínio de Oliveira Corrêa, in Legitimidade da Prisão no Direito Brasileiro, pp. 41 e segs. Ed. UFRGS, 1984.

[40] A Lei nº 1.711/52 foi revogada pela Lei nº 8.112/90, e o preceito do artigo 201 daquela passou a vigorar com a redação inserida no artigo 127 desta: "São penalidades disciplinares:
I - advertência;
II - suspensão;
III - demissão;
IV - cassação de aposentadoria ou disponibilidade;
V - destituição de cargo em comissão;
VI - destituição de função comissionada."

[41] *Parecer nº 01/81, da Comissão Constitucional de Portugal:*
COMISSÃO CONSTITUCIONAL (in: *Pareceres da Comissão Constitucional*. Lisboa, Imprensa Nacional / Casa da Moeda, 1983, v. 14, pp. 105 e segts.)
Conversão da multa em prisão - Conversão da pena disciplinar de multa em prisão - Reserva de competência dos Tribunais - Direito à liberdade - Segurança - Relações especiais de poder.
Ao abrigo do disposto no nº 1 do artigo 281 da Constituição, o Procurador-Geral da República solicitou ao Conselho da Revolução a apreciação e declaração de inconstitucionalidade, com força obrigatória geral, da norma constante do artigo 116 do Código Penal e Disciplinar da Marinha Mercante (em seguida abreviadamente designado CPDMM), aprovado pelo Decreto-Lei 33.252, de 20 de novembro de 1943. Por despacho do Presidente do Conselho da Revolução, de 17 de julho de 1980, foi solicitado, nos termos da alínea a) do artigo 284 da Constituição e da alínea a) do artigo 16 do Decreto-Lei 503-F/76, de 30 de junho, o parecer desta Comissão Constitucional sobre o assunto.
Notificado o Primeiro-Ministro para, querendo, se pronunciar sobre a questão, não foi por ele oferecida qualquer resposta.

I - O problema em análise
Dispõe o artigo 116º do CPDMM que "a multa aplicada, se não for paga dentro do prazo de oito dias após a notificação do argüido, será convertida em prisão à razão de 10$ por dia".

Acentua o Sr. Procurador-Geral, ao fundamentar o seu pedido, que "a norma transcrita, na medida em que comina a conversão em prisão da pena disciplinar de multa, estaria, só por si, e para uma certa corrente doutrinal e jurisprudencial, ferida de inconstitucionalidade material, por violação dos preceitos dos artigos 27 nº 2, e 13, nº 2, da Constituição". E que, mesmo para quem assim o não entenda, a norma em causa não deixará de ser inconstitucional. "Com efeito - acrescenta -, a competência para a imposição de penas disciplinares está atribuída, nos termos do artigo 59º do CPDMM e do artigo 2º, nº 1, do Decreto-Lei 678/75, de 6 de dezembro, na redação que lhe foi introduzida pelo artigo único do Decreto-Lei 194 /78, de 19 de julho, a determinadas entidades (capitão do porto, armador, comandante) que não detêm nem podem fazer uso de poderes jurisdicionais, uma vez que a função jurisdicional é exclusiva dos tribunais, conforme resulta dos artigos 205, 206 e 212 e seguintes da Constituição".
"Daí - conclui o Procurador-Geral da República - que a conversão da multa disciplinar em prisão viole frontalmente o citado nº 2 do artigo 27 da Constituição onde, além do mais, se prescreve que a privação da liberdade só pode ter lugar 'em conseqüência de sentença judicial condenatória [...],' estabelecendo, assim, além de uma reserva de lei, também uma reserva de decisão judicial."

II - Competência da Comissão Constitucional
A Comissão Constitucional é competente, nos termos dos artigos 281, nº 1, e 284, alínea a), da Constituição, para emitir o parecer solicitado.
A norma cuja inconstitucionalidade é posta em causa é *anterior* à entrada em vigor da Constituição: o CPDMM foi aprovado pelo Decreto-Lei 33.252, de 20 de novembro de 1943 e o seu artigo 116 não foi atingido por qualquer dos diplomas que posteriormente introduziram modificações naquele Código, nomeadamente os Decretos-Leis 678/75, de 6 de dezembro, e 194/78, de 19 de julho. Alguns membros desta Comissão Constitucional persistem no entendimento[1] de que as normas do direito ordinário contrárias à Constituição mas anteriores a ela não se mantêm em vigor, pelo que lhes não é cabido o regime das leis inconstitucionais, mesmo para efeito da sua fiscalização pelo Conselho da Revolução.
Mas a maioria dos membros atualmente em funções continua a entender que esta é competente para apreciar da conformidade com a Constituição das normas de direito ordinário anteriores àquela - seja de todas elas,[2] seja ao menos das que, por atinentes ao exercício dos direitos, liberdades e garantias consignados na Constituição, entram na previsão do seu artigo 293, nº 3, e se tornaram, neste sentido, em normas pós-constitucionais.[3]

III - A constitucionalidade da conversão da multa em prisão
O artigo 116 do CPDMM não pode considerar-se inconstitucional pelo fato de prever a conversão de uma multa não paga em prisão. Os artigos 27, nº 2, e 13, nº 2, da Constituição, não determinam, em geral, a inconstitucionalidade da imposição de uma pena de prisão por conversão de uma multa não paga - trate-se de uma multa decretada como pena autônoma, como pena complementar ou como pena de substituição.
É esta a posição que vem assumindo continuamente esta Comissão Constitucional, desde o seu acórdão nº 149, de 13 de março de 1979,[4] sem até agora ter sido avançada qualquer razão substancial que a leve a rever ou,

muito menos, a alterar a sua opinião. Esta fundamenta-se em súmula apertada tendente a evitar uma reprodução *in extenso* da motivação do acórdão acabado de referir, nas considerações seguintes:
Em primeiro lugar, a pena de prisão resultante da conversão de uma pena de multa é uma verdadeira pena. Quando, pois, o artigo 27, nº 2, da Constituição, fala de "ato punido por lei com pena de prisão", não há *a priori* impedimento textual a que como tal se considere a prisão em que foi convertida a multa. Pois a "lei" que o texto constitucional refere não é só o "preceito" que contém a descrição do ato e estabelece a sanção respectiva, mas a totalidade da ordem legal jurídico-penal onde se contêm *todas* as penas *em abstracto* aplicáveis a um certo fato.
Em segundo lugar, o respeito pelo princípio da legalidade afere-se pela totalidade da ordem jurídico-penal, não por qualquer preceito isolado. Pelo que o legislador constitucional, se tivesse querido afastar a possibilidade de conversão, tê-lo-ia decerto declarado expressamente. Não tendo feito, deve concluir-se que o artigo 27, nº 2, se basta com que a lei preveja a aplicação da pena de prisão, dentro de certas circunstâncias definidas, a um certo fato, mesmo que essa prisão não esteja diretamente conexionada com o fato respectivo no mesmo preceito legal que o prevê, o descreve e lhe liga a sanção em princípio aplicável.
Em terceiro lugar, não pode afirmar-se que o sistema da conversão crie uma discriminação sistemática em detrimento dos economicamente mais desfavorecidos, contrariando com isto o princípio da igualdade contido no artigo 13, nº 2, da Constituição. Este princípio implica, em geral, que recebam tratamento semelhante os que se acham em condições semelhantes e, no que toca especificamente à matéria penal, que qualquer diferenciação das incriminações ou das penas possua um fundamento material razoável. Tais exigências são respeitadas pelo sistema da conversão, por isso que a pena é a todos imposta e medida igualmente, tendo em consideração as condições econômicas de cada um e, de um modo geral, a culpabilidade do delinqüente. Pode pôr-se em dúvida que um certo sistema de conversão seja o que melhor se adequa ao (ou realiza o) princípio da igualdade. Mas não parece lícito duvidar de que o sistema da conversão possui, em princípio e em geral, um fundamento material razoável, que o subtrai à incidência crítica do princípio da igualdade e o faz entrar na discricionariedade do legislador ordinário.[5]

IV - Enquadramento da norma questionada no Direito Penal e Disciplinar da Marinha Mercante
1. O CPDMM foi, na sua versão original, aprovado por Carta de Lei de 4 de julho de 1864. Tratava-se de uma *lei penal especial*, complementar do Código Penal e, assim, cabida na referência contida no nº 1 do parágrafo único do artigo 15 do texto de 1852.[6] O seu título de "Código Penal e Disciplinar" não deveria ser entendido como se este previsse infrações da natureza penal e infrações de natureza disciplinar: como logo se concluía do seu artigo 7º, ele continha apenas infrações, de carácter *penal*, à regulamentação ou "disciplina" da marinha mercante. Infrações que - de acordo com a tripartidação formal e quantitativa, vulgarizada a partir do direito penal napoleônico[7] - podiam constituir "crimes", "delitos" ou "contravenções", mas que por isso, ainda quando se reportavam a meras "faltas de disciplina" (cf. artigo 17), eram na essência *ilícitos de natureza penal*.[8]

Conclusão em nada afetada pela circunstância de a jurisdição e competência - pertencente, para os delitos marítimos, aos "tribunais marítimos comerciais" (artigos 56 e segs. do CPDMM) e para os crimes marítimos aos tribunais comuns (artigo 66) - ser deferida, em relação às contravenções ou "faltas de disciplina", aos intendentes da marinha e capitães de portos, aos comandantes dos navios do Estado, aos cônsules portugueses, aos capitães de navios mercantes em porto estrangeiro e aos capitães nos seus próprios navios (artigo 47). Pois é sabido que durante todo o século XIX - e mesmo durante a primeira metade do século XX - não havia consciência plena da integral jurisdicionalização da matéria criminal, considerando-se as contravenções, se bem que ainda de natureza penal, compatíveis com o ordenamento e a competência *de polícia* e, por isso mesmo, integrantes de um *ilícito criminal administrativo*.[9]

2. Da verdadeira natureza das faltas à disciplina da marinha mercante no âmbito do CPDMM de 1864 não terá tido clara percepção, porém, o legislador do Decreto-Lei 33.252, de 20 de novembro de 1943, que, pretendendo reformular aquele Código, profundamente lhe modificou o carácter.

a) No relatório do diploma de 1943 censurava-se o velho Código de 1864 porque "estava incapaz de satisfazer às necessidades atuais da marinha mercante e não permitia, por vezes, o funcionamento normal dos meios de repressão indispensáveis para assegurar a perfeita execução de tão importante serviço público". Uma das razões estaria precisamente em que "o Código de 1864, relativamente a determinados fatos, simultaneamente ofensivos da disciplina e da lei penal, não distinguia o ilícito disciplinar do ilícito penal e formava como que uma única infração [...]". "Essa confusão dos dois meios repressivos - conclui, de forma apodítica, o relatório - não tem qualquer justificação [...] A repressão disciplinar deve ser exercida pelos superiores hierárquicos, ou seja pelas entidades a quem incumbe a responsabilidade de manter a boa execução dos serviços, enquanto que a repressão penal tem de ser levada a efeito pelos tribunais ordinários ou pelos tribunais especiais, na sua qualidade de órgãos encarregados de exercer a função judicial".

Daí que o legislador de 1943 siga, relativamente ao Código de 1864, "um sistema inteiramente diverso. As infrações disciplinares são totalmente distintas das infrações penais, e estas, por sua vez, são divididas em crimes marítimos e crimes comuns". Por estas razões - lê-se ainda no mesmo relatório -, aos tribunais marítimos foi apenas atribuída competência de natureza penal, reservando-se as atribuições disciplinares para as entidades a quem incumbe essa função pela sua posição hierárquica".

Fica assim claro que a partir de 1943 se pretendeu que no CPDMM *coexistissem o ilícito criminal e o ilícito disciplinar, transformando neste o que até aí constituía ilícito criminal administrativo (contravencional)*. E se submeteu cada um daqueles dois ilícitos aos princípios, substantivos e adjetivos, que ao tempo se consideravam adequados à "necessidade de estabelecer uma organização repressiva susceptível de ser aplicada em lugares afastados, para não protelar por demasiado tempo a aplicação das sanções penais ou disciplinares".

b) Quanto ao *ilícito disciplinar*, que particularmente nos interessa, no novo Código "não se anunciam especificamente as infrações disciplinares nem se faz a indicação prévia e rígida das penas que lhes correspondem": o que se faz é tão-só a enunciação dos deveres fundamentais cuja violação dá origem à repressão disciplinar.

Por outro lado, consagra-se o *princípio da autonomia e independência* da ação disciplinar relativamente à ação penal e retiram-se as conseqüências de um tal princípio, dotando-se o processo disciplinar de grande simplicidade e mantendo-se a definição da competência para ele a *entidades não jurisdicionalizadas*: o Ministro da Marinha; os capitães dos portos e os delegados marítimos; os comandantes dos navios de guerra; os cônsules portugueses; os capitães de navios mercantes (artigo 59).

Finalmente, e quanto às *penas disciplinares*, o texto de 1943 não modificou sensivelmente o quadro proveniente do Código de 1864. "Porém - acrescenta ainda o relatório - quanto à pena de prisão, reservou-se a sua aplicação, em geral, para os casos em que seja afetada a tranqüilidade a bordo ou nos portos e determinou-se expressamente que essa sanção não pode ser aplicada no processo disciplinar, devendo por isso substituir-se por outra, sempre que o fato praticado seja também qualificado como infração penal, a fim de evitar, nesse caso, a acumulação material desta pena corporal".

Desta forma trouxe o Código de 1943 para o âmbito da punição do ilícito *disciplinar* sanções que, segundo o Código de 1864, possuíam natureza *penal* (ainda que aplicáveis ao que então se considerava meras "contravenções"), em particular *penas de prisão*.[10] Solução esta que podia ser concebível em épocas, como a que ocorria em 1943, de acentuado pendor repressivo - atentos os padrões político-jurídicos então prevalentes na comunidade portuguesa e a circunstância de se estar em pleno conflito mundial. Mas solução que, seguramente, não podia atravessar incólume períodos históricos em que se verificasse a reacentuação dos valores democráticos, o recuo da repressão em favor de meios preventivos de política jurídica e social e, sobretudo, a tomada de consciência plena das exigências e implicações da idéia do Estado de Direito democrático em matéria punitiva, particularmente quanto à aplicação de medidas privativas de liberdade.[11]

3. Não se estranhará por isso que, ainda antes da entrada em vigor da Constituição de 1976, o Decreto-Lei 726/75, de 6 de dezembro, tenha vindo obviar aos aspectos mais chocantes que, à luz da idéia democrática, derivavam do CPDMM de 1943.

a) Assim, por um lado, estabeleceu, no seu artigo 2º, nº1, que "em relação aos indivíduos abrangidos pelo artigo anterior (isto é: os tripulantes, os inscritos marítimos, os não-inscritos que exerçam mister relacionado com a vida de bordo e os passageiros de mais de 16 anos, referidos no artigo 44 do CPDMM) a competência em matéria disciplinar caberá a um conselho de disciplina constituído a bordo". Desse conselho faziam parte, nos termos dos números seguintes daquele artigo 2º, o comandante, mestre ou arrais da embarcação (que presidia, com voto de qualidade), bem como trabalhadores dos oficiais, da mestrança e da marinhagem.

Logo, porém, o relatório do Decreto-Lei nº 194/78, de 19 de julho, veio salientar que, se o CPDMM de 1943 se mostrava "eivado dos vícios e ideologia do regime deposto", o Decreto-Lei nº 678/75 incorria "no excesso oposto, consagrado, em matéria disciplinar, um regime de caráter demasiado permissivo, que veio a originar a desresponsabilização das hierarquias, com prejuízo da normal operacionalidade dos navios". E em conseqüência, alterando profundamente o artigo 2º do Decreto-Lei nº 678/75, preceituou que "a competência em matéria disciplinar caberá ao armador ou ao comandante, mestre ou arrais da embarcação como seu representante legal". Esta entidade ouvirá, antes da decisão final, o conselho de disciplina, quando exista, conselho este integrado por trabalhadores dos oficiais, da mestrança e da marinhagem.

b) Por outro lado, e com não menor importância para o caso do presente parecer, o Decreto-Lei nº 678/75, no seu artigo 4º, *eliminou a prisão do catálogo das penas disciplinares*. Reconheceu assim, implicitamente, a incompatibilidade de princípio entre a existência de uma tal pena e a sua aplicação por entidades não-judiciais, por um lado e a ordem jurídica democrática, por outro.

Simplesmente aquele decreto-lei, não tendo tido o cuidado de revogar, simultaneamente - como decerto o teria feito se tivesse considerado especificamente o problema -, o artigo 116º do CPDMM de 1943, originou a incongruência de a prisão ter desaparecido como pena disciplinar autônoma, mas ter continuado como pena disciplinar de substituição para o caso de a pena disciplinar de multa não ser paga![12] Incongruência que, todavia, não pode hoje subsistir, devendo a manutenção de uma tal pena disciplinar de substituição considerar-se, à luz da nossa lei fundamental, *materialmente inconstitucional*. Digamos por quê.

V - Inconstitucionalidade da conversão em prisão da pena disciplinar de multa
No apartado anterior indicaram-se as entidades às quais se encontra atualmente deferida a competência em matéria disciplinar da marinha mercante, nela incluída a competência para a aplicação das sanções respectivas. Não detendo tais entidades, seguramente, *poderes jurisdicionais*, nem se podendo considerar, por conseguinte, a sua decisão uma *decisão judicial, a possibilidade de resultar de tal decisão uma "privação da liberdade" - mesmo que só por conversão de uma pena de multa não-paga - é materialmente inconstitucional.*

1. Haverá quem pretenda que uma tal inconstitucionalidade material - e a isto mesmo se alude no pedido do Procurador-Geral da República que está na base deste parecer - resultaria logo dos artigos 205 e 206 da Constituição. Para o que desenvolveria uma fundamentação do teor seguinte: tais artigos têm o sentido de que só aos tribunais compete administrar a justiça, não podendo ser atribuídas funções jurisdicionais a outros órgãos.[13] Por outras palavras, os artigos 205 e 206 da Constituição contêm aquilo que, na esteira da doutrina constitucionalista alemã, se designa por "Richtervorbehalt"[14], "uma reserva aos juízes e aos tribunais" da função jurisdicional. Assim, pois, dir-se-á, o artigo 116 do CPDMM é logo inconstitucional porque o acto judicial que nele se prevê ou pressupõe - a aplicação de uma pena donde pode resultar uma privação da liberdade - não deriva de decisão proferida por entidade que possa considerar-se, à luz da Constituição, um juiz ou um tribunal.

Mas esta argumentação, sem mais nada, seria improcedente. E não tanto porque se ponha em dúvida a existência constitucional da aludida reserva *geral* da função jurisdicional aos juízes e aos tribunais:[15] ela é de aceitar, em último termo, relativamente a todos os actos que devam qualificar-se como *materialmente jurisdicionais*.[16] Seria sem mais improcedente, sim, porque a determinação da responsabilidade "disciplinar" e a aplicação das respectivas penas "disciplinares" *não constituem em princípio actos materialmente*

jurisdicionais, não são imputáveis à função jurisdicional e não estão por isso, através dos artigos 205 e 206 da Constituição, reservados aos juízes e aos tribunais.
Esta solução tem por si, antes de tudo, uma continuada e respeitável tradição na ordem jurídica, na doutrina e na jurisprudência portuguesas, como amplamente se confirma por nunca se ter visto nas decisões disciplinares - em geral cabidas a agentes administrativos - uma ofensa à reserva de função jurisdicional, que sempre existiu ao longo de toda a história constitucional portuguesa.[17] Tem por si, por outro lado, a lição do direito constitucional comparado: quer na Alemanha Federal, quer na Itália, quer na França e na Bélgica, quer na Espanha - para apontar apenas os exemplos mais frisantes - tem-se pacificamente entendido que a decisão disciplinar não constitui "acto materialmente judicial", não é "jurisprudência", em suma, não é da competência reservada dos tribunais.[18] Mas tem por si, sobretudo, uma consideração de ordem substantiva que perfeitamente se ilustra nas palavras seguintes de Afonso Queiró:
Não é suficiente, entretanto, para se caracterizar a função jurisdicional, dizermos que ela se analisa na solução de "questões de direito" (e em alguns casos na efectivação das decisões tomadas sobre elas) de acordo com a ordem jurídica objectiva. É que, na verdade, os actos administrativos também pressupõem, por vezes, "questões de direito". Basta pensar nas *decisões disciplinares*, nas decisões punitivas de infrações das leis fiscais, nas decisões punitivas de infracções das normas que fixam os deveres dos concessionários de obras públicas e de serviços públicos, dos empreiteiros de obras públicas, dos membros de órgãos colegiais de pessoas colectivas de direito público, dos membros de corporações públicas, etc. Em nenhum destes casos e em variados outros se trata de resolver objetivamente tais "questões de direito", mas antes apenas de assegurar a realização de certos resultados práticos, a consecução de certas finalidades públicas, ainda que com base no Direito. Na hipótese das *decisões disciplinares*, por exemplo, o que objectivamente se visa é assegurar a disciplina de um serviço público e o seu prestígio, ou a disciplina e o prestígio de um estabelecimento - e só na medida em que tais valores "salutistas" e não "legalistas" estejam em causa é que a autoridade competente procederá ou mandará proceder disciplinarmente contra os infractores (princípio da oportunidade.) Donde resulta que o superior disciplinar procede por sua iniciativa, sob uma forma actuante ou activa e não "cognoscitiva". As "questões de direito", neste caso como em casos idênticos, desempenham o papel de uma qualquer outra circunstância ou situação concreta entre as que, segundo a lei, justificam a iniciativa da administração e dão oportunidade à sua acção. *É por isso que, nos casos apontados, se trata, realmente, não de actuações jurisdicionais mas de actuações administrativas.*[19]
2. Mas se a inconstitucionalidade material do artigo 116 do CPDMM não resulta por forma direta dos artigos 205 e 206, *resulta sim, inapelavelmente, do art. 27, nº 2 da Constituição*, segundo o qual "ninguém pode ser privado da liberdade a não ser em conseqüência de sentença judicial condenatória pela prática de ato punido por lei com pena de prisão ou de aplicação judicial de medida de segurança".
Quer este normativo constitucional significar que onde se aplique uma pena privativa da liberdade - tenha ela natureza criminal, contravencional,

disciplinar ou outra -, aí se está, se não exactamente perante acto *materialmente judicial*, pelo menos perante acto relativamente ao qual vale integralmente a reserva de função jurisdicional aos juízes e aos tribunais.[20] E bem se compreende e aplaude esta tomada de posição constitucional. Pois não se ignoram as críticas, cada vez mais fundas, que à privação da liberdade, às chamadas "penas institucionais", de todo o lado se dirigem: tratando-se nelas de instrumentos extraordinariamente gravosos para a "dignidade da pessoa humana" (artigo 1º da Constituição), para a "garantia dos direitos e liberdades fundamentais" (artigo 2º), para a "dignidade social" dos cidadãos (art. 13, nº 1), cada vez é mais acentuado o cepticismo perante o seu apregoado efeito preventivo integrado - seja na sua perspectiva dissuasora, social-protectiva ou socializadora. Até ao ponto de bem poder dizer-se que se a privação da liberdade se mantém como forma sancionatória é só porque ainda se não descobriu modo de integralmente a substituir por meios sancionatórios não detentivos ou não institucionais. E que, de qualquer maneira, ela só será admissível, à luz do étimo fundante do Estado de direito democrático, na precisa medida da sua absoluta *necessidade*.[21]

São estas considerações que estão na base do artigo 27, nº 2, da Constituição e justificam a reserva de função jurisdicional para a aplicação de meios de privação da liberdade, ainda quando eles se inscrevam - como é o caso da "prisão disciplinar"- no quadro de actos que, em si mesmos considerados, relevam da função administrativa. Provindo a privação da liberdade constante do artigo 116 do CPDMM de uma *decisão não-judicial*, a violação do artigo 27, nº 2, da Constituição torna-se inquestionável, uma vez que ela não cabe também, notoriamente, em qualquer das excepções previstas no nº 3 do mesmo artigo.

VI) O problema em análise e as chamadas "Relações especiais de poder"
Poderia ser-se tentado a pôr em dúvida a conclusão anterior na base da consideração seguinte: no âmbito das chamadas "relações especiais de poder", diz-se, a aplicação das normas constitucionais, nomeadamente no que toca aos direitos fundamentais e à sua restrição ou compreensão, vale só de forma modificada.[22] Seria isso que se passaria no caso presente: do que se trataria seria tão-só de uma restrição ou compreensão, do direito à liberdade e à segurança consignado no artigo 27, à inteira semelhança do que acontece v.g. no âmbito militar, onde os artigos 27 e 28 do Regulamento de Disciplina Militar prevêm também uma prisão disciplinar não jurisdicionalizada.[23]
Restrição ou compressão justificada pelas particulares exigências que se fazem sentir num âmbito especialíssimo como é o da marinha mercante, e que a muitos títulos o aproximam do das forças armadas.
Esta objecção seria claramente de repudiar. Desde logo, e a nível jurídico-constitucional, o símile entre a disciplina da marinha mercante e a disciplina militar é inaceitável. Mesmo que se concordasse - e a questão é por demais duvidosa - com aqueles que pretendem que a doutrina das relações especiais de poder se pode, dentro de certos limites, aceitar mesmo em âmbitos onde falta uma menção constitucional específica,[24] a verdade é que nem a marinha mercante possui qualquer relevo jurídico-constitucional particular, nem resultam para ela funções a qualquer título comparáveis à das forças armadas. Parece, pois, que à marinha mercante não pode sequer, de um ponto de vista jurídico-constitucional, ser atribuído um "estatuto

especial" que é, reconhecidamente,[25] a condição *mínima* para que possa suscitar-se a questão das relações especiais de poder. Já nem sequer será necessário indagar, pois, se tais "relações especiais" podem justificar a violação frontal de um texto constitucional, ou apenas relevam - e em que medida e sob que condições - do domínio das restrições de direitos fundamentais.

VII) Conclusão

Concluindo que o artigo 116 do Código Penal e Disciplinar da Marinha Mercante, aprovado pelo Decreto-Lei nº 33.252, de 20 de novembro de 1943, viola o disposto no artigo 27, nº 2, da Constituição, a Comissão Constitucional emite parecer no sentido de que *o Conselho da Revolução deve declarar, com força obrigatória geral, a inconstitucionalidade da norma constante daquele artigo.*

Lisboa e Comissão Constitucional, 8 de janeiro de 1981. - *Jorge de Figueiredo Dias - Afonso Cabral de Andrade - Rui de Alarcão - Joaquim Costa Aroso - Jorge Campinos - Fernando Amâncio Ferreira - Armindo Ribeiro Mendes - Hernani de Lencastre - Ernesto Augusto Melo Antunes.*

Notas do Parecer 01/81

[1] No fundamental pelas razões constantes dos seus votos de vencidos no Acórdão nº 40 desta Comissão, de 28 de julho de 1977, *Boletim do Ministério da Justiça*, nº 269, pp. 73 e segs.

[2] No essencial em vista da argumentação contida no citado Acórdão nº 40 (nº 1), pp. 61 e segs.

[3] Cf. declaração de voto anexa ao acórdão nº 149, *Boletim do Ministério da Justiça*, nº 285, pp. 146 e segs.

[4] Publicado em *Apêndice ao Diário da República*, de 31 de dezembro de 1979, pp. 42 e segs., bem como no *Boletim do Ministério da Justiça*, nº 285, pp. 135 e segs. No mesmo sentido cf., por último, o acórdão nº 303 desta Comissão, de 11 de novembro de 1980, do qual constam as considerações que em texto se seguem.

[5] Sobre o tema, por último, Dolcini, "Pene pecuniarie e principio constituzionale di eguaglianza", *Riv. it dir e proc. penale*, 1972, pp. 408 e segs. e A. Beristains, "La multa penal y la administrativa en relación con las sanciones privativas de libertad", in *Anuario de Derecho Penal*, 1975, pp. 379 e segs.

[6] Texto correspondente, no essencial, ao ainda hoje vigente.

[7] Sobre o ponto cf., entre nós, especialmente, Caeiro da Matta, *Direito Criminal Português*, II, 1911, pp. 147 e segs., e Beleza dos Santos, *Direito Criminal* (lições coligidas por H. Marques), 1936, pp. 248 e segs.

[8] Uma das poucas referências doutrinais a este código existentes encontra-se em Caeiro da Matta (nº 7), I, pp. 275 e segs., em nota. Anote-se, entretanto, que a situação no direito da marinha mercante é algo diferente da que se verifica no direito militar no tocante à relação entre o ilícito penal e o ilícito disciplinar: sobre este ponto cf. o parecer nº 18/77, de 7 de julho, desta Comissão (Pareceres da Comissão Constitucional, 2º vol., 1977, pp. 126 e segs.).

[9] Disto é testemunho exemplar o título VII do nosso Código Penal actual, ainda subordinado à epígrafe "Das contravenções de polícia". O tema é bem conhecido da doutrina criminal portuguesa, bastando referir os estudos de Beleza dos Santos,

"Ilícito Penal Administrativo e Ilícito Criminal", in Revista da Ordem dos Advogados, nº 5 (1945), nºs 1 e 3 e de Eduardo Correia, Direito Criminal, vol. I (1963), pp. 20 e segs. e "Direito Penal e Direito de Mera Ordenação Social", Boletim da Faculdade de Direito de Coimbra, XLIX (1973), pp. 257 e segs. Por último cf. a monumental investigação de H. Mattes, Untersuchungen zur Lehre von den Ordnungswidrigkeiten,1 Hbb, 1977 (existe tradução espanhola).

[10] Segundo o Código de 1864 eram as seguintes, nos termos do artigo 10, as penas privativas de liberdade aplicáveis a contravenções: para os homens da equipagem, prisão até 8 dias, prisão a ferros até quatro dias, e prisão até cinco dias em lugar fechado; para os oficiais, prisão até três dias fazendo serviço, e prisão no camarote até oito dias; para os passageiros, reclusão no camarote até oito dias, se da câmara, e privação até oito dias de sair do alojamento mais de duas horas por dia, se do convés. A prisão ou a reclusão podiam, em qualquer caso, ser prolongadas por todo o tempo preciso quando o delinquente fosse perigoso ou tivesse cometido crime.

Segundo o Código de 1943 as penas privativas de liberdade por faltas disciplinares eram simplesmente: para os tripulantes, nos termos do artigo 49, a de prisão de três a sessenta dias e para os passageiros e outras pessoas a de prisão até cinco dias.

[11] Neste contexto revelou-se a inestimável experiência jurídico-constitucional alemã federal e italiana do pós-guerra. Cf. sobre a primeira, por outros, W. Sax. "Grundsätze der Strafrechtspflege", em Die Grundrechte, III/2 (1959), pp. 909 e segs.; G. Stratenwerth, "Zur Rechtsstaatlichkeit der freiheitsentziehenden Massnahme im Strafrecht", Revue Pénale Suisse 82 (1966), pp. 337 e segs.; Stree, Deliktsfolgen und Grundgesetz (1966), passim. Para a Itália, por outros, Dall'ora "L'ergastolo e la Constituzione", Riv. it dir. pen. (19S6), p. 485; o vol. conjunto Stato di Diritto e Misure di Scurezza (1962); Caraccioli, "Premesse allo studio della disciplina constitucionale delle misure di sicurezza", Riv. It. Dir. e Proc. Pen. (1967), pp. 525 e segs.; Padovani, "Profili d'inconstituzionalità nell'applicazione e nell'esecuzione delle misure di sicurezza", Indice Penale (1976), pp. 229 e segs.

[12] O que, para além do que a seguir se diz em texto, e a manter-se equivalência de 10$ de multa a um dia de prisão, contida naquele mesmo artigo 116, conduziria à possibilidade verdadeiramente monstruosa e insuportável, de uma prisão de substituição por mil dias (!), uma vez que o nº 4 do artigo 4º do Decreto-Lei nº 678/75 fixa em 10 000$ o máximo de pena de multa. [Sobre incongruências semelhantes no direito espanhol, cf. A. Beristain (nº 5), pp. 397 e segs.]
Considerando-se subsidiariamente aplicável o 1º do artigo 123 do Código Penal, que estabelece a equivalência à razão de 100$ por dia, o máximo da prisão de substituição desceria apreciavelmente - fixando-se, em todo o caso, em cem dias. Mas esta aplicação subsidiária seria no mínimo questionável, porquanto estaria a aplicar-se o Código Penal a matéria de natureza não penal, mas disciplinar.

[13] Assim, por outros, o acórdão nº 41 desta Comissão, em Apêndice ao Diário da República, de 30 de dezembro de 1977, pp. 82 e segs.; e, no campo doutrinal, p. ex. Gomes Canotilho e Vital Moreira, Constituição da República Portuguesa Anotada, 1978, p. 398.

[14] Vide, sobre o ponto, por todos, Herzog, em Maunz/Dürig/Herzog/Scholz, Grundgesetz Kommentar, III, 1978, comentário ao artigo 92, especialmente pp. 16 e segs.

[15] Cf., no entanto, na vigência da Constituição de 1933. Afonso Queiró, Lições de Direito Administrativo, 1/II, 1959, pp. 33 e 35. E sobre o ponto também, de forma não conclusiva, a declaração de voto de Figueiredo Dias, anexa ao acórdão nº 155, da

Comissão Constitucional, de 29 de maio de 1979, *Boletim do Ministério da Justiça,* nº 289, pp. 163 e segs.

[16] Este critério *material* de reserva aos tribunais da função judicial (ou da "jurisprudência", como a este propósito se exprime o artigo 92 da Grundgesetz alemã federal) tem sido paulatina e progressivamente desenvolvida pelo Tribunal Constitucional Federal da República Federal Alemã. Vide, em síntese, Leibholz/Rinck, Grundgesetz, 2ª ed. 1966, pp. 450 e segs., e Herzog (nº 14), pp. 16 e segs.

[17] Vide logo a declaração paradigmática do artigo 176 da Constituição de 1822: "O poder judicial pertence exclusivamente aos juízes". Em geral sobre a titularidade do poder disciplinar cf. Marcello Caetano, *Manual de Direito Administrativo,* t. II, 9ª ed., 1972 (revista e actualizada por Freitas do Amaral), pp. 798 e segs.

[18] Para a Alemanha, cf. a decisão fundamental do Tribunal Constitucional Federal BVerfGE, 22, 311 e segs. (317) na qual, todavia - e tem muito interesse notá-lo -, se exceptuam as penas privativas de liberdade do direito disciplinar militar, que estariam cobertas pelo artigo 104, II da Grundgesetz (sobre isto vide *infra,* nota 20). Para a Itália, por todos e em síntese, G. Landi, "Disciplina - Diritto pubblico", *in Enciclopedia del Diritto,* XIII vol., 1964, pp. 17 e segs., especialmente pp. 18 e segs. Para a França e a Bélgica, por outros, F. Delpérée, *L'élaboration du droit disciplinaire de la fonction publique,* 1969, pp. 4 e segs. Enfim, para a Espanha, A. Beristain (nº 5), pp. 394 e segs.

[19] Afonso Queiró, "A Função Administrativa", *Revista de Direito e de Estudos Sociais,* XXIV, pp. 30 e segs. (os itálicos são nossos). No mesmo sentido, a propósito concretamente do poder disciplinar, G. Landi (nº 18), p. 19.

[20] Uma limitação em tudo análoga consta do artigo 104, II, da *Grundgesetz,* no qual se afirma que "só o juiz pode decidir sobre a admissibilidade e a manutenção de uma privação da liberdade", Cf., por todos, Düring, em Manuz/Düring/Herzog/Scholz (nº 14, pp. 13 e segs. do comentário ao artigo 104). No sentido do texto já também Figueiredo Dias (nº 15).

[21] Constituindo o que acaba de dizer-se uma espécie de patrimônio comum do pensamento jurídico (especialmente jurídico-penal) português, mal será necessária a invocação de autoridades concordantes. Mas é em todo o caso justo destacar o pensamento de Eduardo Correia, p.ex. em *Código Penal. Projecto da Parte Geral,* 1963 e "La prison, les mesures non-institutionnelles et le project du Code Penal portugais de 1963", *Estudos "in memoriam" de Beleza dos Santos,* I (1966), pp. 229 e segs. Concretamente sobre o ponto assinalado em texto cf. Sousa Brito, "A Lei Penal na Constituição", em Estudos Sobre a Constituição, 2º vol., 1978, pp. 222 e segs.

Por isso é que, mesmo independentemente de uma tomada de posição do legislador constitucional, como assinala A. Beristain (nº 5), p. 397, "segundo os tratadistas, a autoridade competente para impor a prisão subsidiária em matéria de polícia geral, ou de segurança, deve ser só a autoridade judicial"; e mais à frente (p. 401): "A respeito da privação de liberdade subsidiária, a maioria dos especialistas opõe-se energicamente a que a autoridade administrativa possa impor sanções privativas de liberdade (como subsidiárias das multas não pagas)."

[22] Cf. sobre o ponto - sem, todavia, sobre ele tomar posição de fundo - os pareceres desta Comissão nºs 8/79 (*Pareceres da Comissão Constitucional,* vol. 7º, p. 352), e 7/80, II, 3 *in fine* (ainda não publicado), e bibliografia neles citada.

[23] E que foi objecto, inclusivamente, de reservas portuguesas à Convenção Européia dos Direitos do Homem: cf. artigo 2º, alínea a), da Lei nº 65 /78, de 13 de outubro.

[24] Assim Düring, em Maunz/Düring/Herzog/Scholz (nº 14), vol. I, anotações 18 e segs. ao artigo 17º, alínea a).

[25] Cf. K. Hesse, *Grundzüge der Verfassungsrechts der Bundesrepublik Deutschland*, 11 ed., 1978, p. 137.

Resolução 8/81, do Conselho da Revolução Portuguesa:

CONSELHO DA REVOLUÇÃO

RESOLUÇÃO 8/81

Ao abrigo do disposto na alínea c do artigo 146 e no nº 1 do artigo 281 da Constituição, o Conselho da Revolução, a solicitação do procurador-geral da República e precedendo parecer da Comissão Constitucional, declara, com força obrigatória geral, a inconstitucionalidade da norma constante do artigo 116 do Código Penal e Disciplinar da Marinha Mercante, aprovado pelo Decreto-Lei 33.252, de 20 de novembro de 1943, por violar o disposto no artigo 27, nº 2, da Constituição.

Aprovada em Conselho da Revolução em 16 de janeiro de 1981.

O Presidente do Conselho da Revolução, *Antônio Ramalho Eanes*. (Diário da República, nº 24, de 29 de janeiro de 1981.)

[42] Ley nº 23.098 - Procedimientos de *habeas corpus*.

CAPÍTULO I - *Disposiciones generales*

Art. 1 -Aplicación de la ley. Esta ley regirá desde su publicación.

El capítulo primero tendrá vigencia en todo el territorio de la Nación, cualquiera sea el tribunal que la aplique. Sin embargo, ello no obstará a la aplicación de las Constituciones de Provincia o de leyes dictadas en su consecuencia, cuando se considere que las mismas otorgan más eficiente proteción de los derechos a que se refiere esta ley.

Art. 2 - Jurisdicción de aplicación. La aplicación de esta ley corresponderá a los tribunales nacionales o provinciales, según el acto denunciado como lesivo emane de autoridad nacional o provincial. Cuando el acto lesivo proceda de un particular, se estará a lo que establezca la ley respectiva.

Si inicialmente se ignora la autoridad de quien emana el acto denunciado como lesivo, conocerá cualquiera de aquellos tribunales, según las reglas que rigen su competencia territorial hasta establecer el presupuesto del párrafo anterior que determinará definitivamente el tribunal de aplicación.

Art. 3 - Procedencia. Corresponderá el procidimiento de *habeas corpus* cuando se denuncie un acto u omisión de autoridad pública que implique:

1) Limitación o amenaza actual de la libertad ambulatoria sin orden escrita de autoridad competente.

2) Agravación ilegítima de la forma y condiciones en que se cumple la privación de la libertad sin perjuicio de las facultades propias del juez del proceso si lo hubiere.

Art. 4 - Estado de sitio. Cuando sea limitada la libertad de una persona en virtud de la declaración prevista en el art. 23 de la Constitución nacional, el procedimiento de *habeas corpus* podrá tender a comprobar, en el caso concreto:

1) La legitimidad de la declaración del estado de sitio.
2) La correlación entre la orden de privación de la libertad y la situación que dio origen a la declaración del estado de sitio.
3) La agravación ilegítima de la forma y condiciones en que se cumple la privación de la libertad que en ningún caso podrá hacerse efectiva en establecimientos destinados a la ejecución de penas.
4) El efectivo ejercicio del derecho de opción previsto en la última parte del art. 23 de la Constitución nacional.

Art. 5 - Facultados a denunciar. La denuncia de *habeas corpus* podrá ser interpuesta por la persona que afirme encontrar-se en las condiciones previstas por los arts. 3 y 4 o por cualquier otra en su favor.

Art. 6 - Inconstitucionalidad. Los jueces podrán declarar de oficio en el caso concreto la inconstitucionalidad, cuando la limitación de la libertad se lleve a cabo por orden escrita de una autoridad que obra em virtud de un precepto legal contrario a la Constitución nacional.

Art. 7 - Recurso de inconstitucionalidad. Las sentencias que dicten los tribunales superiores en el procedimiento de *habeas corpus* serán consideradas definitivas a los efectos del recurso de inconstitucionalidad ante la Corte Suprema. El recurso procederá en los casos y formas previstas por las leyes vigentes.

CAPÍTULO II - Procedimiento

Art. 8 - Competencia. Cuando el acto denunciado como lesivo emane de autoridad nacional conocerán de los procedimientos de *habeas corpus*:
1) En la Capital Federal los jueces de primera instancia en lo criminal de instrucción.
2) En territorio nacional o Provincias los jueces de sección, según las reglas que rigen su competencia territorial.

Art. 9 - Denuncia. La denuncia de *habeas corpus* deberá contener:
1) Nombre y domicilio real del denunciante.
2) Nombre, domicilio real y demás datos personales conocidos de la persona en cuyo favor se denuncia.
3) Autoridad de quien emana el acto denunciado como lesivo.
4) Causa o pretexto del acto denunciado como lesivo en la medida del conocimiento del denunciante.
5) Expresará además en qué consiste la ilegitimidad del acto.

Si el denunciante ignorase alguno de los requisitos contenidos en los números 2, 3 y 4, proporcionará los datos que mejor condujeran a su averiguación.

La denuncia podrá ser formulada a cualquier hora del día por escrito u oralmente en acta ante el secretario del tribunal; en ambos casos se comprobará inmediatamente la identidad del denunciante y cuando ella no fuera posible, sin perjuicio de la prosecución del trámite, el tribunal arbitrará los medios necesarios a tal efecto.

Art. 10 - Desestimación o incompetencia. El juez rechazará la denuncia que no se refiera a uno de los casos establecidos en los arts. 3 y 4 de esta ley; si se considerara incompetente así lo declarará.

En ambos casos elevará de inmediato la resolución en consulta a la cámara de apelaciones, que decidirá a más tardar dentro de las 24 horas; si confirmare la resolución de incompetencia remitirá los autos al juez que considere competente.

Cuando el tribunal de primera instancia tenga su sede en distinta localidad que la câmara de apelaciones sólo remitirá testimonio completo de lo actuado, por el medio más rápido posible. La cámara, a su vez, si revoca la resolución, notificará por telegrama la decisión debiendo el juez continuar de inmediato el procedimiento.

El juez no podrá rechazar la denuncia por defectos formales, proveyendo de inmediato las medidas necesarias para su subsanación, sin perjuicio de las sanciones que correspondan (art. 24).

Art. 11 - Auto de *habeas corpus*. Cuando se tratare de la privación de la libertad de una persona, formulada la denuncia el juez ordenará inmediatamente que la autoridad requerida, en su caso, presente ante él al detenido con un informe circunstanciado del motivo que funda la medida, la forma y condiciones en que se cumple, si ha obrado por orden escrita de autoridad competente, caso en el cual, deberá acompañarla, y si el detenido hubiese sido puesto a disposición de otra autoridad, a quién, por qué causa, y en qué oportunidad se efectuó la trasferencia.

Cuando se tratare de amenaza actual de privación de la libertad de una persona el juez ordenará que la autoridad requerida presente el informe a que se refiere el párrafo anterior.

Si se ignora la autoridad que detenta la persona privada de su libertad o de la cual emana el acto denunciado como lesivo, el juez librará la orden a los superiores jerárquicos de la dependencia que la denuncia indique.

La orden se emitirá por escrito con expresión de fecha y hora salvo que el juez considere necesario constituírse personalmente en el lugar donde se encuentre el detenido caso en el cual podrá emitirla oralmente, pero dejará constancia en acta.

Cuando un tribunal o juez de jurisdicción competente tenga conocimiento por prueba satisfactoria de que alguna persona es mantenida en custodia, detención o confinamiento por funcionario de su dependencia o inferior administrativo, político o militar y que es de temerse sea trasportado fuera del territorio de su jurisdicción o que se le hará sufrir un perjuicio irreparable antes de que pueda ser socorrida por un auto de *habeas corpus*, pueden expedirlo de oficio, ordenando a quien la detiene o a cualquier comisario, agente de policía u otro empleado, que tome la persona detenida o amenazada y la traiga a su presencia para resolver lo que corresponda según derecho.

Art. 12 - Cumplimiento de la orden. La autoridad requerida cumplirá la orden de inmediato o en el plazo que el juez determine de acuerdo con las circunstancias del caso.

Si por un impedimento físico el detenido no pudiere ser llevado a presencia del juez la autoridad requerida presentará en el mismo plazo un informe complementario sobre la causa que impide el cumplimiento de la orden, estimando el término en que podrá ser cumplida. El juez decidirá expresamente sobre el particular pudiendo constituírse donde se encuentra el detenido si estimare necesario realizar alguna diligencia y a un autorizar a un familiar o persona de confianza para que lo vea en su presencia.

Desde el conocimiento de la orden el detenido quedará a disposición del juez que la emitió para la realización del procedimiento.

Art. 13 - Citación a la audiencia. La orden implicará para la autoridad requerida citación a la audiencia prevista por el artículo siguiente, a la que podrá comparecer representada por un funcionario de la repartición debidamente autorizado, con derecho a asistencia letrada.

Cuando el amparado no estuviere privado de su libertad el juez lo citará inmediatamente para la audiencia prevista en el artículo siguiente, comunicándole que, en su ausencia, será representado por el defensor oficial.

El amparado podrá nombrar defensor o ejercer la defensa por sí mismo siempre que ello no prejudique su eficacia, caso en el cual se nombrará al defensor oficial.

En el procedimiento de *habeas corpus* no será admitida ninguna recusación, pero en este momento el juez que se considere inhabilitado por temor de parcialidad así lo declarará, mandando cumplir la audiencia ante el juez que le sigue en turno o su subrogante legal, en su caso.

Art. 14 - Audiencia oral. La audiencia se realizará en presencia de los citados que comparezcan. La persona que se encuentra privada de su libertad deberá estar siempre presente. La presencia del defensor oficial en el caso previsto por los parráfos 2 y 3 del art. 13 será obligatoria.

La audiencia comenzará con la lectura de la denuncia y el informe. Luego el juez interrogará al amparado proveyendo en su caso a los exámenes que correspondan. Dará oportunidad para que se pronuncien la autoridad requerida y el amparado, personalmente o por intermedio de su asistente letrado o defensor.

Art. 15 - Prueba. Si de oficio o a pedido de alguno de los intervinientes se estima necesario la realización de diligencias probatorias, el juez determinará su admisibilidad o rechazo de acuerdo con la utilidad o pertinencia al caso de que se trata. La prueba se incorporará en el mismo acto y de no ser posible el juez ordenará las medidas necesarias para que se continúe la audiencia en un plazo que no exceda las 24 horas.

Finalizada la recepción de la prueba se oirá a los intervinientes de acuerdo a lo previsto en el artículo anterior.

Art. 16 - Acta de la audiencia. De la audiencia que prevén los arts. 14 y 15 se labrará acta por el secretario, que deberá contener:
1) Nombre del juez y los intervinientes.
2) Mención de los actos que se desarrollaron en la audiencia, con indicación de nombre y domicilio de los peritos, intérpretes o testigos que concurrieron.
3) Si se ofreció prueba, constancia de la admisión o rechazo y su fundamento sucinto.
4) Cuando los intervinientes lo podieran, resumen de la parte sustancial de la declaración o dictamen que haya de tenerse en cuenta.
5) Día y hora de audiencia, firma del juez y secretario y de los intervinientes que lo quisieren hacer.

Art. 17 - Decisión. Terminada la audiencia el juez dictará inmediatamente la decisión, que deberá contener:
1) Día y hora de su emisión.
2) Mención del acto denunciado como lesivo, de la autoridad que lo emitió y de la persona que lo sufre.
3) Motivación de la decisión.
4) La parte resolutiva, que deberá versar sobre el rechazo de la denuncia o su acogimiento, caso en el cual se ordenará la inmediata libertad del detenido o la cesación del acto lesivo.
5) Costas y sanciones según los arts. 23 y 24.

6) La firma del juez.
Si se tuviere conocimiento de la probable comisión de un delito de acción pública, el juez mandará sacar los testimonios correspondientes haciendo entrega de ellos al ministerio público.
Art. 18 - Pronunciamiento. La decisión será leída inmediatamente por el juez ante los intervenientes y quedará notificada aunque alguno de ellos se hubiere alejado de la sala de audiencia. El defensor oficial que compareciere según el art. 13, parráfos 2 y 3, no podrá alejarse hasta la lectura de la decisión.
Art. 19 - Recursos. Contra la decisión podrá interponerse recurso de apelación para ante la cámara en el plazo de 24 horas, por escrito u oralmente, en acta ante el secretario, pudiendo ser fundado.
Podrán interponer recurso el amparado, su defensor, la autoridad requerida o su representante y el denunciante únicamente por la sanción o costas que se le hubieren impuesto, cuando la decisión les cause gravamen.
El recurso procederá siempre con efecto suspensivo salvo en lo que respecta a la libertad de la persona (art. 17, inc. 4), que se hará efectiva.
Contra la decisión que rechaza el recurso procede la queja ante la cámara que resolverá dentro del plazo de 24 horas; si lo concede estará a su cargo el emplazamiento previsto en el primer párrafo del artículo siguiente.
Art. 20 - Procedimiento de apelación. Concedido el recurso, los intervenientes serán emplazados por el juez para que dentro de 24 horas comparezcan ante el superior, poniendo el detenido a su disposición. Si la cámara tuviere su sede en otro lugar, emplazará a los intervenientes para el término que considere conveniente según la distancia.
En el término de emplazamiento los intervenientes podrán fundar el recurso y presentar escritos de mejoramiento de los fundamentos del recurso o la decisión.
La cámara podrá ordenar la renovación de la audiencia oral prevista en los arts. 13,14, 15 y 16 en lo pertinente, salvando el tribunal los errores u omisiones en que hubiere incurrido el juez de primera instancia. La cámara emitirá la decisión de acuerdo a lo previsto en los arts. 17 y 18.
Art. 21 - Intervención del ministerio público. Presentada la denuncia se notificará al ministerio público por escrito u oralmente, dejando en este caso constancia en acta, quien tendrá en el procedimiento todos los derechos otorgados a los demás intervinientes, pero no será necesario citarlo o notificarlo para la realización de los actos posteriores.
Podrá presentar las instancias que creyere convenientes y recurrir la decisión cualquiera sea el sentido de ella.
Art. 22 - Intervención del denunciante. El denunciante podrá intervenir en el procedimiento con asistencia letrada y tendrá en él los derechos otorgados a los demás intervinientes, salvo lo dispuesto en el párrafo 2 del art. 19, pero no será necesario citarlo o notificarlo.
Art. 23 - Costas. Cuando la decisión acoja la denuncia las costas del procedimiento serán a cargo del funcionario responsable del acto lesivo, salvo el caso del art. 6 en que correrán por el orden causado.
Cuando se rechaza la denuncia las costas estarán a cargo de quien las causó, salvo el caso de improcedencia manifiesta declarada en la decisión en que las soportará el denunciante o el amparado o ambos solidariamente, según

que la inconducta responda a la actividad de uno de ellos o de ambos a la vez.

Art. 24 - Sanciones. Cuando la denuncia fuere maliciosa por ocultamiento o mendacidad declaradas en la decisión se impondrá al denunciante multa de $a 50 a $a 1.000 o arresto de uno a cinco días a cumplirse en la alcaldía del tribunal o en el establecimiento que el juez determine fijadas de acuerdo al grado de su inconducta. El pronunciamiento podrá ser diferido por el juez expresamente cuando sea necessario realizar averiguaciones; en este caso el recurso se interpondrá una vez emitida la decisión, la que se notificará conforme a las disposiciones del libro I, título VI, del Código de Procedimientos en materia penal.

La sanción de multa se ejecutará conforme lo prevé el Código Penal, pero su conversión se hará a razón de $a 200 de multa o fracción por cada día de arresto.

Los jueces y los funcionarios intervinientes que incurran injustificadamente en incumplimiento de los plazos que la ley prevé serán sancionados con la multa determinada según el parráfo anterior, sanción que aplicará el juez en la decisión cuando se tratare de funcionarios requeridos y el superior cuando se tratare de magistrados judiciales, sin perjuicio de lo dispuesto por el art. 45 de la Constitución nacional.

CAPÍTULO III - Reglas de aplicación
Art. 25 - Turno. A efectos del procedimiento previsto en la presente ley regirán en la Capital Federal turnos de 24 horas corridas según el orden que determine la excelentísima Cámara Nacional de Apelaciones en lo Criminal y Correccional.

En territorio nacional o provincial regirá el mismo turno que distribuirá la cámara de apelaciones respectiva, sin obligación de permanencia del juez y funcionarios auxiliares en la sede del tribunal pero deberá expresarse en lugar visible para el público que concurra el lugar donde puede reclamarse la intervención del juez de turno a los efectos del art. 9.

El turno del día en la jurisdicción respectiva se publicará en los periódicos así como también se colocarán avisadores en lugar visible para el público en los edificios judiciales y policiales. Las cámaras de apelaciones reglamentarán las disposiciones aplicables para los demás funcionarios y empleados que deban intervenir o auxiliar en el procedimiento.

Art. 26 - Organismos de seguridad. Las autoridades nacionales y los organismos de seguridad tomarán los recaudos necesarios para el efectivo cumplimiento de la presente ley y pondrán a disposición del tribunal interveniente los medios a su alcance para la realización del procedimiento que ella prevé.

Art. 27 - Registro. En el Poder Judicial de la Nación las sanciones del art. 24 de esta ley serán comunicadas, una vez firmes, a la Corte Suprema, la que organizará, por intermedio de su Secretaría de Superintendencia, un registro.

Art 28 - Derogación. Quedan derogados el art. 20 de la ley 48 y el título IV, sección II, del libro IV, de la ley 2372 (Código de Procedimientos en materia penal).

Art. 29 - (De forma).

[43] Acción de Amparo - Ley 16.986
Art. 1 - La acción de amparo será admisible contra todo acto u omisión de autoridad pública que, en forma actual o inminente, lesione, restrinja, altere o amenace, con arbitrariedad o ilegalidad manifiesta, los derechos o garantías explícita o implícitamente reconocidos por la Constitución nacional, con excepción de la libertad individual tutelada por el *habeas corpus*.
Art. 2 - La acción de amparo no será admisible cuando:
a) existan recursos o remedios judiciales o administrativos que permitan obtener la protección del derecho o garantia constitucional de que se trata.
b) el acto impugnado emanara de un órgano del Poder Judicial o haya sido adoptado por expresa aplicación de la Ley 16.970;
c) la intervención judicial comprometiera directa o indirectamente la regularidad, continuidad y eficacia de la prestación de un servicio público, o el desenvolvimiento de actividades esenciales del Estado;
d) la determinación de la eventual invalidez del acto requiriese una mayor amplitud de debate o de prueba o la declaración de inconstitucionalidad de leyes, decretos u ordenanzas;
e) la demanda no hubiese sido presentada dentro de los quince dias hábiles a partir de la fecha en que el acto fue ejecutado o debió producirse.
Art. 3 - Si la acción fuese manifiestamente inadmisible, el juez la rechazará sin sustanciación, ordenando el archivo de las actuaciones.
Art. 4 - Será competente para conocer de la acción de amparo el juez de primera instancia con jurisdicción en el lugar en que el acto se exteriorice o tuviere o pudiere tener efecto.
Se observarán, en lo pertinente, las normas sobre competencia por razón de la materia, salvo que aquéllas engendraran dudas razonables al respecto, en cuyo caso el juez requerido deberá conocer de la acción.
Cuando un mismo acto u omisión afectare el derecho de varias personas, entenderá en todas esas acciones el juzgado que hubiese prevenido, disponiéndose la acumulación de autos, en su caso.
Art. 5 - La acción de amparo podrá deducirse, por toda persona individual o jurídica, por sí o por apoderados, que se considere afectada conforme los presupuestos establecidos en el art. 1. Podrá también ser deducida, en las mismas condiciones, por las asociaciones que sin revestir el caráter de personas jurídicas, justificaren, mediante la exhibición de sus estatutos, que no contrarían una finalidad de bien público.
Art. 6 - La demanda deberá interponerse por escrito y contendrá:
a) el nombre, apellido y domicílio real y constituído del accionante;
b) la individualización, en lo posible, del autor del acto u omisión impugnados;
c) la relación circunstanciada de los extremos que hayan producido o estén en vías de producir la lesión del derecho o garantía constitucional;
d) la petición, en términos claros y precisos.
Art. 7 - Con el escrito de interposición, el accionante acompañará la prueba instrumental de que disponga, o la individualizará si no se encontrase en su poder, con indicación del lugar en donde se encuentre.
Indicará, asimismo, los demás medios de prueba de que pretenda valerse.
El número de testigos no podrá exceder de cinco por cada parte, siendo carga de éstas hacerlos comparecer a su costa a la audiencia, sin perjuicio de requerir el uso de la fuerza pública en caso de necesidad.

No se admitirá la prueba de absolución de posiciones.

Art. 8 - Cuando la acción fuera admisible, el juez requerirá a la autoridad que corresponda un informe circunstanciado acerca de los antecedentes y fundamentos de la medida impugnada, el que deberá ser evacuado dentro del plazo prudencial que fije. La omisión del pedido de informe es causa de nulidad del proceso.

El requerido deberá cumplir la carga de ofrecer prueba en oportunidad de contestar el informe, en la forma establecida para el actor.

Producido el informe o vencido el plazo otorgado sin su presentación, no habiendo prueba del accionante a tramitar, se dictará sentencia fundada dentro de las 48 horas, concediendo o denegando el amparo.

Art. 9 - Si alguna de las partes hubiese ofrecido prueba, deberá ordenarse su inmediata producción, fijándose la audiencia respectiva, la que deberá tener lugar dentro del tercer día.

Art. 10 - Si el actor no compareciera a la audiencia por sí o por apoderado, se lo tendrá por desistido, ordenándose el archivo de las actuaciones, con imposición de costas. Si fuere el accionado quien no concurriere, se recibirá la prueba del actor si la hubiere, y pasarán los autos para dictar sentencia.

Art. 11 - Evacuado el informe a que se refiere el art. 8, o realizada, en su caso, la audiencia de prueba, el juez dictará sentencia dentro del tercer día. Si existiera prueba pendiente de producción por causas ajenas a la diligencia de las partes, el juez podrá ampliar dicho término por igual plazo.

Art. 12 - La sentencia que admita la acción deberá contener:

a) la mención concreta de la autoridad contra cuya resolución, acto u omisión se concede el amparo;

b) la determinación precisa de la conducta a cumplir, con las especificaciones necesarias para su debida ejecución;

c) el plazo para el cumplimiento de lo resuelto.

Art. 13 - La sentencia firme declarativa de la existencia o inexistencia de la lesión, restricción, alteración o amenaza arbitraria o manifestamente ilegal de un derecho o garantía constitucional, hace cosa juzgada respecto del amparo, dejando subsistente el ejercicio de las acciones o recursos que puedan corresponder a las partes, con independencias del amparo.

Art. 14 - Las costas se impondrán al vencido. No habrá condena en costas si antes del plazo fijado para la contestacion del informe a que se refiere el art. 8 cesara el acto u omisión en que se fundó el amparo.

Art. 15 - Sólo serán apelables la sentencia definitiva, las resoluciones previstas en el art. 3 y las que dispongan medidas de no innovar o la suspensión de los efectos del acto impugnado. El recurso deberá interponerse dentro de 48 horas de notificada la resolución impugnada y será fundado, debiendo denegarse o concedersen en ambos efectos dentro de las 48 horas. En este último caso se elevará el expediente al respectivo tribunal de alzada dentro de las 24 horas de ser concedido.

En caso de que fuera denegado, entenderá dicho tribunal en el recurso directo que deberá articularse dentro de las 24 horas de ser notificada la denegatoria, debiendo dictarse sentencia dentro del tercer día.

Art. 16 - Es improcedente la recusación sin causa y no podrán articularse cuestiones de competencia, excepciones previas, ni incidentes.

Art. 17 - Son supletorias de las normas precedentes las disposiciones procesales en vigor.

Art. 18 - Esta ley será de aplicación en la Capital Federal y en el territorio de Tierra del Fuego, Antártida e Islas del Atlántico Sur.
Asimismo, será aplicada por los jueces federales de las Provincias en los casos en que el acto impugnado mediante la acción de amparo provenga de una autoridad nacional.
Art. 19 - La presente ley comenzará a regir desde el día de su publicación en el Boletín Oficial.
Art. 20 - Comuníquese, etc.

[44] *Código de Procedimientos en lo Criminal, artículos:*
"2. Nadie puede ser constituido en prisión preventiva sin orden escrita de Juez competente, expedida contra persona determinada, y a mérito de existir contra ella semiplena prueba de delito o indicios vehementes de culpabilidad.
"3. En caso de *in fraganti* delito cualquier individuo del pueblo puede detener al delincuente, al solo objeto de presentarlo inmediatamente al Juez competente o al agente de la autoridad pública más inmediato, jurando que lo ha visto perpetrar el delito.
4. El Jefe de Policía de la Capital y sus agentes tienen el deber de detener a las personas que sorprendan en *in fraganti* delito, y aquellas contra quienes haya indicios vehementes o semiplena prueba de culpabilidad, debiendo ponerlas inmediatamente a disposición del Juez competente.
5. A los efectos de los dos artículos precedentes, el delito sólo se considerará *in fraganti* respecto del que haya presenciado su perpetración.
6. Detenido el presunto culpable y entregado al Juez competente, éste procederá en las primeras horas hábiles de su despacho a interrogarlo y a practicar las diligencias necesarias para decretar su prisión preventiva o su libertad."
363. Fuera del caso de pena impuesta por sentencia, la libertad de las personas sólo puede restringirse con el carácter de detención o con el de *prisión preventiva*.
364. Además de los casos anteriormente determinados en este Código, la detención podrá decretarse:
1° Cuando ocurrido un hecho, que presente los caracteres de delito, o que lo haga presumir, no fuera posible en el primer momento individualizar, cuando menos por sospechas o indicios directos, la persona de su autor y hubieren dos o más sobre quienes pueda recaer la responsabilidad penal.
2° Cuando en el lugar de la ejecución de un delito se encontrasen reunidas varias personas, y la autoridad encargada de la instrucción o de la prevención del sumario juzgue necesario o conveniente que ninguna de ellas se separe del lugar expresado hasta practicar las diligencias indagatorias que correspondan.
3° Cuando la averiguación del delito exija la concurrencia de alguna persona para prestar informes o declaración y se negare a hacerlo.
4° Cuando hubiere temor fundado de que el testigo se oculte, fugue o ausente, y su deposición se considere necesaria a los objetos del esclarecimanto del delito y averiguación de los culpables.

365. En los casos del inciso 1º del artículo precedente, la restricción a la libertad de una persona, sólo podrá durar mientras se practiquen las primeras investigaciones del sumario o de las diligencias de prevención.
En ningún caso la simple detención por la causa expresada podrá prolongarse por más de cuarenta y ocho horas, bajo la responsabilidad del funcionario que la autorice.
Cuando ocurra el caso previsto en el inciso 2º, la detención terminará en el acto de recibirse las declaraciones o informes de las personas expresadas, siempre que no resulten complicadas en el hecho que las ha motivado.
En los casos de los incisos 3º y 4º, la detención se limitará al tiempo necesario para tomar declaración al testigo o para que se preste el informe.
El Juez deberá recibir esa declaración o informe inmediatamente después de encontrarse el testigo o perito a su disposición.
366. *La detención se convertirá en prisión preventiva, cuando medien conjuntamente estos requisitos:*
1º Que esté justificada, cuando menos por una prueba semiplena, la existencia de un delito.
2º Que al detenido se le haya tomado declaración indagatoria o se haya negado a prestarla, habiéndosele además impuesto de la causa de su prisión.
3º Que haya indicios suficientes, a juicio del Juez para creerlo responsable del hecho.
367. La prisión preventiva se hará constar en los autos por resolución especial del Juez de Instrucción, estableciendo las causas que la motivan.
"368. Ninguno podrá ser aprehendido, sino por los agentes a quienes la ley da la facultad de hacerlo, y en conformidad a las disposiciones de este Código. Sin embargo, cualquiera persona puede aprehender:
1º Al que intentare cometer un delito, en el momento de empezar a cometerlo.
2º Al delincuente *in fraganti.*
3º Al que se fugare del establecimiento penal en que se hallare extinguiendo su condena.
4º Al que se fugare del lugar en que estuviere esperando su traslación al establecimiento penal o lugar em que debiere cumplir la condena que se le hubiere impuesto por sentencia irrevocable.
5º Al que se fugare al ser conducido al establecimiento o lugar mencionado en el número anterior.
6º Al que se fugare estando preso por causa pendiente.
7º Al procesado y condenado que estuviere en rebeldía.
369. La autoridad policial o sus agentes tendrán obligación de detener a cualquiera que se hallare en alguno de los casos del artículo anterior.
370. La autoridad o agente de policía que detuviere a una persona, deberá entregarla, bajo su responsabilidad, al Juez más próximo al lugar en que se hubiere hecho la detención, en las primeras horas hábiles de su despacho.
Cuando un particular detiene a otro, está obligado a conducirlo inmediatamente al Juez o agente más próximo de la autoridad".
373. "La orden de prisión contendrá:
1º El nombre del Juez que la ordena.
2º La persona o autoridad a quien se comete la prisión.

3º El delito por qué se procede.
4º El nombre, apellido, o sobrenombre del presunto reo, su empleo, profesión o clase, nacionalidad, domicilio, y además señas generales y particulares que consten o se hubieren adquirido para designarlo clara y distintamente.
5º El lugar a que se ha de conducir el reo.
6º Si ha de estar o no incomunicado."

[45] *Código Procesal Penal de la Nación - Ley nº 23.984:*
Art. 279 - La persona contra la cual se hubiera iniciado o esté por iniciarse un proceso, podrá presentarse ante el Juez competente a fin de declarar. Si la declaración fuere recibida en la forma prescripta para la indagatoria, valdrá como tal a cualquier efecto. La presentación espontánea no impedirá que se ordene la detención, cuando corresponda.
Art. 280 - La libertad personal sólo podrá ser restringida, de acuerdo con las disposiciones de este Código, en los límites absolutamente indispensables para asegurar el descubrimiento de la verdad y la aplicación de la ley. El arresto o la detención se ejecutarán de modo que perjudiquen lo menos posible a la persona y reputación de los afectados y labrándose un acta que éstos firmarán, si fueren capaces, en la que se les comunicará la razón del procedimiento, el lugar donde serán conducidos y el Juez que intervendrá.
Art. 281 - Cuando en el primer momento de la investigación de un hecho en el que hubieran participado varias personas no sea posible individualizar a los responsables y a los testigos, y no pueda dejarse de proceder sin peligro para la instrucción, el Juez podrá disponer que los presentes no se alejen del lugar ni se comuniquen entre sí antes de prestar declaración y aun ordenar el arresto si fuere indispensable.
Ambas medidas no podrán prolongarse por más tiempo que el estrictamente necesario para recibir las declaraciones, a lo cual se procederá sin tardanza y no durarán más de ocho horas. Sin embargo, se podrá prorrogar dicho plazo por ocho horas más, por auto fundado, si circunstancias extraordinarias así lo exigieran. Vencido este plazo podrá ordenarse, si fuere el caso, la detención del presunto culpable.
Art. 282 - Cuando el delito que se investigue no esté reprimido con pena privativa de la libertad o parezca procedente una condena de ejecución condicional, el Juez, salvo los casos de flagrancia, ordenará la comparecencia del imputado por simple citación.
Si el citado no se presentase en el término que se le fije ni justificare un impedimento legítimo, se ordenará su detención.
Art. 283 - Salvo lo dispuesto en el artículo anterior, el juez librará orden de detención para que el imputado sea llevado a su presencia, siempre que haya motivo para recibirle indagatoria.
La orden será escrita, contendrá los datos personales del imputado u otros que sirvan para identificarlo y el hecho que se le atribuye, y será notificada en el momento de ejecutarse o inmediatamente después, con arreglo al artículo 142.
Sin embargo, en caso de suma urgencia, el Juez podrá impartir la orden verbal o telegráficamente, haciéndolo constar.

Art. 284 - Los funcionarios y auxiliares de la Policía tienen el deber de detener, aun sin orden judicial:
1º - Al que intentare un delito de acción pública reprimido con pena privativa de libertad, en el momento de disponerse a cometerlo.
2º - Al que fugare, estando legalmente detenido.
3º - Excepcionalmente a la persona contra la cual hubiere indícios vehementes de culpabilidad, y exista peligro inminente de fuga o de serio entorpecimiento de la investigación y al solo efecto de conducirlo ante el Juez competente de inmediato para que resuelva su detención, y
4º - A quien sea sorprendido en flagrancia en la comisión de un delito de acción pública reprimido con pena privativa de libertad.
Tratándose de un delito cuya acción dependa de instancia privada, inmediatamente será informado quien pueda promoverla, y si éste no presentare la denuncia en el mismo acto, el detenido será puesto en libertad.
Art. 285 - Se considera que hay flagrancia cuando el autor del echo es sorprendido en el momento de cometerlo o inmediatamente después; o mientras es perseguido por la fuerza pública, por el ofendido o el clamor público; o mientras tiene objetos o presenta rastros que hagan presumir vehementemente que acaba de participar en un delito.
Art. 286 - El funcionario o auxiliar de la Policía que haya practicado una detención sin orden judicial, deberá presentar al detenido inmediatamente en un plazo que no exceda de seis horas ante la autoridad judicial competente.
Art. 287 - En los casos previstos en los incisos 1º, 2º y 4º del artículo 284, los particulares están facultados para practicar la detención, debiendo entregar inmediatamente el detenido a la autoridad judicial o policial.

---

[46] "Autoridade Competente Para Ordenar A Prisão no Direito Brasileiro", in Revista Jurídica da Procuradoria da Assembléia Legislativa do Estado do Rio Grande do Sul, nº 1, pp. 125 e seguintes PGAL/RS, 1982; "Legitimidade da Prisão no Direito Brasileiro", ed. UFRGS, 1984.

[47] Código de Procedimientos Penales Arts. 649 a 689.

[48] O jurista DAMÁSIO DE JESUS resume a matéria nesta página: "O CP, nos arts. 146 a 154, define os crimes contra a liberdade individual, que se perfazem somente com a lesão desse objeto jurídico, independentemente da produção de qualquer resultado ulterior. Significa que a existência do delito se exaure com a lesão à liberdade individual, não sendo imprescindível que, em face do comportamento do sujeito, venha a ser lesado outro objeto jurídico, de titularidade do particular. Se isso ocorre, o estatuto penal prevê forma qualificada ou concurso material de delitos. A objetividade jurídica desses crimes é a liberdade jurídica, considerada como a faculdade de realizar condutas de acordo com a própria vontade do sujeito. O CP é, aqui, sancionador do Direito Constitucional, na parte que descreve as garantias individuais. Significa que a Carta Magna determina a garantia da liberdade jurídica, sendo ela protegida pela imposição de pena nos preceitos secundários das normas penais de incriminação. Assim, ninguém é

obrigado a fazer ou deixar de fazer alguma coisa senão em virtude de lei (CF, art. 5º, II); é inviolável o sigilo da correspondência e das comunicações telegráficas, de dados e das comunicações telefônicas, salvo, no último caso, por ordem judicial (nº XII); a casa é o asilo inviolável do indivíduo, ninguém nela podendo penetrar sem consentimento do morador, salvo em caso de flagrante delito ou desastre, ou para prestar socorro, ou durante o dia, por determinação judicial (nº XI); é livre a manifestação do pensamento (nº IV); ninguém será privado de seus direitos por convicção filosófica ou política (nº VI); é livre o exercício de qualquer trabalho, ofício ou profissão, atendidas as qualificações profissionais que a lei estabelecer (nº XIII); é inviolável a liberdade de consciência e de crença, sendo assegurado o livre exercício dos cultos religiosos (nº VI).

Os crimes contra a liberdade individual são subsidiários. Isso quer dizer que ingressam na definição legal de outros delitos, como acontece no roubo, extorsão, estupro, atentado ao pudor e rapto. Assim, o constrangimento ilegal, descrito no art. 146 do CP funciona como elementar do delito de estupro (CP art. 213). A ameaça, descrita no art. 147 do CP, serve de meio de execução do constrangimento ilegal (art. 146) e de todos os delitos em que a violência moral é forma de realização do tipo. O seqüestro ou cárcere privado, previsto no art. 148, funciona como elemento de realização do delito de extorsão mediante seqüestro (CP, art. 159), e assim por diante.

O CP divide os crimes contra a liberdade individual em quatro seções:

1ª Seção - dos crimes contra a liberdade pessoal - arts. 146 a 149, abrangendo o constrangimento ilegal, a ameaça, o seqüestro ou cárcere privado e o plágio (redução a condição análoga à de escravo);

2ª Seção - do crime contra a inviolabilidade do domicílio - art. 150;

3ª Seção - dos crimes contra a inviolabilidade de correspondência - arts. 151 e 152, abrangendo a violação de correspondência e a correspondência comercial;

4ª Seção - dos crimes contra a inviolabilidade dos segredos - arts. 153 e 154, abrangendo a divulgação de segredo e a violação do segredo profissional.

Nos crimes contra a liberdade pessoal, o CP protege a liberdade de autodeterminação, de locomoção e a livre disposição de si próprio." (*in Direito Penal*, 2º volume, pp. 213/214, Saraiva, 13ª edição)

[49] Lei nº 4.898, de 9 de dezembro de 1965:
"Art. 4º - Constitui também abuso de autoridade:
(...)
d) deixar o juiz de ordenar o relaxamento de prisão ou detenção ilegal que lhe seja comunicada".

[50] Lei nº 1.286 de 8 de julho de 1998, promulga o Novo Código de Processo Penal Paraguaio:
TÍTULO II
MEDIDAS CAUTELARES DE CARÁCTER PERSONAL
Art. 239. APREHENSIÓN DE LAS PERSONAS. La Policía Nacional podrá aprehender a toda persona comprendida dentro de los siguientes casos, aún sin orden judicial:

1) cuando sea sorprendida en flagrante comisión de hecho punible o cuando sea perseguida inmediatamente después de su comisión; se entenderá que existe flagrancia cuando el autor del hecho punible sea sorprendido en el momento de intentarlo o cometerlo, o inmediatamente después, o mientras es perseguido por la fuerza policial, por la víctima o por un grupo de personas;
2) cuando se haya fugado de algún establecimiento penal o de cualquier otro lugar de detención; y,
3) cuando existan suficientes indicios de su participación en un hecho punible y se trate de casos en los que procede la detención preventiva.

Asimismo, en caso de flagrancia, cualquier persona podrá practicar la aprehensión e impedir que el hecho punible produzca consecuencias. La persona aprehendida será entregada, inmediatamente, a la autoridad más cercana.

La autoridad policial que haya aprehendido a alguna persona lo deberá comunicar, dentro de las seis horas, al Ministerio Público y al juez.

Art. 240. DETENCIÓN. El Ministerio Público podrá ordenar que una persona sea detenida, en los siguientes casos:

1) cuando sea necesaria la presencia del imputado y exista probabilidad fundada para sostener, razonablemente, que es autor o partícipe de un hecho punible y que puede ocultarse, fugarse o ausentarse del lugar;

2) cuando en el primer momento de la investigación sea imposible individualizar a los imputados y a los testigos y se deba proceder con urgencia para no perjudicar la investigación, evitando que los presentes se alejen del lugar, se comuniquen entre sí y que se modifique el estado de las cosas y de los lugares; y,

3) cuando para la investigación de un hecho punible sea necesaria la concurrencia de cualquier persona para prestar declaración y se negare a hacerlo.

En todos los casos, la persona que haya sido detenida será puesta a disposición del juez en el plazo de veinticuatro horas para que resuelva, dentro del mismo plazo, sobre la procedencia de la prisión preventiva, aplique las medidas sustitutivas o decrete la libertad por falta de mérito.

La orden de detención deberá contener los datos personales del imputado que sirvan para su correcta individualización, la descripción sucinta del hecho que la motiva y la identificación de la autoridad que dispuso su detención.

En ningún caso la Policía Nacional podrá ordenar detenciones; se limitará a realizar aprehensiones conforme lo dispuesto en el artículo anterior y a cumplir las órdenes de detención que emita el Ministerio Público o el juez. Asimismo podrá disponer la libertad del aprehendido o detenido cuando estime que no solicitará su prisión preventiva.

Art. 241. ALLANAMIENTO. Cuando sea necesario allanar dependencias cerradas o recintos habitados, para el cumplimiento de la aprehensión o la detención preventiva, la orden judicial deberá consignar expresamente esta autorización, salvo las excepciones previstas por este código.

Art. 242. PRISIÓN PREVENTIVA. El juez podrá decretar la prisión preventiva, después de ser oído el imputado, solo cuando sea indispensable y siempre que medien conjuntamente los siguientes requisitos:

1) que existan elementos de convicción suficientes sobre la existencia de un hecho punible grave;
2) sea necesario la presencia del imputado y existan hechos suficientes para sostener, razonablemente, que es autor o partícipe de un hecho punible; y,
3) cuando por la apreciación de las circunstancias del caso particular, existan hechos suficientes para suponer la existencia de peligro de fuga o la posible obstrucción por parte del imputado de un acto concreto de investigación.

Art. 243. PELIGRO DE FUGA. Para decidir acerca del peligro de fuga, se tendrán en cuenta las siguientes circunstancias:
1) la falta de arraigo en el país, determinado por el domicilio, asiento de la familia, de sus negocios o trabajo y las facilidades para abandonar definitivamente el país o permanecer oculto;
2) la pena que podrá ser impuesta como resultado del procedimiento;
3) la importancia del perjuicio causado y la actitud que el imputado asume frente a él; y,
4) el comportamiento del imputado durante el procedimiento o en otro anterior del que se pueda inferir, razonablemente, su falta de voluntad de sujetarse a la investigación o de someterse a la persecución penal.
Estas circunstancias deberán mencionarse expresamente en la decisión judicial que disponga la prisión preventiva.

Art. 244 PELIGRO DE OBSTRUCCIÓN. Para decidir acerca del peligro de obstrucción de un acto concreto de investigación, se tendrá en cuenta, especialmente, la grave sospecha de que el imputado:
1) destruirá, modificará, ocultará, suprimirá o falsificará elementos de prueba;
2) influirá para que los coimputados, testigos e peritos informen falsamente o se comporten de manera desleal o reticente; o,
3) inducirá a otros a efectuar tales comportamientos.
Estos motivos sólo podrán servir de fundamento para la prisión preventiva del imputado hasta la conclusión del juicio.

Art. 245. MEDIDAS ALTERNATIVAS O SUSTITUTIVAS DE LA PRISIÓN PREVENTIVA. Siempre que el peligro de fuga o de obstrucción pueda ser evitado por la aplicación de otra medida menos gravosa para la libertad del imputado, el juez, de oficio, preferirá imponerle en lugar de la prisión preventiva, alguna de las alternativas siguientes:
1) el arresto domiciliario, en su propio domicilio o en el de otra persona, bajo vigilancia o sin ella;
2) la obligación de someterse a la vigilancia de una persona o institución determinada, quien informará periódicamente al juez;
3) la obligación de presentarse periódicamente ante el juez o ante la autoridad que él designe;
4) la prohibición de salir del país, de la localidad en la cual resida o del ámbito territorial que fije el juez;
5) la prohibición de concurrir a determinadas reuniones o de visitar determinados lugares;
6) la prohibición de comunicarse con personas determinadas, siempre que no se afecte el derecho a la defensa, y;
7) la prestación de una caución real adecuada, por el propio imputado o por otra persona, mediante depósito de dinero, valores, constitución de

prenda o hipoteca, entrega de bienes o la fianza de una o más personas idóneas.

El juez podrá imponer una o varias de estas alternativas, conjunta o indistintamente, según cada caso, adoptando las medidas necesarias para asegurar su cumplimiento.

No se impondrán estas medidas contrariando su finalidad. Cuando el imputado no las pueda cumplir por una imposibilidad material razonable, en especial, si se trata de persona de notoria insolvencia o disponga del beneficio de litigar sin gastos, no se le podrá imponer caución económica.

En todos los casos, cuando sea suficiente que el imputado preste juramento de someterse al procedimiento, se decretará la caución juratoria, antes que cualquiera de las demás medidas.

Las medidas que se dicten como alternativas a la prisión preventiva, o que las atenúen, cesarán automáticamente y de pleno derecho al cumplirse dos años desde que fueren efectivizadas, si en tal plazo no hubiese comenzado la audiencia del juicio.

Art. 246. CONTENIDO DEL ACTA. Antes de ejecutar las medidas alternativas o sustitutivas, el secretario labrará un acta que contenga:

1) la notificación del imputado;

2) la identificación y domicilio de las personas que intervengan en la ejecución de la medida, la aceptación de la función o de la obligación que se les asignó;

3) la indicación precisa de todas las circunstancias que puedan obligar al imputado a ausentarse por más de un día;

4) la indicación del domicilio procesal, y;

5) la promesa formal del imputado de presentarse a las citaciones que el juez le señale.

Art. 247. FORMA Y CONTENIDO DE LAS DECISIONES. Las resoluciones que decreten la prisión preventiva, la internación o las medidas alternativas o sustitutivas, deberán contener:

1) los datos personales del imputado o los que sirvan para identificarlo;

2) una sucinta enunciación del hecho o hechos que se atribuyen al imputado;

3) los fundamentos, indicando concretamente, todos los presupuestos que motivan la medida, en especial, la existencia de peligro de fuga o de obstrucción;

4) el lugar o establecimiento donde deberá cumplirse,y;

5) la parte dispositiva, con clara expresión de las normas aplicables.

Art. 248. CARÁCTER DE LAS DECISIONES. La resolución que imponga una medida cautelar, la rechace o sustituya, es revocable o reformable, aún de oficio, en cualquier estado del procedimiento, cuando hayan desaparecido sus presupuestos.

Art. 249. EXIMICIÓN DE MEDIDAS CAUTELARES. El imputado podrá presentarse por si o por medio de un abogado ante el juez, antes de la aplicación de la medida, por escrito o en forma oral, solicitando que se lo exima de la prisión preventiva o de las otras medidas cautelares. El juez resolverá de inmediato la petición en el caso que sea procedente.

Art. 250. EXCARCELACIÓN Y REVISIÓN DE MEDIDAS CAUTELARES. El juez, de oficio o a petición de parte, dispondrá la inmediata libertad del imputado cuando no concurran todos los presupuestos exigidos para el auto de prisión preventiva.

El juez examinará la vigencia de las medidas cautelares privativas de libertad cada tres meses, y en su caso, las sustituirá por otras menos gravosas atendiendo a la naturaleza del caso o dispondrá la libertad.

El imputado también podrá solicitar la revocación o sustitución de cualquier medida cautelar todas las veces que lo considere pertinente, sin perjuicio de la responsabilidad que contrae el defensor, cuando la petición sea notoriamente dilatoria o repetitiva.

Art. 251. TRÁMITE DE LAS REVISIONES. El examen se efectuará en audiencia oral, que deberá convocarse dentro de las cuarenta y ocho horas, con citación de todas las partes; pero se la llevará a cabo con aquellas que concurran. Finalizada la audiencia, el juez resolverá inmediatamente, ordenando lo que corresponda.

Art. 252. REVOCACIÓN DE LA PRISIÓN PREVENTIVA. La prisión preventiva será revocada:

1) cuando nuevos elementos de juicio demuestren que no concurren los motivos que la fundaron o tornen conveniente su sustitución por otra medida;

2) cuando su duración supere o equivalga al mínimo de la pena prevista, considerando, incluso, la aplicación de reglas relativas a la suspensión a prueba de la ejecución de la condena;

3) cuando su duración exceda los plazos establecidos por este código; pero si se ha dictado sentencia condenatoria, podrá durar tres meses más, mientras se tramita el recurso; y,

4) cuando la restricción de la libertad del imputado ha adquirido las características de una pena anticipada o ha provocado limitaciones que exceden las imprescindibles para evitar su fuga.

Vencido el plazo previsto en el inciso *3)* en adelante no se podrá decretar una nueva medida cautelar, salvo la citación o conducción del imputado por medio de la fuerza policial al sólo efecto de asegurar su comparecencia al juicio.

Art. 253. APELACIÓN. La resolución que disponga, modifique o rechace las medidas cautelares será apelable.

La interposición del recurso no suspenderá el cumplimiento de la medida apelada. En estos casos el emplazamiento se hará por veinticuatro horas, luego de las cuales el juez remitirá inmediatamente las copias necesarias. El tribunal de apelación resolverá, sin más trámite, dentro de los tres días siguientes de recibidas las actuaciones.

Art. 254. TRATO. El prevenido cumplirá la restricción de su libertad en establecimientos especiales y diferentes a los destinados para los condenados, o por lo menos, en lugares absolutamente separados de los dispuestos para éstos últimos.

El imputado, en todo momento, será tratado como inocente que se encuentra en prisión preventiva al sólo efecto de asegurar su comparecencia al procedimiento o el cumplimiento de la sanción.

La prisión preventiva se cumplirá de tal manera que no adquiera las características de una pena, ni provoque otras limitaciones que las imprescindibles para evitar la fuga o la obstrucción de la investigación, conforme a las leyes y reglamentos penitenciarios.

El juez de ejecución controlará el trato otorgado al prevenido. Cuando constate que la prisión ha adquirido las características de una pena anticipada, comunicará inmediatamente al juez penal del procedimiento, quien resolverá sin más trámite en el plazo de veinticuatro horas.
Todo permiso, salida o traslado lo autorizará el juez penal del procedimiento.
Art. 255. INTERNACIÓN. El juez penal podrá ordenar la internación del imputado en un establecimiento asistencial cuando medien conjuntamente los siguientes requisitos:
1) la existencia de elementos de convicción suficientes para sostener razonablemente que el imputado es autor o partícipe de un hecho punible;
2) la comprobación, por examen pericial, de que el imputado sufre una grave alteración o insuficiencia de sus facultades mentales, que lo tornan peligroso para si o para los terceros; y,
3) la existencia de indicios suficientes de que no se someterá al procedimiento u obstruirá un acto concreto de investigación.
Art. 256. INCOMUNICACIÓN. El juez penal podrá disponer la incomunicación del imputado por un plazo que no excederá las cuarenta y ocho horas y sólo cuando existan motivos graves para temer que, de otra manera, obstruirá un acto concreto de la investigación. Esos motivos constarán en la decisión.
Esta resolución no impedirá que el imputado se comunique con su defensor. Asimismo podrá hacer uso de libros, recados de escribir y demás objetos que pida, con tal que no puedan servir como medio para eludir la incomunicación, y realizar actos civiles impostergables que no disminuyan su solvencia ni perjudiquen el trámite del procedimiento.
El Ministerio Público podrá disponer la incomunicación del detenido sólo por un plazo que no excederá las seis horas, necesario para gestionar la orden judicial respectiva.
Estos plazos son improrrogables.
Art. 257. CAUCIONES. El juez penal podrá fijar la clase e importe de la caución y decidirá sobre la idoneidad del fiador.
La caución podrá ser personal, real o juratoria.
La caución personal podrá otorgarla toda persona que tenga suficiente arraigo en propiedades raíces y tenga capacidad legal para contratar.
La caución real podrá constituirse mediante garantía real o depósito de sumas de dinero o valores razonables que fije el juez con relación al patrimonio del imputado que cubran las penas pecuniarias y el valor de las costas procesales.
La caución juratoria la podrá otorgar el imputado cuando la naturaleza del hecho punible que se le atribuya, haga presumir que no burlará la acción de la justicia.
Cuando la caución sea prestada por otra persona, ella asumirá solidariamente con el imputado la obligación de pagar la suma que se le haya fijado. Con autorización del juez, el imputado y el fijador podrán sustituir la caución por otra equivalente.
Art. 258. EJECUCIÓN DE LAS CAUCIONES. En los casos de rebeldía o cuando el imputado se substraiga de la ejecución de la pena, se fijará un plazo no menor de cinco días para que comparezca al procedimiento o cumpla la condena impuesta. Este emplazamiento será notificado al fiador, advirtiéndole que si no comparece el imputado o no justifica estar impedi-

do por fuerza mayor, la caución será ejecutada, conforme a lo previsto por este código.
Art. 259. CANCELACIÓN DE LAS CAUCIONES. La caución será cancelada y devueltos los bienes afectados, siempre que no hayan sido ejecutados con anterioridad:
1) cuando el imputado sea puesto en prisión preventiva o arresto domiciliario;
2) cuando se revoque la decisión que impuso la caución;
3) cuando por resolución firme, se absuelva o se sobresea al imputado;
4) con el pago de la multa impuesta en la sentencia.

Apêndice

Tratado para a constituição de um mercado comum entre a República Argentina, a República Federativa do Brasil, a República do Paraguai e a República do Uruguai (26/03/1991)

A República Argentina, a República Federativa do Brasil, a República do Paraguai e a República Oriental do Uruguai, doravante denominados "Estados-Partes";

Considerando que a ampliação das atuais dimensões de seus mercados nacionais, através da integração, constitui condição fundamental para acelerar seus processos de desenvolvimento econômico com justiça social;

Entendendo que esse objetivo deve ser alcançado mediante o aproveitamento mais eficaz dos recursos disponíveis, a preservação do meio ambiente, o melhoramento das interconexões físicas, a coordenação de políticas macroeconômica da complementação dos diferentes setores da economia, com base nos princípios de gradualidade, flexibilidade e equilíbrio;

Tendo em conta a evolução dos acontecimentos internacionais, em especial a consolidação de grandes espaços econômicos, e a importância de lograr uma adequada inserção internacional para seus países;

Expressando que este processo de integração constitui uma resposta adequada a tais acontecimentos;

Conscientes de que o presente Tratado deve ser considerado como um novo avanço no esforço tendente ao desenvolvimento progressivo da integração da América Latina, conforme o objetivo do Tratado de Montevidéu de 1980;

Convencidos da necessidade de promover o desenvolvimento científico e tecnológico dos Estados-Partes e de modernizar suas economias para ampliar a oferta e a qualidade dos bens de serviço disponíveis, a fim de melhorar as condições de vida de seus habitantes;

Reafirmando sua vontade política de deixar estabelecidas as bases para uma união cada vez mais estreita entre seus povos, com a finalidade de alcançar os objetivos supramencionados;

Acordam:

CAPÍTULO I - Propósito, Princípio e Instrumentos

Artigo I

Os Estados-Partes decidem constituir um Mercado Comum, que deverá estar estabelecido a 31 de dezembro de 1994, e que denominará "Mercado Comum do Sul" (MERCOSUL).

Este Mercado Comum implica:

A livre circulação de bens, serviços e fatores produtivos entre países, através, entre outros, da eliminação dos direitos alfandegários, restrições não tarifárias à circulação de mercado de qualquer outra medida de efeito equivalente;

O estabelecimento de uma tarifa externa comum e a doação de uma política comercial comum em relação a terceiros Estados ou agrupamentos de Estados e a coordenação de posições em foros econômico-comerciais regionais e internacionais;

A coordenação de políticas macroeconômicas e setoriais entre os Estados-Partes - de comércio exterior, agrícola, industrial, fiscal, monetária, cambial e de capitais, de serviços, alfandegária, de transportes e comunicações e outras que se acordem - a fim de assegurar condições adequadas de concorrência entre os Estados-Partes; e

O compromisso dos Estados-Partes de harmonizar suas legislações, nas áreas pertinentes, para lograr o fortalecimento do processo de integração.

Artigo 2
O Mercado Comum estará fundado na reciprocidade de direitos e obrigações entre os Estados-Partes.

Artigo 3
Durante o período de transição, que se estenderá desde a entrada em vigor do presente Tratado até 31 de dezembro de 1994, e a fim de facilitar a constituição do Mercado Comum, os Estados-Partes adotam um Regime Geral de Origem, um Sistema de Solução de Controvérsias e Cláusulas de Salvaguarda, que constam como Anexos II, III e IV ao presente Tratado.

Artigo 4
Nas relações com terceiros países, os Estados-Partes assegurarão condições eqüitativas de comércio. Para tal fim, aplicarão suas legislações nacionais, para inibir importações cujos preços estejam influenciados por subsídios, *dumping* qualquer outra prática desleal. Paralelamente, os Estados-Partes coordenarão suas respectivas políticas nacionais com o objetivo de elaborar normas comuns sobre concorrência comercial.

Artigo 5
Durante o período de transmissão, os principais instrumentos para a constituição do Mercado Comum são:

a) Um Programa de Liberação Comercial, que consistirá em reduções tarifárias progressivas, lineares e automáticas, acompanhadas da eliminação de restrições não-tarifárias ou medidas de efeito equivalente, assim como de outras restrições ao comércio entre os Estados-Partes, para chegar a 31 de dezembro de 1994 com tarifa zero, sem barreiras não-tarifárias sobre a totalidade do universo tarifário (Anexo I);

b) A coordenação de políticas macroeconômicas que se realizará gradualmente e de forma convergente com os programas de desgravação tarifária e eliminação de restrições não-tarifárias, indicados na letra anterior;

c) Uma tarifa externa comum, que incentiva a competitividade externa dos Estados-Partes;

d) A adoção de acordos setoriais, com o fim de otimizar a utilização e mobilidade dos fatores de produção e alcançar escalas operativas eficientes.

Artigo 6
Os Estados-Partes reconhecem diferenças pontuais de ritmo para a República do Paraguai e para a República Oriental do Uruguai, que constam no Programa de Liberação Comercial (Anexo I).

Artigo 7
Em matéria de impostos, taxas e outros gravames internos, os produtos originários do território de um Estado-Parte gozarão, nos outros Estados-Partes, do mesmo tratamento que se aplique ao produto nacional.

Artigo 8
Os Estados-Partes se comprometem a preservar os compromissos assumidos até a data de celebração do presente Tratado, inclusive os Acordos firmados no âmbito da Associação Latino-Americana de integração, e a coordenar suas posições nas negociações comerciais externas que empreendam durante o período de transição. Para tanto:

a) Evitarão afetar os interesses dos Estados-Partes nas negociações comerciais que realizem entre si até 31 de dezembro de 1994;

b) Evitarão afetar os interesses dos demais Estados-Partes ou os objetivos do Mercado Comum nos Acordos que celebrarem com outros países membros da Associação Latino-Americana de Integração durante o período de transição;

c) Realizarão consultas entre si sempre que negociem esquemas amplos de desgravações tarifárias, tendentes à formação de zonas de livre comércio com os demais países membros da Associação Latino-Americana de Integração;

d) Estenderão automaticamente aos demais Estados-Partes qualquer vantagem, favor, franquia, imunidade ou privilégio que concedam a um produto originário de ou destinado a terceiros países não-membros da Associação Latino-Americana de Integração.

CAPÍTULO II - Estrutura Orgânica

Artigo 9

A administração e execução do presente Tratado e dos Acordos específicos e decisões que se adotem no quadro jurídico que o mesmo estabelece durante o período de transição a cargo dos seguintes órgãos:

a) Conselho do Mercado Comum;
b) Grupo do Mercado Comum.

Artigo 10

O Conselho é órgão superior do Mercado Comum, correspondendo-lhe a condução política do mesmo e a tomada de decisão para assegurar o cumprimento dos objetivos e prazos estabelecidos para a constituição definitiva do Mercado Comum.

Artigo 11

O Conselho estará integrado pelos Ministros de Relações Exteriores e os Ministros de Economia dos Estados-Partes.

Reunir-se-á quantas vezes estime oportuno, e, pelo menos uma vez ao ano, o fará com a participação dos Presidentes dos Estados-Partes.

Artigo 12
A Presidência do Conselho se exercerá por rotação dos Estados-Partes e em ordem alfabética, por períodos de seis meses.

As reuniões do Conselho serão coordenadas pelos Ministérios de Relações Exteriores e poderão ser convidados a delas participar outros Ministros ou autoridades de nível Ministerial.

Artigo 13
O Grupo Mercado Comum é o órgão executivo do Mercado Comum e será coordenado pelos Ministérios das Relações Exteriores. O Grupo Mercado Comum terá faculdade de iniciativa. Suas funções serão as seguintes:
- velar pelo cumprimento do Tratado;
- tomar as providências necessárias ao cumprimento das decisões adotadas pelo Conselho;
- propor medidas concretas tendentes à aplicação do Programa de Liberação Comercial, à coordenação de política macroeconômica e à negociação de Acordos frente a terceiros;
- fixar programas de trabalho que assegurem avanços para o estabelecimento do Mercado Comum.

O Grupo Mercado Comum poderá construir os Subgrupos de Trabalho que forem necessários para o cumprimento de seus objetivos. Contará inicialmente com os Subgrupos mencionados no Anexo V.

O Grupo Mercado Comum estabelecerá seu regime interno no prazo de 60 dias de sua instalação.

Artigo 14
O Grupo Mercado Comum estará integrado por quatro membros titulares e quatro membros alternos por país, que representem os seguintes órgãos públicos:
- Ministério das Relações Exteriores;
- Ministério da Economia e seus equivalentes (áreas de indústria, comércio exterior e ou coordenação econômica);

- Banco Central.

Ao elaborar e propor medidas concretas no desenvolvimento de seus trabalhos, até 31 de dezembro de 1994, o Grupo Mercado Comum poderá convocar, quando julgar conveniente, representantes de outros órgãos da administração Pública e do setor privado.

Artigo 15
O Grupo Mercado Comum contará com uma Secretaria Administrativa cujas principais funções consistirão na guarda de documentos e comunicações de atividades do mesmo. Terá sua sede na cidade de Montevidéu.

Artigo 16
Durante o período de transição, as decisões do Conselho do Mercado Comum e do Grupo Mercado Comum serão tomadas por consenso e com a presença de todos os Estados-Partes.

Artigo 17
Os idiomas oficiais do Mercado Comum serão o português e o espanhol, e a versão oficial dos documentos de trabalho será a do idioma do país sede de cada reunião.

Artigo 18
Antes do estabelecimento do Mercado Comum, a 31 de dezembro de 1994, os Estados-Partes convocarão uma reunião extraordinária com o objetivo de determinar a estrutura institucional definitiva dos órgãos de administração do Mercado Comum, assim como as atribuições específicas de cada um deles e seu sistema de tomada de decisões.

CAPÍTULO III - Vigência

Artigo 19
O presente Tratado terá duração indefinida e entrará em vigor 30 dias após a data do depósito do terceiro instrumento de ratificação. Os instrumentos de ratifica-

ção serão depositados ante o Governo da República do Paraguai, que comunicará a data do depósito aos Governos dos demais Estados-Partes.

O Governo da República do Paraguai notificará ao Governo de cada um dos demais Estados-Partes a data de entrada em vigor do presente Tratado.

CAPÍTULO IV - Vigência

Artigo 20

O presente Tratado estará aberto à adesão, mediante negociação, dos demais países membros da Associação Latino-Americana de Integração, cujas solicitações poderão ser examinadas pelos Estados-Partes depois de cinco anos de vigência deste Tratado.

Não obstante, poderão ser consideradas antes do referido prazo as solicitações apresentadas por países membros da Associação Latino-Americana de Integração que não façam parte de esquemas de integração sub-regional ou de uma associação extra-regional.

A aprovação das solicitações será objeto de decisão unânime dos Estados-Partes.

CAPÍTULO V - Denúncia

Artigo 21

O Estado-Parte que desejar desvincular-se do presente Tratado deverá comunicar essa intenção aos demais Estados-Partes de maneira expressa e formal, efetuando no prazo de sessenta (60) dias a entrega do documento de denúncia ao Ministério das Relações Exteriores da República do Paraguai, que o distribuirá aos demais Estados-Partes.

Artigo 22

Formalizada a denúncia, cessarão para o Estado denunciante os direitos e obrigações que correspondam a sua condição de Estado-Parte, mantendo-se os referentes ao programa de liberação do presente Tratado e outros aspectos que os Estados-Partes, juntos com o Estado denunciante, acordem no prazo de sessenta (60) dias após a formalização da denúncia. Esses direitos e obrigações do Estado denunciante continuarão em vigor por um período de dois (2) anos a partir da data da mencionada formalização.

CAPÍTULO VI - Disposições Gerais

Artigo 23
O presente Tratado se chamará "Tratado de Assunção".

Artigo 24
Com o objetivo de facilitar a implementação do Mercado Comum, estabelecer-se-á Comissão Parlamentar Conjunta do MERCOSUL. Os Poderes Executivos dos Estados-Partes manterão seus respectivos Poderes Legislativos informados sobre a evolução do Mercado Comum objeto do presente Tratado.

Feito na cidade de Assunção, aos 26 dias do mês de março de mil, novecentos e noventa e um, em um original, nos idiomas português e espanhol, sendo ambos os textos igualmente autênticos. O Governo da República do Paraguai será o depositário do presente Tratado e enviará cópia devidamente autenticada do mesmo aos Governos dos demais Estados-Partes signatários e aderentes.

PELO GOVERNO DA REPÚBLICA ARGENTINA
CARLOS SAUL MENEM
GUIDO DI TELLA

PELO GOVERNO DA REPÚBLICA FEDERATIVA DO BRASIL
FERNANDO COLLOR
FRANCISCO REZEK

PELO GOVERNO DA REPÚBLICA DO PARAGUAI
ANDRES RODRIGUES
ALEXIS FRUTOS VAESKEN

PELO GOVERNO DA REPÚBLICA ORIENTAL DO URUGUAI
LUIS ALBERTO LACALLE HERRERA
HECTOR GROS ESPIELL

O maior acervo de livros jurídicos nacionais e importados

Rua Riachuelo 1338   Fone/fax: (051) 225-3311
90010-273 Porto Alegre RS
E-mail: livadv@vanet.com.br
Internet: www.liv-advogado.com.br

Entre para o nosso mailing-list

e mantenha-se atualizado com as novidades editoriais na área jurídica

Remetendo o cupom abaixo pelo correio ou fax, periódicamente lhe será enviado gratuitamente material de divulgação das publicações jurídicas mais recentes.

✓ Sim, quero receber, sem ônus, material promocional das NOVIDADES E REEDIÇÕES na área jurídica.

Nome: _____

End.: _____

CEP: _____-_____ Cidade _____ UF:____

Fone/Fax: _____ Ramo do Direito em que atua: _____

Para receber pela Internet, informe seu **E-mail**: _____

090-4   assinatura

Visite nossa livraria virtual na internet

www.liv-advogado.com.br

DR-RS
Centro de Triagem
ISR 247/81

CARTÃO RESPOSTA
NÃO É NECESSÁRIO SELAR

O SELO SERÁ PAGO POR

LIVRARIA DO ADVOGADO LTDA.

90012-999   Porto Alegre   RS